高等学校应用技术型经济管理系列教材（会计系列）
高等学校应用型经济管理规划教材
总主编／李　雪　主审／徐国君

高级财务会计学习指导书

Study Guide to Advanced Financial Accounting

陈德英◎主　编
马俊云　陈　莎◎副主编

立信会计出版社
LIXIN ACCOUNTING PUBLISHING HOUSE

图书在版编目(CIP)数据

高级财务会计学习指导书 / 陈德英主编. —上海：立信会计出版社，2021.4(2023.9 重印)
高等学校应用技术型经济管理系列教材. 会计系列
ISBN 978-7-5429-6808-1

Ⅰ.①高… Ⅱ.①陈… Ⅲ.①财务会计—高等学校—教学参考资料 Ⅳ.①F234.4

中国版本图书馆 CIP 数据核字(2021)第 064471 号

策划编辑 方士华
责任编辑 方士华
封面设计 南房间

高级财务会计学习指导书
GAOJI CAIWU KUAIJI XUEXI ZHIDAOSHU

出版发行	立信会计出版社		
地　　址	上海市中山西路 2230 号	邮政编码	200235
电　　话	(021)64411389	传　　真	(021)64411325
网　　址	www.lixinaph.com	电子邮箱	lixinaph2019@126.com
网上书店	http://lixin.jd.com		http://lxkjcbs.tmall.com
经　　销	各地新华书店		
印　　刷	上海万卷印刷股份有限公司		
开　　本	787 毫米×1092 毫米	1/16	
印　　张	14.25		
字　　数	365 千字		
版　　次	2021 年 4 月第 1 版		
印　　次	2023 年 9 月第 3 次		
书　　号	ISBN 978-7-5429-6808-1/F		
定　　价	42.00 元		

如有印订差错，请与本社联系调换

总 序

教材是高校实现人才培养目标的重要载体，教材及教材建设对高校发展具有举足轻重的作用。与培养模式相对应的教材是培养合格人才的基本保证，是实现培养目标的重要工具。由于历史的原因，在财经类教材的出版方面，相关出版社出版研究型本科或者高职高专、中等职业等层次的教材较多，也较成熟，而在应用技术型本科教材出版上比较欠缺，虽然近年来也出版了一些这方面的教材，但总体而言，还是缺乏权威性、普适性、实用性和创新性。造成这种状况的原因主要在于：出版社对财经类应用技术型本科教材的出版还不够重视，没有进行有效的组织；财经类应用技术型本科院校多为新建院校，教材建设相对滞后，主观上也较愿意使用研究型本科教材；教材的使用存在比较严重的混用现象，教材的目标读者群不明确，如不少教材既适用于研究型本科又适用于应用技术型本科，或者既适用于本科院校又适用于高职高专院校。

由于目前应用技术型本科教材种类和数量匮乏或质量欠佳，应用技术型本科不得不沿用传统研究型本科教材，比如，东北财经大学会计系列教材（包括《基础会计》《中级财务会计》《管理会计》《高级财务会计》《审计》等），中国人民大学会计系列教材（如《成本会计》），教育部统编教材（如《财务管理》）等国家级规划教材。这些教材本身的质量很好、级别很高，但是并不适用于应用技术型本科院校的教学，教师和学生普遍反映不好用。即使从全国范围来看，我国也还没有相对成套、成熟的适合应用技术型高校使用的教材，不适应教育教学要求。现有教材存在的主要问题包括：①定位和要求较高；②内容多、难度大；③着重于理论解释，相关案例、实训等内容较少，缺乏普适性、实用性。所以，应用技术型本科教学需要有适应学生水平、便于学生接受的应用技术型教材。

我们组织具有多年应用技术型人才培养经验的优秀教师和实务界专家编写了本套系列教材。本套系列教材由《会计基本技能》《基础会计》《中级财务会计》《成本会计》《管理会计》《财务管理》《会计信息系统》《审计学原理》《审计实务》《税法》《经济法》《金融学》《纳税会计》等构成。为了保证教材的质量，我们聘请了著名高校的专家、教授对本套系列教材的编写进行专门指导和审核。每种教材至少有一名本学科的知名专家或学科带头人提出审核指导意见，有一名高等院校教学一线的高级职称教师参与组织编写，有一名行业协会、实务界专家和教学研究机构人员提出编写建议。

本套系列教材的特色如下。

1. 应用性

应用技术型本科教材应坚持培养应用技术型本科人才的定位，充分吸收和借鉴传统的普通本科教材与高职高专类教材建设的优点和经验，以就业为导向，做到在理论上优于高职高专教材、在动手能力的培养上优于传统的本科教材。

本套系列教材体现了应用技术型本科的定位，体现了素质教育和“以学生发展为本”的教育理念，遵循了高等教育教学基本规律，重视知识、能力和素质的协调发展，根据应用技术型人才培养模式对学生的创新精神、实践能力和适应能力的要求，在内容选材、教学方法、学习方法、实验和实训配套等方面突出了应用性的特征。

2. 针对性

本套系列教材的编写符合会计学、财务管理和审计学等专业的培养目标、培养需求、业务规格（知识结构和能力结构）和教学大纲的基本要求，与各专业的课程结构和课程设置相对应，与课程平台和课程模块相对应。本套系列教材在结构的布局、内容重点的选取、示例习题的设计等方面符合教改目标和教学大纲的要求，把教师的备课、试讲、授课、辅导答疑等教学环节有机地结合起来。

3. 先进性

本套系列教材反映了应用技术型会计人才教育教学改革的内容，能够反映学科领域的新发展。本套系列教材的整体规划、每种教材构造等均体现了实用性和创新性。本套系列教材还强调了系列配套，包括了教材、学习指导书、教学课件等。

4. 基础性

本套系列教材打破传统教材自身知识框架的封闭性，尝试多方面知识的融会贯通，注重知识层次的递进，体现每一门科目的基本内容；同时，在具体内容上突出实际的运用知识的能力，达到"教师易教，学生乐学，技能实用"的教学目的。

5. 易于自学性

自学能力的培养是高等教育应该教授给学生的一项基本能力。学生只有具备了自主学习的能力，才能最终建立起终身学习的保障体系，这也是应用技术型本科人才培养的客观要求。应用技术型本科院校的生源素质与其他高校相比存在较大差距，除一部分高考发挥失误的学生外，有相当一部分学生在学习习惯、基础知识等方面存在一定的欠缺，这就要求本套系列教材要能调动这部分学生的学习积极性，在理论方面尽量做到通俗易懂，在实践方面尽量采用案例式教学。为了有利于学生课后自主学习，本套系列教材配套了学习指导书和教学课件。

因此，本套系列教材的定位把握准确，教材的特色明显，适用于应用技术型本科院校教学，容易得到学生和市场的认可，便于学生的自学和教师的教学。

高等学校应用技术型经济管理系列教材（会计系列）凝聚了众多领导、教授和专家多年来的经验和心血。当然，由于我们的经验和人力有限，教材中难免存在不足，我们期待着各位同行、专家和读者的批评指正。我们将随着经济发展和会计环境的变迁不断地修订教材，以便及时反映学科的最新发展和人才培养的最新变化。

本套系列教材出版后，得到学生和市场的认可，深受广大读者的欢迎。为了更好地回馈读者，本套系列教材从 2017 年起启动改版修订工作，改版的各种教材将陆续出版。我们会一如既往地做好教材修订和相关服务工作，希望广大读者对本套系列教材给予支持。

李　雪

2021 年 4 月

前　言

本书是高等院校应用型会计人才精细化培养系列教材《高级财务会计》的配套学习指导书，具有应用性、针对性、先进性、基础性、自学性等特点。本书既可作为高等财经院校教学的教材，也可作为企业管理人员学习的参考用书。

本书根据《高级财务会计》教材及教学大纲的要求，设计了各章重点与难点，在讲解的过程中配有相关典型例题。每章配有练习题并提供相应的参考答案。

《高级财务会计学习指导书》分为三个部分：第一部分为“学习指导及思考与练习”，下设“本章基本内容框架”“重点、难点讲解及典型例题”“思考与练习”；第二部分为“思考与练习参考答案”；第三部分为“模拟试题及参考答案”。

本书具有以下特点：

(1) 本书以国际会计惯例为依据，所依据的会计规范是最新的国际会计准则和我国最新的企业会计准则。

(2) 理论精炼，习题的设计突出理论联系实际，体现实际操作能力，即重视知识、能力和素质的协调发展。

(3) 注重实战，案例相伴。将实际经济生活中出现的真实案例经过稍许加工后编入本书，使学生通过练习能更多地接触会计实务，提高分析和解决问题的能力。

(4) 注重对重点、难点的讲解，并借助 T 形账户、图、表等工具进行讲解，图文并茂，通俗易懂。

(5) 习题形式多样。习题中，既有客观题，也有大量的案例题和业务题，涵盖面广，可以考察学生综合分析和解决问题的能力。

(6) 重视对知识点的总结，并运用知识点对比的方式，便于学生掌握记忆。

本书由陈德英主编，马俊云、陈莎为副主编，李小林、孙晓彤、于群、张念念、朱鹤、臧晨曦为编者。具体分工如下：第一章概述，孙晓彤；第二章或有事项，张念念；第三章非货币性资产交换，马俊云；第四章债务重组，马俊云；第五章所得税，陈德英；第六章外币业务，于群；第七章租赁，李小林；第八章政府补助，陈莎；第九章借款费用，李小林；第十章股份支付，于群；第十一章会计政策、会计估计变更和差错更正，陈莎；第十二章资产负债表日后事项，陈德英；第十三章每股收益，朱鹤；第十四章分部报告和中期财务报告，臧晨曦；第十五章企业合并，陈德英；第十六章合并财务报表，陈德英。

在编写的过程中，编者参考了大量相关教材和论著，在此向有关作者致以深深的谢意！我们力求内容编排合理、避免错误，但难免存在考虑不周、表达不妥当的地方。书中的疏漏与不足之处，敬请读者批评指正。

编　者

2021 年 4 月

前言

目　录

第一部分　学习指导及思考与练习

第二部分 思考与练习参考答案

第三部分 模拟试题及参考答案

第一部分　学习指导及思考与练习

第一章　总　　论

本章基本内容框架

- 高级财务会计的理论基础
  - 财务会计概述
    - 财务会计的特征
    - 财务报告的目标
    - 财务会计信息的使用者
  - 高级财务会计概述
    - 高级财务会计的定义
    - 高级财务会计的特征
  - 高级财务会计产生的基础
  - 高级财务会计的研究范围和核算内容
- 高级财务会计产生的基础（三种假设松动）
  - 持续经营假设和权责发生制假设的松动
  - 货币计量假设的松动
  - 会计分期假设的松动
- 高级财务会计的研究范围和核算内容
  - 高级财务会计的研究范围
  - 高级财务会计的核算内容
    - 各类企业均可能发生的特殊会计业务
    - 特种经营行业的特殊会计业务
    - 复合会计主体的特殊会计业务
    - 特殊经济时期的特殊会计业务

重点、难点讲解及典型例题

一、高级财务会计的理论基础

企业会计分为财务会计和管理会计。改革开放以来，随着社会主义市场经济体制逐渐确立以及经济活动的复杂化，企业并购、重组、外币交易、衍生工具运用等经济业务越来越频繁，高级财务会计日益受到我国会计理论和实务界的重视。高级财务会计是专门研究高级会计业务的一门学科，并专门针对疑难问题、新问题、特殊问题进行研究。高级财务会计具有深奥性、特殊性、前瞻性和会计环境制约特性。

【例题 1·多选题】 与财务会计相比，高级财务会计有（　　）等特性。

A. 深奥性　　B. 特殊性　　C. 前瞻性　　D. 会计环境制约

【答案】 ABCD

【例题 2 · 多选题】 会计学中，属于财务会计领域的有（　　）。

A. 会计学原理　　B. 高级财务会计　　C. 中级财务会计　　D. 管理会计

【答案】 ABC

【解析】 财务会计包含会计学原理、高级财务会计和中级财务会计。

二、高级财务会计产生的基础

在财务会计中，存在着大量的会计假设：持续经营假设、权责发生制假设、货币计量假设、会计分期假设等，它是人们进行会计确认、计量的基本前提，是会计原则赖以存在的基本假定。但是，高级财务会计对特殊会计事项处理的原则和方法与中级财务会计对一般会计事项的处理原则和方法存在着较大的差别，而正是这个差别产生了高级财务会计。

【例题 3 · 多选题】 高级财务会计中破产清算会计和重组会计正是（　　）松动的结果。

A. 持续经营假设　　B. 会计主体假设　　C. 会计分期假设　　D. 货币计量假设

【答案】 AC

【解析】 当企业清算时，将采用破产清算会计程序，资产以清算价格计价，并编制清算开始日和结束日财务报表。由于现代经济生活中有许多不确定因素可能导致企业破产、重组，使企业可能会面临破产清算和重组等特殊会计事项。高级财务会计中破产清算会计和重组会计正是持续经营假设和会计分期假设松动的结果。

【例题 4 · 单选题】 通货膨胀引起（　　）的松动。

A. 持续经营假设　　B. 会计主体假设　　C. 会计分期假设　　D. 货币计量假设

【答案】 D

【解析】 第二次世界大战以后，西方国家出现了普遍的、持续性的通货膨胀。在此期间，货币购买力不断下降，货币计量假设中隐含的币值稳定的假定已严重脱离现实。因此，货币计量假设的松动，使外币业务会计和物价变动会计成了现实的会计业务，并由高级财务会计处理。

三、高级财务会计的研究范围和核算内容

高级财务会计的核算范围一般分成以下几个类别：第一类是各类企业均可能发生的特殊会计业务，其中包括外币交易与折算的会计业务、企业所得税的会计业务、股份上市公司信息披露的会计业务、衍生金融工具的会计业务。第二类是特种经营行业的特殊会计业务，其中包含期货交易与经营的会计业务、现代租赁经营的会计业务。第三类是复合会计主体的特殊会计业务，其中包括企业合并的会计业务、集团公司的母公司与子公司以及总公司与所属分支机构及各所属企业间内部往来业务、企业合并和集团公司建立后的报告主体合并财务报表编制的会计业务。第四类是特殊经济时期的特殊会计业务，其中包括通货膨胀信息披露的会计业务、企业停业与破产清算的会计业务。

【例题 5 · 多选题】 下列属于特种经营行业的特殊会计业务的有（　　）。

A. 期货交易与经营的会计业务

B. 现代租赁经营的会计业务

C. 企业合并的会计业务

D. 企业合并和集团公司建立后的报告主体合并财务报表编制的会计业务

【答案】 AB

【解析】 企业合并的会计业务、企业合并和集团公司建立后的报告主体合并财务报表编制的会计业务属于复合会计主体的特殊会计业务。

【例题 6·多选题】 下列属于特殊经济时期的特殊会计业务的有( )。

1. 通货膨胀信息披露的会计业务
2. 企业停业与破产清算的会计业务
3. 期货交易与经营的会计业务
4. 现代租赁经营的会计业务

【答案】 AB

【解析】 期货交易与经营的会计业务和现代租赁经营的会计业务属于特种经营行业的特殊会计业务。

思考与练习

一、单选题

1. 下列( )内容不包括在高级财务会计范围内。

A. 企业合并会计　　B. 物价变动会计

C. 未来会计　　D. 企业破产会计

2. 高级财务会计所依据的理论和采用的方法是( )。

A. 沿用了原有财会理论和方法　　B. 仍以四大假设为出发点

C. 对原有财务会计理论和方法的修正　　D. 抛弃了原有的财会理论与方法

3. 高级财务会计研究对象是( )。

A. 企业所有的交易或事项

B. 企业面临的特殊事项

C. 对企业一般交易事项在理论与方法上的进一步研究

D. 与中级财务会计一致

4. 企业破产会计的产生，是( )的结果。

A. 会计主体假设的松动　　B. 持续经营假设的松动

C. 会计分期假设的松动　　D. 货币计量假设的松动

5. 外币业务会计和物价变动会计的产生，是( )的结果。

A. 会计主体假设的松动　　B. 持续经营假设的松动

C. 会计分期假设的松动　　D. 货币计量假设的松动

6. 划分高级财务会计与中级财务会计的最基本的标准是( )。

A. 涉及的经济业务是否在四项假设的限定范围内

B. 涉及的经济业务的难易程度

C. 是否包括管理会计的内容

D. 是否是会计领域的高精尖内容

7. 大型企业集团和跨国公司发生的母子公司之间的会计业务，如合并财务报表，属于的会计业务是(　　)。

A. 跨越单一会计主体的会计业务

B. 与特殊经营方式紧密相关的特有会计业务

C. 一些特殊经营行业的会计业务

D. 在某一特定时期发生的会计业务

8. 通货膨胀的产生使得(　　)。

A. 会计主体假设产生松动　　B. 持续经营假设产生松动

C. 会计分期假设产生松动　　D. 货币计量假设产生松动

9. 如果企业面临清算,投资者和债权人关心的将是资产的(　　)和资产的偿债能力。

A. 历史成本　　B. 可变现净值　　C. 账面价值　　D. 估计售价

10. 同一会计主体在不同会计时期尽可能采用相同的会计处理方法和程序,这一原则在会计上称为(　　)。

A. 可比性原则　　B. 一贯性原则　　C. 相关性原则　　D. 配比性原则

二、多选题

1. 将高级财务会计的研究范围定位于中级财务会计一般不涉及或者不深入讨论的特殊业务会计。一般来说包括的内容有(　　)。

A. 跨越单一会计主体的会计业务

B. 与特殊经营方式紧密相关的特有会计业务

C. 一些特殊经营行业的会计业务

D. 在某一特定时期发生的会计业务

2. 跨越单一会计主体的会计业务主要是指(　　)。

A. 分支机构会计　　B. 合并财务报表

C. 分部报告　　D. 外币报表折算

E. 企业破产清算

3. 在某一特定时期发生的会计业务主要是指(　　)。

A. 企业解体清算　　B. 企业破产清算

C. 物价变动会计　　D. 分支机构会计

E. 外币业务会计

4. 认为高级财务会计属于财务会计体系的理由是(　　)。

A. 它以货币为计量单位进行核算

B. 它以合法的会计凭证作为登记经济业务的依据

C. 它是依据会计凭证登记账簿,依据账簿编制对外报出的财务报表

D. 它是一种以事前控制为主要目的的会计

E. 它是一种以事中控制为主要目的的会计

5. 在会计学中,属于财务会计领域的有(　　)。

A. 会计学原理　　B. 高级财务会计

C. 中级财务会计　　D. 管理会计

E. 财务管理

三、判断题

1. 高级财务会计在财务会计学科中处于统帅地位。（　　）

2. 由于会计假设被会计界认为是“自我证明的会计环境命题”，因此高级财务会计也应该全面承认四个会计假设。（　　）

3. 会计主体界定了会计服务的空间。（　　）

4. 会计确认和计量的原则与方法具有稳定性和可比性的前提是持续经营假设和会计分期假设。（　　）

5. 高级财务会计所依据的理论和采用的方法与中级财务会计的理论与方法是一致的。（　　）

6. 高级财务会计包括财务会计和管理会计。（　　）

7. 高级财务会计与中级财务会计的目标是一致的。（　　）

8. 合并财务报表产生的根源是企业合并和企业集团的建立突破了原来的会计主体观念。（　　）

9. 取得控股权的合并发生后，从会计角度看，不仅企业集团是一个会计主体，母公司和其下属的子公司也仍然是一个相对独立的会计主体。（　　）

10. 高级财务会计是在对原财务会计理论与方法体系进行修正的基础上，对企业出现的特殊事项进行会计处理的理论与方法的总称。因此，高级财务会计不属于财务会计范畴。（　　）

第二章　或有事项

本章基本内容框架

- 或有事项概述
  - 或有事项的概念和特征
  - 或有资产和或有负债
- 或有事项的确认和计量
  - 或有事项的确认
    - 该义务是企业承担的现时义务
    - 履行该义务很可能导致经济利益流出企业
    - 该义务的金额能够可靠地计量
  - 预计负债的计量
    - 最佳估计数的确定
    - 预期可获得补偿的处理
    - 预计负债的计量需要考虑的其他因素
  - 对预计负债账面价值的复核
- 或有事项会计的具体应用
  - 未决诉讼或未决仲裁
  - 债务担保
  - 产品质量保证
  - 亏损合同
  - 重组义务
- 或有事项的列报
  - 预计负债的列报
  - 或有负债的披露
  - 或有资产的披露

重点、难点讲解及典型例题

一、或有事项概述

1. 或有事项的概念

或有事项是指企业过去的交易或者事项形成的，其结果须由某些未来事项的发生或不发生才能决定的不确定事项。

2. 或有事项的主要特征

(1) 或有事项是因过去的交易或事项形成的。

(2) 或有事项的结果具有不确定性。

(3) 或有事项的结果须由未来事项决定。

【例题 1·多选题】 下列事项中，属于或有事项的有(　　)。

A. 对债务单位提起诉讼　　B. 对售出商品提供售后担保

C. 固定资产计提折旧　　D. 为子公司的贷款提供担保

E. 亏损合同

【答案】 ABDE

【解析】 根据或有事项的概念和特征判断，选项C，不属于或有事项。

二、或有事项的确认和计量

1. 或有事项的确认条件(同时满足)

(1) 该义务是企业承担的现时义务。

(2) 履行该义务很可能导致经济利益流出企业。

(3) 该义务的金额能够可靠地计量。

【例题2·多选题】 华夏公司为华夏公司、华美公司、丙公司和丁公司提供了银行借款担保，下列各项中，华夏公司不应确认预计负债的有(　　)。

A. 华夏公司运营良好，华夏公司极小可能承担连带还款责任

B. 华美公司发生暂时财务困难，华夏公司可能承担连带还款责任

C. 丙公司发生财务困难，华夏公司很可能承担连带还款责任

D. 丁公司发生严重财务困难，华夏公司基本确定承担连带还款责任

【答案】 AB

2. 预计负债的计量

最佳估计数的确定。当与或有事项有关的义务符合将其确认为预计负债的三个条件时，应当按照履行该相关现时义务所需支出的最佳估计数进行初始计量。

应当分别两种情况进行处理：

(1) 当清偿因或有事项而确认的负债所需支出存在一个金额范围时，则最佳估计数应按此范围的上下限金额的平均数确认。

(2) 所需支出不存在一个连续范围，或者虽然存在一个连续范围，但该范围内各种结果发生的可能性不相同，那么，如果或有事项涉及单个项目，最佳估计数按照最可能发生金额确定；如果或有事项涉及多个项目，最佳估计数按照各种可能结果及相关概率计算确定。

【例题3·单选题】 2×20年12月31日，华夏公司存在一项未决诉讼。根据类似案例的经验判断，该项诉讼败诉的可能性为90%。如果败诉，华夏公司将须赔偿对方100万元并承担诉讼费用5万元，但很可能从第三方收到补偿款10万元。2×20年12月31日，华夏公司应就此项未决诉讼确认的预计负债金额为(　　)万元。

A. 90　　B. 95　　C. 100　　D. 105

【答案】 D

【解析】 此题中企业预计需要承担的损失为105万元(100+5)，企业从第三方很可能收到的补偿金额不影响企业确认的预计负债。

3. 预期可获得补偿的处理

预期可获得补偿的情况：只有在补偿金额基本确定能够收到时，才能将其作为资产单独确认，而且确认的补偿金额不能超过预计负债的账面价值。

此处的重点有三个：① 只有在基本确定能收到时，才能作为资产认定。② 该资产的金

额不能超过其所匹配的负债的账面价值。③ 资产的入账要单独设账反映，即计入“其他应收款”，而不能与“预计负债”对冲。

4. 预计负债计量需要考虑的其他因素

企业在确定或有事项产生的最佳估计数时，还应当综合考虑与或有事项有关的风险、不确定性、货币时间价值和未来事项的影响。

【例题 4 · 单选题】 华夏公司因提供债务担保而确认了金额为 50 000 元的一项负债，同时基本确定可以从第三方获得金额为 40 000 元的补偿。在这种情况下，华夏公司应在利润表中反映(　　)。

A. 管理费用 50 000 元　　B. 营业外支出 50 000 元

C. 管理费用 10 000 元　　D. 营业外支出 10 000 元

【答案】 D

【解析】 本题考查的知识点是未决诉讼或未决仲裁、债务担保的处理。如果企业基本确定能获得补偿，那么企业在利润表中反映因或有事项确认的费用或支出时，应将这些补偿预先抵减。债务担保损失计入营业外支出，所以应该选选项 D。

三、或有事项会计的具体应用

1. 未决诉讼或未决仲裁

对于未决诉讼，企业当期实际发生的诉讼损失金额与已计提的相关预计负债之间的差额，应分别按以下情况处理：

(1) 企业在前期资产负债表日，依据当时实际情况和所掌握的证据合理预计了负债，应当将当期实际发生的诉讼损失金额与已计提的相关预计负债之间的差额，直接计入或冲减当期营业外支出。

(2) 企业在前期资产负债表日，依据当时实际情况和所掌握的证据，原本应当能够合理估计诉讼损失，但企业所作的估计却与当时的事实严重不符，应当按照重大会计差错更正的方法进行处理。

(3) 企业在前期资产负债表日，依据当时实际情况和所掌握的证据，确实无法合理预计诉讼损失，因而未确认预计负债，则在该项损失实际发生的当期，直接计入当期营业外支出。

(4) 资产负债表日后至财务报告批准报出日之间发生的需要调整或说明的未决诉讼，按照资产负债表日后事项的有关规定进行会计处理。

【例题 5 · 单选题】 2×20 年 8 月 1 日，华夏公司因产品质量不合格而被华美公司起诉。至 2×20 年 12 月 31 日，该起诉讼尚未判决，华夏公司估计很可能承担违约赔偿责任，需要赔偿 200 万元的可能性为 70%，需要赔偿 100 万元的可能性为 30%。华夏公司基本确定能够从直接责任人处追回 50 万元。2×20 年 12 月 31 日，华夏公司对该起诉讼应确认的预计负债金额为(　　)万元。

A. 120　　B. 150　　C. 170　　D. 200

【答案】 D

【解析】 华夏公司对该起诉讼应确认的预计负债金额为最大可能的金额 200 万元。注：预计负债金额不应扣除确认的资产 50 万元。

2. 债务担保

债务担保在企业中是较为普遍的现象。作为提供担保的一方，在被担保方无法履行合同的情况下，常常承担连带责任。从保护投资者、债权人利益的角度出发，客观、充分地反映企业因担保义务而承担的潜在风险是十分必要的。

【例题6·单选题】 企业因担保事项可能产生的负债，下列说法中，不正确的是(　　)。

A. 在担保涉及诉讼的情况下，如果企业已被判决败诉，且企业不再上诉，则应当冲回原已确认的预计负债的金额

B. 如果已判决败诉，但企业正在上诉，或者经上一级法院裁定暂缓执行等，企业应当在资产负债表日，根据已有判决结果合理估计很可能产生的损失金额，确认为预计负债

C. 如果法院尚未判决，则企业不应确认为预计负债

D. 如果法院尚未判决，企业应估计败诉的可能性，如果败诉的可能性大于胜诉的可能性，并且损失金额能够合理估计的，应当在资产负债表日将预计损失金额确认为预计负债

【答案】 D

【解析】 对于债务担保，如果法院尚未判决的，企业应当向其律师或法律顾问等咨询，估计败诉的可能性以及败诉后可能发生的损失金额，并取得有关书面意见。如果败诉的可能性大于胜诉的可能性，并且损失金额能够合理估计的，应当在资产负债表日将预计损失金额确认为预计负债。

3. 产品质量保证

产品质量保证通常是指销售商或制造商在销售产品或提供劳务后，对客户提供服务的一种承诺。

【例题7·单选题】 华夏公司为农机生产和销售企业，2×19年12月31日“预计负债——产品质量保证”科目年末余额为20万元。2×20年第一季度、第二季度、第三季度、第四季度分别销售农机100台、200台、220台和300台，每台售价为20万元。对购买其产品的消费者，华夏公司作出如下承诺：农机售出后3年内如出现非意外事件造成的农机故障和质量问题，华夏公司免费负责保修(含零部件更换)。根据以往的经验，发生的保修费一般为销售额的1%～2%。假定华夏公司2×20年四个季度实际发生的维修费用分别为16万元、44万元、64万元和56万元。2×20年12月31日“预计负债——产品质量保证”科目的余额为(　　)万元。

A. 86　　B. 66　　C. 102　　D. 56

【答案】 A

【解析】 2×20年第一季度末，“预计负债——产品质量保证”科目余额＝20＋100×20×[(1%＋2%)÷2]－16＝34(万元)，第二季度末，“预计负债——产品质量保证”科目余额＝34＋200×20×[(1%＋2%)÷2]－44 ＝50(万元)，第三季度末，“预计负债——产品质量保证”科目余额＝50＋220×20×[(1%＋2%)÷2]－64＝52(万元)，第四季度末，“预计负债——产品质量保证”科目余额＝52＋300×20×[(1%＋2%)÷2]－56＝86(万元)。

4. 亏损合同

待执行合同变为亏损合同，同时该亏损合同产生的义务满足预计负债的确认条件的，应

当确认为预计负债。

【例题8·单选题】 下列关于亏损合同处理的说法中，不正确的是（　　）。

A. 待执行合同属于或有事项

B. 如果与亏损合同相关的义务不需要支付任何补偿即可撤销，通常不应该确认预计负债

C. 企业与其他单位签订的商品销售合同、劳务合同、租赁合同等，均可能变为亏损合同

D. 待执行合同变为亏损合同时，合同不存在标的资产的，亏损合同相关义务满足预计负债确认条件时，应当确认预计负债

【答案】 A

【解析】 亏损合同属于或有事项，而待执行合同不属于或有事项。

5. 重组义务

(1) 重组义务的确认

重组的含义：重组是指企业制定和控制的，将显著改变企业组织形式、经营范围或经营方式的计划实施行为。

重组的事项：出售或终止企业的部分业务；对企业的组织结构进行较大调整；关闭企业的部分营业场所，或将营业活动由一个国家或地区迁移到其他国家或地区。

企业因重组而承担了重组义务，并且同时满足预计负债的三项确认条件时，才能确认为预计负债。

首先，同时存在下列情况时，表明企业承担了重组义务：有详细、正式的重组计划，包括重组涉及的业务、主要地点、需要补偿的职工人数、预计重组支出、计划实施时间等；该重组计划已对外公告。

其次，需要判断重组义务是否同时满足预计负债的三个确认条件。

(2) 重组义务的计量

应当按照与重组有关的直接支出确定预计负债金额，计入当期损益。其中，直接支出不包括留用职工岗前培训、市场推广、新系统和营销网络投入等支出。

【例题9·单选题】 以下关于重组义务应确认为预计负债的表述中，不正确的是（　　）。

A. 有详细、正式的重组计划，包括预计重组支出和计划实施时间且该计划已对外公告

B. 只有与重组有关的直接支出才可以确定为重组负债义务

C. 不得将留用职工岗前培训支出确认为重组负债义务

D. 不得将辞退职工的补偿确认为重组负债义务

【答案】 D

【解析】 选项D，辞退职工的补偿属于重组的直接支出应确认为重组负债义务。

四、或有事项的列报

1. 预计负债的列报

在资产负债表上一般只需通过“预计负债”项目反映。在将或有事项确认为负债的同时，应确认一项支出或费用。

应在报表附注中披露的内容如下：

(1) 预计负债的种类、形成原因以及经济利益流出不确定性的说明。

（2）各类预计负债的期初、期末余额和本期变动情况。

（3）与预计负债有关的预期补偿金额和本期已确认的预期补偿金额。

2. 或有负债的披露

企业不应当确认或有负债，而应当对其进行相应的披露。披露的主要内容包括：

（1）或有负债的种类及其形成原因。

（2）经济利益流出不确定性的说明。

（3）或有负债预计产生的财务影响，以及获得补偿的可能性；无法预计的，应当说明原因。

3. 或有资产的披露

企业通常不应当披露或有资产，但或有资产很可能会给企业带来经济利益的，应当披露其形成的原因、预计产生的财务影响等。

【例题 10 · 单选题】 下列或有资产披露的处理中，正确的是（　　）。

A. 或有资产是企业的潜在资产，不能确认为资产，一般应在会计报表附注中披露

B. 企业通常不应当披露或有资产。但或有资产很可能会给企业带来经济利益的，应当披露其形成的原因、预计产生的财务影响等

C. 对于有可能取得的或有资产，一般应作出披露

D. 当或有资产转化为很可能收到资产时，应该确认

【答案】 B

【解析】 企业通常不应当披露或有资产。但或有资产很可能会给企业带来经济利益的，应当披露其形成的原因、预计产生的财务影响等。

思考与练习

一、单选题

1. 形成或有事项的因素是（　　）。

A. 现在的交易或事项　　B. 过去的交易或事项

C. 未来的交易或事项　　D. 不确定的交易或事项

2. 企业履行或有负债义务时的经济利益（　　）。

A. 不是很可能流出　　B. 不可能流出

C. 很可能流出　　D. 可能流出

3. 企业清偿预计负债所需支出的金额全部或部分预期由第三方补偿时，补偿金额作为资产单独确认的条件是（　　）。

A. 确定能够收到　　B. 确定可能收到

C. 基本确定能够收到　　D. 基本确定可能收到

4. 2×21 年 12 月 31 日，华夏公司存在一项未决诉讼。根据类似案例的经验判断，该项诉讼败诉的可能性为 90%。如果败诉，华夏公司须赔偿对方 100 万元并承担诉讼费用 5 万元，但很可能从第三方收到补偿款 10 万元。2×21 年 12 月 31 日，华夏公司应就此项未决诉讼确认的预计负债金额为（　　）万元。

A. 90　　B. 95　　C. 100　　D. 105

5. 关于最佳估计数的确定，下列说法中，错误的是(　　)。

A. 企业在确定最佳估计数时，不应当综合考虑与或有事项有关的货币时间价值因素

B. 所需支出存在一个连续范围，且该范围内各种结果发生的可能性相同，最佳估计数应当按照该范围内的中间值确定

C. 企业在确定最佳估计数时，应当综合考虑与或有事项有关的风险因素

D. 货币时间价值影响重大的，应当通过对相关未来现金流出进行折现后确定最佳估计数

6. 2×21 年 12 月 1 日，华夏公司因产品质量不合格而被华美公司起诉。至 2×21 年 12 月 31 日，该起诉讼尚未判决，华夏公司估计很可能承担违约赔偿起诉，需要赔偿 200 万元的可能性为 70%，需要赔偿 100 万元的可能性为 30%，同时很可能支付诉讼费 20 万元。2×21 年12 月 31 日，华夏公司对该起诉讼应确认的营业外支出的金额为(　　)万元。

A. 270　　B. 200　　C. 100　　D. 150

7. 下列项目中，不属于或有事项主要特征的有(　　)。

A. 影响或有事项结果的因素基本确定

B. 影响或有事项结果的因素不确定

C. 由过去的交易或事项形成

D. 其结果只能由未来发生的事项加以确定

8. 下列事项中，不属于或有事项的是(　　)。

A. 为销售商品提供的质量保证　　B. 对其他单位提供的债务担保

C. 未决诉讼　　D. 未来可能发生的汇率变动

9. M 企业因提供债务担保而确认了金额为 50 000 元的一项负债，同时基本确定可以从第三方获得金额为 40 000 元的补偿。在这种情况下，M 企业应在利润表中反映(　　)。

A. 管理费用 50 000 元　　B. 营业外支出 50 000 元

C. 管理费用 10 000 元　　D. 营业外支出 10 000 元

10. 甲公司 2×20 年分别销售 A、B 产品 1 万件和 2 万件，销售单价分别为 100 元和 50 元。公司向购买者承诺提供产品售后 2 年内免费保修服务，预计保修期内将发生的保修费为销售额的 2%～8%。2×20 年实际发生保修费 5 万元，2×20 年 1 月 1 日预计负债的年初数为 3 万元。假定无其他或有事项，则甲公司 2×20 年年末资产负债表“预计负债”项目的金额为(　　)万元。

A. 8　　B. 13　　C. 5　　D. 0

二、多选题

1. 下列事项中，属于或有事项的有(　　)。

A. 对债务单位提起诉讼　　B. 对售出商品提供售后担保

C. 固定资产计提折旧　　D. 为子公司的贷款提供担保

2. 与或有事项相关的义务满足有关条件时应当确认为预计负债，下列项目中，属于这一条件的有(　　)。

A. 是企业承担的现时义务

B. 是企业承担的未来义务

C. 该义务的金额能够可靠地计量

D. 履行该义务很可能导致经济利益流出企业

3. 企业因或有事项而确认的预计负债所需支出数不存在一个金额范围时，计算最佳估计数的正确的方法是(　　)。

A. 基本能够确定的金额　　B. 很可能发生的金额及相关概率

C. 最可能发生的金额　　D. 可能发生的金额及相关概率

4. 如果清偿因或有事项而确认的负债所需支出预期全部或部分由第三方补偿，下列说法中，正确的有(　　)。

A. 补偿金额只有在很可能收到时，才能作为资产单独确认，且确认的补偿金额不应超过预计负债的账面价值

B. 补偿金额只有在基本确定能够收到时，才能作为资产单独确认，且确认的补偿金额不应超过预计负债的账面价值

C. 补偿金额只有在基本确定能够收到时，才能确认并从所需支出中扣除，且确认的补偿金额不应超过预计负债的账面价值

D. 补偿金额只有在基本确定能够收到时，才能确认为资产，同时仍应按所需支出单独确认预计负债，且所确认的资产金额不超过预计负债金额

5. 2×20 年 8 月 1 日，长城公司因产品质量不合格而被黄河公司起诉。至 2×20 年 12 月 31 日，该起诉讼尚未判决，长城公司估计很可能承担违约赔偿责任，赔偿 150 万元的可能性为 70%，赔偿 100 万元的可能性为 30%。长城公司基本确定能够从直接责任人处追回 30 万元。2×20 年 12 月 31 日，长城公司在会计处理中，正确的有(　　)。

A. 登记营业外支出 120 万元　　B. 登记其他应收款 30 万元

C. 登记管理费用 120 万元　　D. 登记预计负债 150 万元

三、判断题

1. 或有负债仅指潜在义务，因其不符合负债的确认条件，不能在会计报表内予以确认。(　　)

2. 或有资产是指过去的交易或事项所形成的潜在的资产，其存在需要通过未来不确定事项的发生或不发生予以证实。(　　)

3. 某公司董事会决定关闭一个事业部。如果有关决定尚未传达到受影响的各方，也未采取任何措施实施该项决定，表明该公司没有承担重组义务，但应确认预计负债。(　　)

4. 企业对已经确认的预计负债的实际支出发生时，应当仅限于最初为之确定该预计负债的支出。(　　)

5. 待执行合同属于一种特殊的合同，其与企业日常涉及的商品买卖合同、劳务合同、租赁合同无关。(　　)

6. 待执行合同变成亏损合同时，企业拥有合同标的资产的，应当先对标的资产进行减值测试，并按规定确认减值损失，如预计亏损额超过该减值损失，应将超过部分确认为预计负债。(　　)

7. 企业清偿预计负债所需支出全部或部分预期由第三方补偿的，补偿金额在基本确定收到时，可以作为确认预计负债的抵减，也可以作为一项资产单独确认。(　　)

8. 企业在计算预计负债时不考虑与履行该现时义务所需金额的相关未来事项。(　　)

9. 企业的或有负债和或有资产在满足一定条件时可以转化为负债或资产。 （　）

10. 待执行合同属于或有事项。 （　）

四、计算及账务处理题

1. 华夏公司为农机生产和销售企业，2×19 年 12 月 31 日“预计负债——产品质量保证——农机”科目年末余额为 20 万元。2×20 年第一季度、第二季度、第三季度、第四季度分别销售农机 100 台、200 台、220 台和 300 台，每台售价为 20 万元。对购买其产品的消费者，华夏公司作出如下承诺：农机售出后 3 年内如出现非意外事件造成的农机故障和质量问题，华夏公司免费负责保修（含零部件更换）。根据以往的经验，发生的保修费一般为销售额的 1%～2%。假定华夏公司 2×20 年四个季度实际发生的维修费用分别为 16 万元、44 万元、64 万元和 56 万元（假定上述费用以银行存款支付 50%，另 50%为耗用的材料，不考虑增值税因素）。

要求：

（1）编制每个季度发生产品质量保证费用的会计分录。

（2）分季度确认产品质量保证负债金额并编制相关会计分录。

（3）计算每个季度末“预计负债——产品质量保证”科目的余额。

2. 华夏公司于 2×20 年 12 月 10 日与海洋公司签订合同，约定在 2×21 年 2 月 10 日以每件 40 元的价格向海洋公司提供 A 产品 1 000 件，如果不能按期交货，将向海洋公司支付总价款 20%的违约金。签订合同时产品尚未开始生产，华夏公司准备生产产品时，材料的价格突然上涨，预计生产 A 产品的单位成本将超过合同单价。不考虑相关税费。

要求：分别以下两种情况确认华夏公司该待执行合同的预计负债，并作相关账务处理。

（1）若生产 A 产品的单位成本为 50 元。

（2）若生产 A 产品的单位成本为 45 元。

第三章　非货币性资产交换

本章基本内容框架

- 非货币性资产交换
  - 非货币性资产交换的认定
    - 概念及特征
    - 认定
  - 非货币性资产交换的确认和计量
    - 商业实质的判断
    - 确认和计量原则
  - 非货币性资产交换的会计处理
    - 以公允价值为基础
    - 以账面价值为基础
    - 涉及多项非货币性资产交换

重点、难点讲解及典型例题

一、货币性资产和非货币性资产

1. 货币性资产

货币性资产是指企业持有的货币资金和将以固定或可确定的金额收取的资产，包括库存现金、银行存款、应收账款和应收票据以及准备持有至到期的债券投资等。

2. 非货币性资产

非货币性资产是指货币性资产以外的资产。

【例题1·多选题】 不考虑其他因素，华夏公司发生的下列交易或事项中，应当按照非货币性资产交换进行会计处理的有(　　)。

A. 以对子公司股权投资换入一项投资性房地产

B. 以本公司生产的产品换入生产用专利技术

C. 以原准备持有至到期的债权投资换入固定资产

D. 定向发行本公司股票取得某被投资单位40%的股权

【答案】 AB

【解析】 选项C，持有至到期的债权投资属于货币性资产；选项D，属于发行权益工具换入非货币性资产，不属于非货币性资产交换。

二、非货币性资产交换的认定

在涉及少量补价的情况下，以补价占整个资产交换金额的比例低于25%(注意不含25%)作为参考。如果高于25%(含25%)，则视为以货币性资产取得非货币性资产，适用收入准则等其他一些准则。

1. 收到补价的企业

收到的补价÷换出资产公允价值<25%或收到的补价÷(换入资产公允价值+收到的补价)<25%。

2. 支付补价的企业

支付的补价÷(支付的补价+换出资产公允价值)<25%或支付的补价÷换入资产的公允价值。

【提示】 分子和分母均不含增值税。

【例题 2·多选题】 下列交易中,属于非货币性资产交换的有(　　)。

A. 以 600 万元应收账款换取生产用设备

B. 以持有至到期的公司债券 800 万元换取一项长期股权投资

C. 以公允价值为 600 万元的厂房换取投资性房地产,另收取补价 30 万元

D. 以公允价值为 500 万元的专利技术换取其他权益工具投资,另支付补价 100 万元

【答案】 CD

【解析】 选项 A 中的应收账款和选项 B 中的持有至到期的公司债券属于货币性资产,因此,选项 A、B 不属于非货币性资产交换;选项 C,30÷600×100%=5%,小于 25%,属于非货币性资产交换;选项 D,100÷(100+500)×100%=16.67%,小于 25%,属于非货币性资产交换。

三、以公允价值为基础计量的会计处理

1. 换入资产成本的确定

(1) 条件:非货币性资产交换具有商业实质且换入或换出资产的公允价值能够可靠地计量。

(2) 方法:换入资产成本=换出资产不含税公允价值+支付的不含税补价(-收到的不含税补价)+应支付的相关税费。

【提示】 不含税补价=换入与换出资产的不含税公允价值之差。

或者:换入资产成本=换出资产含税公允价值+支付的银行存款(-收到的银行存款)-可抵扣的增值税进项税额+应支付的相关税费。

【提示】 支付或收到的银行存款(含税的补价)=换入与换出资产的含税公允价值之差。

2. 会计处理注意问题

1) 换出资产的公允价值和其账面价值之间的差额的处理

(1) 换出资产为存货的,应当作为销售处理,以其公允价值确认收入,同时结转相应的成本。

(2) 换出资产为固定资产、无形资产的,换出资产公允价值和换出资产账面价值的差额,计入资产处置损益。

(3) 换出资产为长期股权投资的,换出资产公允价值与其账面价值的差额,记入“投资收益”科目。

(4) 换出资产为投资性房地产的,以其公允价值确认其他业务收入,同时结转其他业务成本。

2) “应支付的相关税费”的处理

除增值税的销项税额以外的,如果是为换出资产而发生的相关税费,则计入换出资产的处置损益;如果是为换入资产而发生的相关税费,则计入换入资产的成本。

【例题3·综合题】　华夏公司和华丽公司适用的增值税税率均为13%，计税价格等于公允价值，假定该项交换具有商业实质且其换入换出资产的公允价值能够可靠地计量。华夏公司以库存商品A产品交换华丽公司原材料，双方均将收到的存货作为库存商品核算。有关资料如下：

(1) 华夏公司换出：库存商品的账面成本430万元，已计提存货跌价准备30万元，公允价值500万元，含税公允价值565万元。

(2) 华丽公司换出：原材料的账面成本320万元，已计提存货跌价准备20万元，公允价值400万元，含税公允价值452万元。

【解析】

华夏公司收到不含税补价＝不含税公允价值500－不含税公允价值400＝100(万元)

华夏公司收到银行存款＝含税公允价值565－含税公允价值452＝113(万元)

(1) 华夏公司的会计处理：

华夏公司换入库存商品成本＝换出资产不含税公允价值500－收到的不含税的补价100＋应支付的相关税费0＝400(万元)；或＝换出资产含税公允价值565－收到的银行存款113－可抵扣的增值税进项税额400×13%＋应支付的相关税费0＝400(万元)

借：库存商品　4 000 000
　　应交税费——应交增值税(进项税额)　520 000
　　银行存款　1 130 000
　　贷：主营业务收入　5 000 000
　　　　应交税费——应交增值税(销项税额)　650 000
借：主营业务成本　4 000 000
　　存货跌价准备　300 000
　　贷：库存商品　4 300 000

(2) 华丽公司的会计处理：

华丽公司取得的库存商品入账价值＝换出资产不含税公允价值400＋支付的不含税的补价100＋应支付的相关税费0＝500(万元)；或＝换出资产含税公允价值452＋支付的银行存款113－可抵扣的增值税进项税额500×13%＋0＝500(万元)

借：库存商品　5 000 000
　　应交税费——应交增值税(进项税额)　650 000
　　贷：其他业务收入　4 000 000
　　　　应交税费——应交增值税(销项税额)　520 000
　　　　银行存款　1 130 000
借：其他业务成本(3 200 000－200 000)　3 000 000
　　存货跌价准备　200 000
　　贷：原材料　3 200 000

四、以账面价值为基础计量的会计处理

1. 不涉及补价的情况

换入资产的成本＝换出资产的账面价值＋应支付的相关税费

2. 涉及补价的情况

支付补价方：

换入资产的成本＝换出资产的账面价值＋支付的补价＋应支付的相关税费

收到补价方：

换入资产的成本＝换出资产的账面价值－收到的补价＋应支付的相关税费

五、涉及多项非货币性资产交换的会计处理

非货币性资产交换同时换入多项资产的，在确定各项换入资产的成本时，应当依据下列情况分别处理。

(1) 以公允价值为基础。包括以换出资产的公允价值为基础和以换入资产的公允价值为基础两种。

(2) 以账面价值为基础。如涉及换入多项资产或换出多项资产，或者同时换入和换出多项资产的，应当分别对换入的多项资产、换出的多项资产进行会计处理。

思考与练习

一、单选题

1. 企业进行具有商业实质且公允价值能够可靠地计量的非货币性资产交换，同一事项可能同时影响双方换入资产入账价值的因素是(　　)。

A. 企业支付的补价或收到的补价　　B. 企业为换出资产支付的运杂费

C. 企业换出资产计提的资产减值准备　　D. 企业换出资产的账面价值

2. 华夏公司以一项无形资产换取华丽公司一项固定资产，华夏公司无形资产账面价值为 50 万元，华丽公司固定资产的账面价值为 38 万元，固定资产和无形资产的公允价值均不能可靠地计量，华夏公司向华丽公司收取 8 万元的银行存款，为换入固定资产而支付相关运杂费 2 万元，不考虑增值税等其他相关税费，则华夏公司换入固定资产的入账价值为(　　)万元。

A. 44　　B. 38　　C. 50　　D. 42

3. 下列项目中，属于货币性资产的是(　　)。

A. 作为交易性金融资产的股票投资　　B. 债权投资

C. 可转换公司债券　　D. 其他权益性投资

4. 下列有关非货币性资产交换的说法中，不正确的是(　　)。

A. 非货币性资产交换可以涉及少量补价，通常以补价占整个资产交换金额的比例低于 25%作为参考

B. 当交换具有商业实质并且公允价值能够可靠地计量时，在不涉及补价的情况下，应当以换出资产的公允价值和应支付的相关税费作为换入资产的成本

C. 不具有商业实质的交换，在不涉及补价的情况下，应当以换出资产的账面价值和为换入资产支付的相关税费作为换入资产的成本(不考虑增值税)

D. 收到补价时应确认收益，支付补价时不能确认收益

5. 企业发生的具有商业实质且换入换出资产的公允价值能够可靠地计量的非货币性资

产交换，在没有补价的情况下，如果同时换入多项资产，则对换入资产的成本总额进行分配的比例为(　)。

A. 换入各项资产的公允价值占换入资产公允价值总额

B. 换出各项资产的公允价值占换出资产公允价值总额

C. 换入各项资产的账面价值占换入资产账面价值总额

D. 换出各项资产的账面价值占换出资产账面价值总额

6. 对于非货币性资产交换的，说法中，正确的有(　)。

A. 不会涉及货币性资产　　B. 涉及货币性资产

C. 一定涉及少量的货币性资产　　D. 不涉及或只涉及少量的货币性资产

7. 企业在确认涉及少量货币性资产的交换为非货币性资产交换时，通常以补价占整个资产交换金额的比例作为参考，下列项目中，正确的参考比例是(　　)。

A. 25%左右　　B. 低于25%　　C. 25%　　D. 高于25%

8. 以下交易具有商业实质的是(　　)。

A. 以一项固定资产换入一项固定资产

B. 以一项长期股权投资换入一项长期股权投资

C. 以一批存货换入一项设备

D. 以一批商品换入一批商品

9. 华夏公司2×21年10月10日用一批库存商品换入一台设备，并收到对方支付的补价33.2万元。该批库存商品的账面价值为120万元，不含增值税的公允价值为150万元，计税价格为140万元，适用的增值税税率为13%；换入设备的原账面价值为160万元，公允价值为135万元。华夏公司因该项非货币性资产交换影响损益的金额为(　　)万元。

A. 140　　B. 150　　C. 120　　D. 30

10. 华夏公司以一台固定资产换入华丽公司的一项长期股权投资。换出固定资产的账面原价为1 200万元，已计提折旧50万元，未计提减值准备，公允价值为1 250万元；长期股权投资的账面价值为1 320万元，未计提减值准备，公允价值为1 200万元；华丽公司另外向华夏公司支付现金50万元。假定该交换不具有商业实质且不考虑相关税费，华夏公司应就此项非货币性资产交换确认的非货币性资产交换收益(损失以负数表示)为(　　)万元。

A. 5　　B. −2.8　　C. 2.08　　D. 0

二、多选题

1. 下列各项目中，属于非货币性资产的有(　　)。

A. 交易性金融资产　　B. 债权投资

C. 其他权益工具投资　　D. 长期股权投资

2. 下列表述中，符合“换入资产或换出资产公允价值能够可靠地计量”条件的有(　　)。

A. 换入资产或换出资产存在活跃市场

B. 换入资产或换出资产不存在活跃市场，但同类或类似资产存在活跃市场

C. 换入资产或换出资产不存在同类或类似资产的可比市场交易，应当采用估值技术确定其公允价值。该公允价值估计数的变动区间很小，或者在公允价值估计数变动区间内，各种用于确定公允价值估计数的概率能够合理确定的

D. 换入资产或换出资产不存在同类或类似资产的可比市场交易，应当采用估值技术确定其公允价值。该公允价值估计数的变动区间比较大。

3. 华夏公司与华丽公司(均为一般纳税企业)进行非货币性资产交换，具有商业实质且其换入或换出资产的公允价值能够可靠地计量，以下可能影响华夏公司换入资产入账价值的项目有(　　)。

A. 华丽公司支付的补价

B. 华夏公司为换入资产支付的相关税费

C. 华夏公司换出资产的公允价值

D. 华夏公司换出资产支付的增值税

4. 非货币性资产交换同时换入多项资产的，在确定各项换入资产的成本时，下列说法中，不正确的有(　　)。

A. 非货币性资产交换不具有商业实质，或者虽具有商业实质但换入资产的公允价值不能可靠地计量的，应当按照换入各项资产的原账面价值占换入资产原账面价值总额的比例，对换入资产的成本总额进行分配，确定各项换入资产的成本

B. 均按各项换入资产的账面价值确定

C. 均按各项换入资产的公允价值确定

D. 非货币性资产交换不具有商业实质，或者虽具有商业实质但换入资产的公允价值不能可靠地计量的，应当按照换入各项资产的公允价值占换入资产公允价值总额的比例，对换入资产的成本总额进行分配，确定各项换入资产的成本

5. 下列关于非货币性资产交换的表述中，正确的有(　　)。

A. 非货币性资产交换可以涉及少量的货币性资产，但货币性资产占整个资产交换金额的比例低于25%

B. 在交易不具有商业实质的情况下，支付补价的企业，应按换出资产账面价值加上支付的补价和为换入资产发生的相关税费，作为换入资产的成本

C. 在交易具有商业实质的情况下，收到补价的企业，按换出资产账面价值减去补价，加上应支付的相关税费，作为换入资产的入账价值

D. 在交易具有商业实质的情况下，收到补价的企业，按换出资产公允价值减去补价，加上为换入资产发生的相关税费，作为换入资产的入账价值

6. 在非货币性资产交换中，以换出资产的公允价值和应支付的相关税费作为换入资产的入账价值，其应同时满足的条件有(　　)。

A. 该项交换具有商业实质

B. 换入资产或换出资产的公允价值能够可靠地计量

C. 换入资产的公允价值大于换出资产的公允价值

D. 换入资产的公允价值小于换出资产的公允价值

7. 具有商业实质且公允价值能够可靠地计量情况下，计算补价占整个交易金额25%比例时，下列公式中，正确的有(　　)。

A. 收到的补价÷换出资产公允价值<25%

B. 收到的补价÷(收到的补价+换出资产公允价值)<25%

C. 支付的补价÷(支付的补价+换入资产的账面价值)<25%

D. 支付的补价÷(支付的补价+换出资产公允价值)<25%

8. 下列交易中,属于非货币性资产交换的有(　　)。

A. 以市价 400 万元的股票和票面金额 200 万元的应收票据换取公允价值为 750 万元的机床

B. 以账面价值为 560 万元、公允价值为 600 万元的厂房换取一套电子设备,另收取补价 140 万元

C. 以账面价值为 560 万元、公允价值为 600 万元的专利技术换取一套电子设备,另支付补价 160 万元

D. 以账面价值为 560 万元、公允价值为 600 万元的厂房换取一套电子设备,另收取补价 200 万元

9. 甲股份有限公司发生的下列非关联交换中,属于非货币性资产交换的有(　　)。

A. 以公允价值为 260 万元的交易性金融资产换入华美公司账面价值为 320 万元的无形资产,并支付补价 70 万元

B. 以账面价值为 280 万元的固定资产换入丙公司公允价值为 200 万元的一项专利权,并支付补价 30 万元

C. 以公允价值为 300 万元的长期股权投资换入丁公司账面价值为 500 万元的设备,并收到补价 75 万元

D. 以账面价值为 420 万元的债权投资换入戊公司公允价值为 390 万元的一台设备,并收到补价 30 万元

10. 某公司以库存原材料交换一座库房,该原材料的账面成本为 90 万元,不含税售价 100 万元,增值税税率 13%,已计提的存货跌价准备 5 万元。该库房在原企业的账面价值为 75 万元,公允价值为 100 万元,该公司收到补价 13 万元。该公司正确的会计处理有(　　)。

A. 固定资产(库房)入账价值为 80 万元

B. 固定资产(库房)入账价值为 75 万元

C. 固定资产(库房)入账价值为 100 万元

D. 存货账面余额减少 90 万元

三、判断题

1. 非货币性资产交换具有商业实质、换出资产的公允价值能够可靠地计量,但是换入资产的公允价值不能可靠地计量,可以换出资产的公允价值为基础确定换入资产的总成本。(　　)

2. 非货币性资产交换具有商业实质,且换入资产的公允价值能够可靠地计量的,应当按照换入各项资产的原账面价值占换入资产原账面价值总额的比例,对换入资产的成本总额进行分配,确定各项换入资产的成本。(　　)

3. 在具有商业实质且换入或换出资产的公允价值能够可靠地计量的情况下,换出的长期股权投资账面价值和公允价值之间的差额,计入营业外收支。(　　)

4. 不具有商业实质且换入资产的公允价值不能可靠地计量的非货币性资产交换,在同时换入多项资产的情况下,确定各项换入资产的入账价值时,需要按照换入各项资产的原账面价值占换入资产原账面价值总额的比例,确定各项换入资产的成本。(　　)

5. 某企业以其不准备持有至到期的国库券换入一幢房屋以备出租，该项交易具有商业实质。（　　）

6. 以账面价值 500 万元债权投资换入华丽公司公允价值为 490 万元的专利技术，并支付补价 10 万元，该项非关联交易属于非货币性资产交换。（　　）

7. 非货币性资产交换不具有商业实质，或换入资产和换出资产的公允价值均不能可靠地计量的，以换出资产账面价值总额为基础确定换入资产的总成本。（　　）

8. 非货币性资产交换不具有商业实质，或者虽具有商业实质但换入资产的公允价值不能可靠地计量的，应当按照换入各项资产的原账面价值占换入资产原账面价值总额的比例，对换入资产的成本总额进行分配，确定各项换入资产的成本。（　　）

9. 应收账款可能发生坏账，将来收取的货币是不确定的，因此，应收账款属于非货币性资产。（　　）

10. 在非货币性资产交换中，当换出资产公允价值大于换入资产账面价值时，应确认交易收益。（　　）

四、计算及财务处理题

1. 华夏公司和华丽公司均为一般纳税人，2×21 年 2 月 2 日，华夏公司以其生产的产品一批与华丽公司交换设备一台，产品成本为 400 万元，公允价值为 500 万元，增值税税率为 13%；设备原价为 800 万元，已提折旧为 280 万元，公允价值 500 万元。华夏公司换入的设备作为固定资产入账，华丽公司换入的产品作为商品入账。资产已交付对方并办妥相关手续。假定双方的交换具有商业实质且公允价值能够可靠地计量。

要求：根据上述资料，编制华夏公司和华丽公司的有关会计分录。

2. 2×21 年，华夏公司决定以库存商品和交易性金融资产——B 股票与华丽公司交换其持有的长期股权投资和固定资产（设备一台）。华夏公司库存商品账面余额为 150 万元，公允价值（计税价格）为 200 万元；B 股票的账面余额为 260 万元（其中：成本为 210 万元，公允价值变动为 50 万元），公允价值为 300 万元。华丽公司的长期股权投资的账面余额为 300 万元，公允价值为 336 万元；固定资产——设备的账面原值为 240 万元，已计提折旧 100 万元，公允价值 144 万元，另外，华丽公司向华夏公司支付银行存款 27.28 万元作为补价，其中包括由于换出和换入资产公允价值不同而支付的补价 20 万元，以及换出资产销项税额与换入资产进项税额的差额 7.28 万元。华夏公司和华丽公司换入的资产均不改变其用途。

假设两公司都没有为资产计提减值准备，整个交易过程中没有发生除增值税以外的其他相关税费，华夏公司和华丽公司的增值税税率均为 13%。非货币性资产交换具有商业实质且公允价值能够可靠地计量。

要求：

（1）计算华夏公司换入各项资产的成本。

（2）编制华夏公司有关会计分录。

（3）计算华丽公司换入各项资产的成本。

（4）编制华丽公司有关会计分录。

第四章 债 务 重 组

本章基本内容框架

- 债务重组
  - 债务重组概述
    - 债务重组定义
    - 债务重组方式
      - 以资产清偿债务
      - 债务转为权益工具
      - 修改其他债务条件
      - 组合方式
    - 债务重组日
  - 债务重组的会计处理
    - 债权人的会计处理
    - 债务人的会计处理
  - 债务重组的相关披露

重点、难点讲解及典型例题

一、债务重组的定义

债务重组是指在不改变交易对手方的情况下，经债权人和债务人协定或法院裁定，就清偿债务的时间、金额或方式等重新达成协议的交易。

【例题1·多选题】 华夏公司应收华美公司的一笔货款100万元到期，由于华美公司发生财务困难，该笔货款预计短期内无法收回。当日，华夏公司就该债权与华美公司进行协商。下列协商方案中，属于债务重组的有（　　）。

A. 减免10万元债务，其余部分立即以现金偿还

B. 减免11万元债务，其余部分延期2年偿还

C. 以公允价值为90万元的无形资产偿还

D. 以现金10万元和公允价值为90万元的存货偿还

【答案】 ABCD

【解析】 债务重组是指在不改变交易对手方的情况下，经债权人和债务人协定或法院裁定，就清偿债务的时间、金额或方式等重新达成协议的交易。此题选项ABCD。

二、债务重组的方式

1. 以资产清偿债务

债务人以资产清偿债务，是债务人转让其资产给债权人以清偿债务的债务重组方式。债务人用于偿债的资产通常是已经在资产负债表中确认的资产，例如，现金、应收账款、长期

股权投资、投资性房地产、固定资产、在建工程、生物资产、无形资产等。债务人以日常活动产出的商品或服务清偿债务的，用于偿债的资产可能体现为存货等资产。

2. 债务转为权益工具

债务人将债务转为权益工具，这里的权益工具，是指根据《企业会计准则第37号——金融工具列报》分类为“权益工具”的金融工具，在会计处理上体现为股本、实收资本、资本公积等科目。

3. 修改其他条款

修改其他条款是指修改不包括上述第1、第2种情形在内的债务条件的债务重组方式，如减少债务本金、降低利率、免去应付未付的利息等。

4. 以上三种方式的组合

以上三种方式的组合是指采用以上三种方法共同清偿债务的债务重组形式。例如，以转让资产清偿某项债务的一部分，另一部分债务通过修改其他债务条件进行债务重组。主要包括以下可能的方式。

(1) 债务的一部分以资产清偿，另一部分则转为权益工具

(2) 债务的一部分以资产清偿，另一部分则修改其他债务条件

(3) 债务的一部分转为权益工具，另一部分则修改其他债务条件

(4) 债务的一部分以资产清偿，一部分转为权益工具，另一部分则修改其他债务条件

【例题2·判断题】 华夏公司在与华丽公司债务重组采用“债转股”的方式，但同时附加相关条款，约定华夏公司在重组1年后以2亿元的价格回购股权。该笔业务属于债务转为权益工具的债务重组方式。（ ）

【答案】 错

【解析】 实务中，有些债务重组名义上采用“债转股”的方式，但同时附加相关条款，如约定债务人在未来某个时点有义务以某一金额回购股权，或债权人持有的股份享有强制分红权等。这类交易不属于债务人将债务转为权益工具的债务重组方式。

三、债务重组的会计处理

(一)债权人的会计处理

1. 以资产清偿债务或将债务转为权益工具

1) 债权人受让金融资产

债权人受让包括现金在内的单项或多项金融资产的，金融资产初始确认时应当以其公允价值计量，金融资产确认金额与债权终止确认日账面价值之间的差额，记入“投资收益”科目。

2) 债权人受让非金融资产

(1) 存货的成本，包括放弃债权的公允价值，以及使该资产达到当前位置和状态所发生的可直接归属于该资产的税金、运输费、装卸费、保险费等其他成本。

(2) 对联营企业或合营企业投资的成本，包括放弃债权的公允价值，以及可直接归属于该资产的税金等其他成本。

(3) 投资性房地产的成本，包括放弃债权的公允价值，以及可直接归属于该资产的税金

等其他成本。

(4) 固定资产的成本，包括放弃债权的公允价值，以及使该资产达到预定可使用状态前所发生的可直接归属于该资产的税金、运输费、装卸费、安装费、专业人员服务费等其他成本。确定固定资产成本时，应当考虑预计弃置费用因素。

(5) 生物资产的成本，包括放弃债权的公允价值，以及可直接归属于该资产的税金、运输费、保险费等其他成本。

(6) 无形资产的成本，包括放弃债权的公允价值，以及可直接归属于使该资产达到预定用途所发生的税金等其他成本。放弃债权的公允价值与账面价值之间的差额，记入“投资收益”科目。

【例题 3 · 单选题】 华夏公司应收华美公司货款 2 000 万元，因华美公司财务困难，到期未予偿付，华夏公司就该项债权计提了 400 万元的坏账准备。2×21 年 6 月 10 日，双方签订协议，约定以华美公司生产的 100 件 A 产品抵偿该债务。华美公司 A 产品售价为 13 万元/件(不含增值税)，成本为 10 万元/件；6 月 20 日，华美公司将抵债产品运抵华夏公司并向华夏公司开具了增值税专用发票。华夏、华美公司均为增值税一般纳税人，适用的增值税税率均为 13%。不考虑其他因素，华夏公司应确认的债务重组损失是(　　)万元。

A. 131　　B. 279　　C. 300　　D. 600

【答案】 A

【解析】 华夏公司应确认的债务重组损失＝应收账面价值(2 000－400)－抵债资产的公允价值 100×13×1.13＝131(万元)。

3) 债权人受让多项资产

债权人受让多项非金融资产，或者包括金融资产、非金融资产在内的多项资产的，按照受让的金融资产以外的各项资产在债务重组合同生效日的公允价值比例，对放弃债权在合同生效日的公允价值扣除受让金融资产当日公允价值后的净额进行分配，并以此为基础分别确定各项资产的成本。放弃债权的公允价值与账面价值之间的差额，记入“投资收益”科目。

4) 债权人将受让的资产或处置组划分为持有待售类别

债务人以资产或处置组清偿债务，且债权人在取得日未将受让的相关资产或处置组作为非流动资产和非流动负债核算，而是将其划分为持有待售类别的，债权人应当在初始计量时，比较假定其不划分为持有待售类别情况下的初始计量金额和公允价值减去出售费用后的净额，以两者孰低计量。

2. 修改其他条款

债务重组采用以修改其他条款方式进行的，如果修改其他条款导致全部债权终止确认，债权人应当按照修改后的条款以公允价值初始计量新的金融资产，新金融资产的确认金额与债权终止确认日账面价值之间的差额，记入“投资收益”科目。

如果修改其他条款未导致债权终止确认，债权人应当根据其分类，继续以摊余成本、以公允价值计量且其变动计入其他综合收益，或者以公允价值计量且其变动计入当期损益进行后续计量。

3. 组合方式

债务重组采用组合方式进行的，一般可以认为对全部债权的合同条款作出了实质性修改，债权人应当按照修改后的条款，以公允价值初始计量新的金融资产和受让的新金融资产，按照受让的金融资产以外的各项资产在债务重组合同生效日的公允价值比例，对放弃债权在合同生效日的公允价值扣除受让金融资产和重组债权当日公允价值后的净额进行分配，并以此为基础分别确定各项资产的成本。放弃债权的公允价值与账面价值之间的差额，记入“投资收益”科目。

（二）债务人的会计处理

1. 债务人以金融及非金融资产清偿债务

债务重组采用以资产清偿债务方式进行的，债务人应当将所清偿债务账面价值与转让资产账面价值之间的差额计入当期损益。

（1）债务人以金融资产清偿债务。债务人以单项或多项金融资产清偿债务的，债务的账面价值与偿债金融资产账面价值的差额，记入“投资收益”科目。偿债金融资产已计提减值准备的，应结转已计提的减值准备。对于分类为以公允价值计量且其变动计入其他综合收益的债务工具投资清偿债务的，之前计入其他综合收益的累计利得或损失应当从其他综合收益中转出，记入“投资收益”科目。对于指定为以公允价值计量且其变动计入其他综合收益的非交易性权益工具投资清偿债务的，之前计入其他综合收益的累计利得或损失应当从其他综合收益中转出，记入“盈余公积”“利润分配——未分配利润”等科目。

（2）债务人以非金融资产清偿债务。债务人以单项或多项非金融资产清偿债务，或者以包括金融资产和非金融资产在内的多项资产清偿债务的，不需要区分资产处置损益和债务重组损益，也不需要区分不同资产的处置损益，而应将所清偿债务账面价值与转让资产账面价值之间的差额，记入“其他收益——债务重组收益”科目。偿债资产已计提减值准备的，应结转已计提的减值准备。

债务人以包含非金融资产的处置组清偿债务的，应当将所清偿债务和处置组中负债的账面价值之和，与处置组中资产的账面价值之间的差额，记入“其他收益——债务重组收益”科目。处置组所属的资产组或资产组组合按照《企业会计准则第 8 号——资产减值》分摊了企业合并中取得的商誉的，该处置组应当包含分摊至处置组的商誉。处置组中的资产已计提减值准备的，应结转已计提的减值准备。

债务人以日常活动产出的商品或服务清偿债务的，应当将所清偿债务账面价值与存货等相关资产账面价值之间的差额记入“其他收益——债务重组收益”科目。

2. 债务人将债务转为权益工具

债务重组采用将债务转为权益工具方式进行的，债务人初始确认权益工具时，应当按照权益工具的公允价值计量，权益工具的公允价值不能可靠地计量的，应当按照所清偿债务的公允价值计量。所清偿债务账面价值与权益工具确认金额之间的差额，记入“投资收益”科目。债务人因发行权益工具而支出的相关税费等，应当依次冲减资本溢价、盈余公积、未分配利润等。

【例题 4 · 多选题】 2×21 年 1 月 3 日，华夏公司因购买材料而欠华丽公司购货款及税款合计为 2 500 万元，由于华夏公司无法偿付应付账款，2×21 年 5 月 2 日经双方协商同意，华夏公司以普通股偿还债务，普通股每股面值为 1 元，假设股票市价为每股 8 元，华夏公司以 300 万股偿还该项债务。2×21 年 6 月 1 日增资手续办理完毕，华丽公司取得股权后划分其他权益性投资，其已对应收账款提取 20 万元坏账准备。华丽公司为取得股权发生相关交易费用10万元，华夏公司为发行股票而支付相关交易费用10万元。华夏公司债务重组会计处理中，正确的有(　　)。

A. 华夏公司因债务重组确认资本公积——股本溢价2 090万元

B. 华夏公司因债务重组确认投资收益100万元

C. 华丽公司因债务重组取得其他权益性投资的入账价值为2 410万元

D. 华丽公司因债务重组确认投资收益100万元

【答案】 ABC

【解析】 华夏公司会计处理如下：

借：应付账款——华丽公司	25 000 000	
贷：股本		3 000 000
资本公积——股本溢价[300×(8－1)－10]		20 900 000
投资收益——债务重组收益（2 500－300×8）		1 000 000
银行存款		100 000

华丽公司会计处理：

借：其他权益投资(300×8＋10)	24 100 000	
坏账准备	200 000	
投资收益——债务重组损失	800 000	
贷：应收账款		25 000 000
银行存款		100 000

3. 修改其他条款

债务重组采用修改其他条款方式进行的，如果修改其他条款导致债务终止确认，债务人应当按照公允价值计量重组债务，终止确认的债务账面价值与重组债务确认金额之间的差额，记入“投资收益”科目。

如果修改其他条款未导致债务终止确认，或者仅导致部分债务终止确认，对于未终止确认的部分债务，债务人应当根据其分类，继续以摊余成本、以公允价值计量且其变动计入当期损益或其他适当方法进行后续计量。对于以摊余成本计量的债务，债务人应当根据重新议定合同的现金流量变化情况，重新计算该重组债务的账面价值，并将相关利得或损失记入“投资收益”科目。重新计算的该重组债务的账面价值，应当根据将重新议定或修改的合同现金流量按债务的原实际利率或按《企业会计准则第24号——套期会计》第二十三条规定的重新计算的实际利率(如适用)折现的现值确定。对于修改或重新议定合同所产生的成本或费用，债务人应当调整修改后的重组债务的账面价值，并在修改后重组债务的剩余期限内摊销。

4. 组合方式

债务重组采用以资产清偿债务、将债务转为权益工具、修改其他条款等方式的组合进行的，对于权益工具，债务人应当在初始确认时按照权益工具的公允价值计量，权益工具的公允价值不能可靠地计量的，应当按照所清偿债务的公允价值计量。对于修改其他条款形成的重组债务，债务人应当“修改其他条款”部分的内容，确认和计量重组债务。所清偿债务的账面价值与转让资产的账面价值以及权益工具和重组债务的确认金额之和的差额，记入“其他收益——债务重组收益”或“投资收益”(仅涉及金融工具时)科目。

四、债务重组的相关披露

1. 债权人应当在附注中披露与债务重组有关的信息

(1) 根据债务重组方式，分组披露债权账面价值和债务重组相关损益。分组时，债权人可以按照以资产清偿债务方式、将债务转为权益工具方式、修改其他条款方式、组合方式为标准分组，也可以根据重要性原则以更细化的标准分组。

(2) 债务重组导致的对联营企业或合营企业的权益性投资增加额，以及该投资占联营企业或合营企业股份总额的比例。

2. 债务人应当在附注中披露与债务重组有关的信息

(1) 根据债务重组方式，分组披露债务账面价值和债务重组相关损益。分组的标准与对债权人的要求类似。

(2) 债务重组导致的股本等所有者权益的增加额。

思考与练习

一、单选题

1. 下列各项中，属于债务重组会计准则中债权和债务范围的是(　　)。

A. 合同资产　　B. 合同负债

C. 预计负债　　D. 租赁应收款和租赁应付款

2. 债务人以现金清偿债务时，债权人应当将重组债权的账面余额与实际收到的现金之间的差额确认为(　　)。

A. 管理费用　　B. 期间费用　　C. 其他收益　　D. 坏账准备

3. 2×21 年 10 月 30 日，华夏公司欠华美公司 600 万元货款到期。华夏公司因财务困难，经协商于 2×21 年 11 月 15 日与华美公司签订债务重组协议，协议规定华夏公司以价值 550 万元的商品抵偿所欠华美公司以上全部债务(假定不考虑相关税费的影响)。2×21 年 11 月 20 日，华美公司收到该商品并验收入库，同日办理了有关债务解除手续。该债务重组的重组日为(　　)。

A. 2×21 年 10 月 30 日　　B. 2×21 年 11 月 15 日

C. 2×21 年 11 月 20 日　　D. 2×21 年 12 月 31 日

4. 如果修改其他条款导致债务终止确认，债务人应当按照公允价值计量重组债务，终止确认的债务账面价值与重组债务确认金额之间的差额(　　)。

A. 计入管理费用　　B. 计入投资收益

C. 计入财务费用　　D. 计入营业外支出

5. 对于甲公司而言，下列各项交易中，应当按照债务重组准则进行会计处理的是(　　)。

A. 甲公司放弃应收债权取得子公司投资

B. 甲公司放弃应收债权取得联营企业投资

C. 甲公司放弃应收债权取得其他权益工具投资

D. 甲公司放弃应收债权取得交易性金融资产

6. 甲公司和乙公司均为增值税一般纳税人，2×21 年 1 月 1 日，甲公司销售一批材料给乙公司，含税价为 1 500 万元。2×21 年 7 月 1 日，乙公司发生财务困难，无法按合同规定偿还该笔货款，经双方协商，甲公司同意乙公司用一项专利权抵偿该笔货款。该专利权原价为 1 500 万元，累计摊销 400 万元，计提减值准备 120 万元，该无形资产账面价值为 980 万元，在债务重组日的公允价值为 1 200 万元，该专利权符合免征增值税条件。乙公司应确认其他收益的金额为(　　)万元。

A. 1 020　　B. 960　　C. 660　　D. 520

7. 乙企业应付甲企业账款的账面余额为 260 万元，甲企业与乙企业进行债务重组，乙企业以增发其普通股偿还债务。假设普通股每股面值为 1 元，重组日每股市价为 3 元，乙企业以 80 万股普通股抵偿该项债务，并支付给有关证券机构佣金手续费 1 万元。乙企业应计入当期损益及资本公积的金额分别为(　　)万元。

A. 20 159　　B. 20 160　　C. 19 159　　D. 18 160

8. 2×21 年 1 月 1 日，甲公司与乙公司进行债务重组，重组日甲公司应收乙公司账款账面余额为 200 万元，已提坏账准备 10 万元，其公允价值为 180 万元，乙公司以持有华丽公司 3%的股权抵偿上述账款，该项股权投资的公允价值为 170 万元。甲公司为取得该项股权投资支付其他相关费用 1 万元，取得该项股权投资后，甲公司将其作为交易性金融资产核算。假定不考虑其他因素。甲公司债务重组取得交易性金融资产的入账价值为(　　)万元。

A. 170　　B. 171　　C. 180　　D. 181

9. 2×21 年 1 月 1 日，甲公司与乙公司进行债务重组，重组日甲公司应收乙公司账款账面余额为 200 万元，已提坏账准备 20 万元，其公允价值为 190 万元，乙公司以一批存货抵偿上述账款，该批库存商品的公允价值为 200 万元，增值税为 26 万元。甲公司为取得库存商品支付的运费和保险费为 2 万元，假定不考虑除增值税外的其他因素。甲公司债务重组取得存货的入账价值为(　　)万元。

A. 192　　B. 202　　C. 166　　D. 200

10. 2×21 年 3 月 10 日，甲公司销售一批商品给乙公司，货款为 8 000 万元(含增值税额)。合同约定，乙公司应于 2×21 年 7 月 10 日前支付上述货款。由于资金周转困难，乙公司到期不能偿付货款。经协商，甲公司与乙公司达成如下债务重组协议：乙公司以一批产品和一台设备偿还全部债务。乙公司用于偿债的产品成本为 1 800 万元，市场价格和计税价格均为 2 250 万元，未计提存货跌价准备；用于偿债的设备原价为 7 500 万元，已计提折旧 3 000 万元，已计提减值准备 750 万元，账面价值为 3 750 万元，公允价值为 3 700 万元(不含税)；甲公司和乙公司适用的增值税税率均为 13%。假定不考虑除增值税以外的其他相关税费，该项债务重组对乙公司损益的影响金额为(　　)万元。

A. 50　　B. 1 676.5　　C. 1 667.5　　D. 1 617.5

二、多选题

1. 甲公司销售商品产生应收乙公司货款 1 200 万元，因乙公司资金周转困难，逾期已 1 年以上尚未支付，甲公司就该项债权计提了 240 万元的坏账准备，公允价值为 1 000 万元。2×21 年 10 月 20 日双方经协商达成以下协议：乙公司以其生产的 100 件丙产品和一项应收银行承兑汇票偿还所欠甲公司货款。乙公司用于偿债的丙产品单件成本为 5 万元，市场价格(不含增值税)为 8 万元，银行承兑汇票票面金额为 120 万元。10 月 25 日，甲公司收到乙公司的100件丙产品和银行承兑汇票，乙公司向甲公司开具了增值税专用发票，双方债权债务结清。甲、乙公司均为增值税一般纳税人，销售商品适用增值税税率均为13%。不考虑其他因素，下列各项关于甲公司该项交易会计处理的表述中，正确的有(　　)。

A. 确认当期损益40万元

B. 确认增值税进项税额104万元

C. 确认丙产品入账价值800万元

D. 确认应收票据入账价值120万元

2. 下列有关债权人进行的债务重组会计处理表述中，正确的有(　　)。

A. 债权人取得无形资产的成本，包括放弃债权的公允价值和可直接归属于使该资产达到预定用途所发生的税金等其他成本

B. 采用修改其他条款方式进行债务重组的，债权人应当按照《企业会计准则第22号——金融工具确认和计量》的规定，确认和计量重组债权

C. 将债务转为权益工具方式进行债务重组导致债权人将债权转为对联营企业或合营企业的权益性投资的，债权人应当按照以资产清偿债务方式进行债务重组的规定计量其初始投资成本

D. 债权人放弃债权的公允价值与账面价值之间的差额，应当计入当期损益

3. 下列各项中，不属于债务重组的有(　　)。

A. A企业同意发生财务困难的B企业推迟偿还货款的期限，并减少B企业偿还货款的金额

B. 债务人以非现金资产清偿债务，同时又与债权人签订了具有融资性质的资产回购协议

C. 银行同意出现财务困难的企业分期偿付银行贷款

D. 银行同意债务人借新债偿旧债

4. 债务人可用于偿债的资产包括(　　)。

A. 现金　　B. 应收账款　　C. 长期股权投资　　D. 生物性资产

5. 债务人可以将债务转为权益工具的是(　　)。

A. 股本　　B. 实收资本　　C. 资本公积　　D. 长期股权投资

6. 下列属于修改其他条款的债务重组方式的有(　　)。

A. 调整债务本金　　B. 改变债务利息

C. 变更还款期限　　D. 更换交易对手

7. 债权人受让存货清偿债务时，存货应当按照(　　)计量成本。

A. 放弃债权的公允价值　　B. 相关税金

C. 运输费、装卸费　　D. 保险费

8. 下列关于债务人会计处理的说法中，正确的有(　　)。

A. 债务人以单项或多项非金融资产清偿债务，或者以包括金融资产和非金融资产在内的多项资产清偿债务的，不需要区分资产处置损益和债务重组损益

B. 债务人以单项或多项非金融资产清偿债务，或者以包括金融资产和非金融资产在内的多项资产清偿债务的，不需要区分不同资产的处置损益，而应将所清偿债务账面价值与转让资产账面价值之间的差额，记入“其他收益——债务重组收益”科目

C. 偿债资产已计提减值准备的,应结转已计提的减值准备

D. 债务人以日常活动产出的商品或服务清偿债务的,应当将所清偿债务账面价值与存货等相关资产账面价值之间的差额,记入"投资收益"科目

9. 下列关于修改其他条款进行的债务重组中债权人的处理描述中,正确的有(　　)。

A. 如果修改其他条款导致全部债权终止确认,债权人应当按照修改后的条款以公允价值初始计量新的金融资产

B. 如果修改其他条款导致全部债权终止确认,新金融资产的确认金额与债权终止确认日账面价值之间的差额,记入"投资收益"科目

C. 如果修改其他条款未导致债权终止确认,债权人应当根据其分类,继续以摊余成本、以公允价值计量且其变动计入其他综合收益,或者以公允价值计量且其变动计入当期损益的金融资产进行后续计量

D. 以摊余成本计量的债权,债权人应当根据重新议定合同的现金流量变化情况,重新计算该重组债权的账面余额,并将相关利得或损失记入"投资收益"科目

10. 下列信息应当在报表中披露的(　　)。

A. 是债务重组的方式以及债权账面价值和债务重组相关损益

B. 是债务重组导致的对联营企业或合营企业的权益性投资增加额,以及该投资占联营企业或合营企业股份总额的比例

C. 是债权人和债务人是否具有关联方关系

D. 是否存在与债务重组相关的或有事项

三、判断题

1. 债务重组是在不改变交易对手方的情况下进行的交易。　(　　)

2. 修改其他债务条件进行债务重组的,债务人不能确认债务重组收益。　(　　)

3. 资产管理公司从债权人处购得债权,再与债务人进行债务重组,该交易适用《企业会计准则第12号——债务重组》。　(　　)

4. 债务人以资产清偿债务,在受让资产后,债权人核算相关受让资产的类别可能与债务人不同。　(　　)

5. 债权人与债务人以"债转股"的方式进行重组,但同时约定债务人在重组后2年有义务以1.5倍的金额回购股权,该方式属于债务人将债务转为权益工具的债务重组方式。　(　　)

6. 债权人和债务人可能协议以一项同时包含金融负债成分和权益工具成分的复合金融工具替换原债权债务,这类交易属于债务人将债务转为权益工具的债务重组方式。　(　　)

7. 对于终止确认的分类为以公允价值计量且其变动计入"其他综合收益"的债权,之前计入"其他综合收益"的累计利得或损失应当从"其他综合收益"中转出,记入"其他收益 "科目。　(　　)

8. 债务人以资产清偿债务,应当将所清偿债务账面价值与转让资产账面价值之间的差额计入当期损益。　(　　)

9. 债务人以单项或多项金融资产清偿债务的,债务的账面价值与偿债金融资产账面价值的差额,记入"其他收益"科目。　(　　)

10. 债务人将债务转为权益工具时，权益工具的公允价值不能可靠地计量的，应当按照所 清偿债务的公允价值计量。 （ ）

四、计算及财务处理

1. 2×21 年 2 月 10 日，甲公司从乙公司购买一批材料，约定 6 个月后甲公司结清款项 100 万元(假定无重大融资成分)。乙公司将该应收款项分类为以公允价值计量且其变动计入当期损益的金融资产；甲公司将该应付款项分类为以摊余成本计量的金融负债。

2×21 年 8 月 12 日(合同生效日)，甲公司因无法支付货款与乙公司协商进行债务重组，双方商定乙公司将该债权转为对甲公司的股权投资。

10 月 20 日(债务重组日)，乙公司办结了对甲公司的增资手续，甲公司和乙公司分别支付手续费等相关费用 1.5 万元和 1.2 万元。债转股后甲公司总股本为 100 万元，乙公司持有的抵债股权占甲公司总股本的 25%，对甲公司具有重大影响，甲公司股权公允价值不能可靠地计量。

甲公司应付款项的账面价值仍为 100 万元。

2×21 年 6 月 30 日，应收款项和应付款项的公允价值均为 85 万元。

2×21 年 8 月 12 日，应收款项和应付款项的公允价值均为 76 万元。

2×21 年 10 月 20 日，应收款项和应付款项的公允价值仍为 76 万元。假定不考虑其他相关税费。

要求：根据上述经济业务分别编制债权人和债务人相应的会计分录。

2. 2×21 年 6 月 18 日，甲公司向乙公司销售商品一批，应收乙公司款项的入账金额 95 万元。甲公司将该应收款项分类为以摊余成本计量的金融资产。乙公司将该应付账款分类为以摊余成本计量的金融负债。

2×21 年 10 月 18 日(合同生效日)，双方签订债务重组合同，乙公司以一项作为无形资产核算的非专利技术偿还该欠款。

该无形资产的账面余额为 100 万元，累计摊销额为 10 万元，已计提减值准备 2 万元。10 月 22 日(债务重组日)，双方办理完成该无形资产转让手续，甲公司支付评估费用 4 万元。当日，甲公司应收款项的公允价值为 87 万元，已计提坏账准备 7 万元，乙公司应付款项的账面价值仍为 95 万元。假设不考虑相关税费。

要求：根据上述经济业务分别编制债权人和债务人相应的会计分录。

3. 2×21 年 11 月 5 日，甲公司向乙公司赊购一批材料，含税价为 234 万元。

2×22 年 9 月 10 日，甲公司因发生财务困难，无法按合同约定偿还债务，双方协商进行债务重组。乙公司同意甲公司用其生产的商品作为固定资产管理的机器设备和一项债券投资抵偿欠款。

当日，该债权的公允价值为 210 万元，甲公司用于抵债的商品市价(不含增值税)为 90 万元，抵债设备的公允价值为 75 万元，用于抵债的债券投资市价为 23.55 万元。

抵债资产于 2×22 年 9 月 20 日转让完毕，甲公司发生设备运输费用 0.65 万元，乙公司发生设备安装费用 1.5 万元。乙公司以摊余成本计量该项债权。

2×22 年 9 月 20 日，乙公司对该债权已计提坏账准备 19 万元，债券投资市价为 21 万元。

乙公司将受让的商品、设备和债券投资分别作为低值易耗品、固定资产和以公允价值计量且其变动计入当期损益的金融资产核算。

甲公司以摊余成本计量该项债务。2×22 年 9 月 20 日，甲公司用于抵债的商品成本为 70 万元；抵债设备的账面原价为 150 万元，累计折旧为 40 万元，已计提减值准备 18 万元；甲公司以摊余成本计量用于抵债的债券投资，债券票面价值总额为 15 万元，票面利率与实际利率一致，按年付息。当日，该项债务的账面价值仍为 234 万元。

甲、乙公司均为增值税一般纳税人，适用增值税税率为 13%，经税务机关核定，该项交易中商品和设备的计税价格分别为 90 万元和 75 万元。不考虑其他相关税费。

要求：根据上述经济业务分别编制债权人和债务人相应的会计分录。

第五章 所 得 税

本章基本内容框架

- 所得税会计概述
  - 所得税会计的处理方法
  - 所得税会计的核算程序
- 所得税会计的计税基础
  - 资产的计税基础
  - 负债的计税基础
  - 暂时性差异
    - 应纳税暂时性差异
    - 可抵扣暂时性差异
- 递延所得税资产和递延所得税负债的核算
  - 递延所得税负债的确认和计量
  - 递延所得税资产的确认和计量
- 所得税费用的确认和计量
  - 当期所得税
  - 递延所得税
  - 所得税费用

重点、难点讲解及典型例题

一、所得税会计的处理方法

我国所得税会计采用了资产负债表债务法，要求企业从资产负债表出发，通过比较资产负债表上列示的资产、负债按照会计准则规定确定的账面价值与按照税法规定确定的计税基础，对于两者之间的差异分别应纳税暂时性差异与可抵扣暂时性差异，确认相关的递延所得税负债与递延所得税资产，并在此基础上确定每一会计期间利润表中的所得税费用。

二、所得税会计的一般程序

(1) 按照相关会计准则规定确定资产负债表中除递延所得税资产和递延所得税负债以外的其他资产和负债项目的账面价值。

(2) 按照会计准则中对于资产和负债计税基础的确定方法，确定资产负债表中有关资产、负债项目的计税基础。

(3) 确定递延所得税费用(或收益)。

(4) 确定当期所得税费用。

(5) 确定利润表中的所得税费用。

三、资产的计税基础

资产的计税基础是指企业收回资产账面价值过程中，计算应纳税所得额时按照税法规定可以自应税经济利益中抵扣的金额，即某一项资产在未来期间计税时按照税法规定可以税前扣除的金额。

资产在初始确认时，其计税基础一般为取得成本，即企业为取得某项资产支付的成本在未来期间准予税前扣除。在资产持续持有的过程中，其计税基础是指资产的取得成本减去以前期间按照税法规定已经税前扣除的金额后的余额。

1. 固定资产

以各种方式取得的固定资产，初始确认时按照会计准则规定确定的入账价值基本上是被税法认可的，即取得时其账面价值一般等于计税基础。

固定资产在持有期间进行后续计量时，由于会计与税法规定就折旧方法、折旧年限以及固定资产减值准备的提取等处理的不同，可能造成固定资产的账面价值与计税基础的差异。

2. 无形资产

除内部研究开发形成的无形资产以外，以其他方式取得的无形资产，初始确认时其入账价值与税法规定的成本之间一般不存在差异。

3. 以公允价值计量且其变动计入当期损益的金融资产

按照《企业会计准则第 22 号——金融工具确认和计量》的规定，对于以公允价值计量且其变动计入当期损益的金融资产，其于某一会计期末的账面价值为公允价值，如果税法规定按照会计准则确认的公允价值变动损益在计税时不予考虑，即有关金融资产在某一会计期末的计税基础为其取得成本，会造成该类金融资产账面价值与计税基础之间的差异。

4. 其他资产

因企业会计准则规定与税法规定不同，企业持有的其他资产，可能造成其账面价值与计税基础之间存在差异。

四、负债的计税基础

负债的计税基础是指负债的账面价值减去未来期间计算应纳税所得额时按照税法规定可予抵扣的金额。

1. 预计负债

如果税法规定，与销售产品相关的支出应于发生时税前扣除。因该类事项产生的预计负债在期末的计税基础为其账面价值与未来期间可税前扣除的金额之间的差额，因有关的支出实际发生时可全额税前扣除，其计税基础为 0。

2. 预收账款

企业在收到客户预付的款项时，因不符合收入确认条件，会计上将其确认为负债。税法对于收入的确认原则一般与会计规定相同，即会计上未确认收入时，在计税时一般亦不计入应纳税所得额，该部分经济利益在未来期间计税时可予税前扣除的金额为 0，计税基础等于账面价值。如果不符合会计准则规定的收入确认条件，但按照税法规定应计入当期应纳税所得额时，有关预收账款的计税基础为 0，即因其产生时已经计入应纳税所得额，未来期间可全额税前扣除，计税基础为账面价值减去在未来期间可全额税前扣除的金额，即其计税基础为 0。

3. 应付职工薪酬

会计准则规定,企业为获得职工提供的服务给予的各种形式的报酬以及其他相关支出均应作为企业的成本、费用,在未支付之前确认为负债。税法对于合理的职工薪酬基本允许税前扣除,相关应付职工薪酬负债的账面价值等于计税基础。

4. 其他负债

其他负债如企业应交的罚款和滞纳金等,在尚未支付之前按照会计规定确认为费用,同时作为负债反映。税法规定,罚款和滞纳金不能税前扣除,即该部分费用无论是在发生当期还是在以后期间均不允许税前扣除,其计税基础为账面价值与未来期间计税时可予税前扣除的金额0之间的差额,即计税基础等于账面价值。

【例题1·多选题】 下列表述中,正确的有( )。

A. 资产的计税基础是指企业收回资产账面价值过程中,计算应纳税所得额时按照税法规定可以自应税经济利益中扣除的金额

B. 负债的计税基础是指负债的账面价值减去未来期间计算应纳税所得额时按照税法规定可予抵扣的金额

C. 通常情况下,资产在取得时其入账价值与计税基础是相同的,后续计量过程中因企业会计准则规定与税法规定不同,可能造成账面价值与计税基础的差异

D. 通常情况下,短期借款、应付票据、应付账款等负债的确认和偿还,不会对当期损益和应纳税所得额产生影响,其计税基础即为账面价值

E. 企业应交的罚款和滞纳金等,税法规定不能在税前扣除,所以其计税基础为0

【答案】 ABCD

【解析】 负债的计税基础是指负债的账面价值减去其未来期间计算应纳税所得额时按照税法规定可予抵扣的金额。罚款和滞纳金的计税基础为账面价值减去其未来期间计税时可予扣除的金额之间的差额,即计税基础等于账面价值。

五、暂时性差异

1. 应纳税暂时性差异

应纳税暂时性差异通常产生于以下情况:

(1) 资产的账面价值大于其计税基础。

(2) 负债的账面价值小于其计税基础。

2. 可抵扣暂时性差异

可抵扣暂时性差异一般产生于以下情况:

(1) 资产的账面价值小于其计税基础。

(2) 负债的账面价值大于其计税基础。

【例题2·多选题】 下列各种情形中,会产生可抵扣暂时性差异的有( )。

A. 资产的账面价值大于其计税基础

B. 资产的账面价值小于其计税基础

C. 负债的账面价值大于其计税基础

D. 负债的账面价值小于其计税基础

E. 资产的账面余额小于其计税基础

【答案】 BC

【解析】 可抵扣暂时性差异一般产生于以下情况：①资产的账面价值小于其计税基础。②负债的账面价值大于其计税基础。

六、递延所得税负债和递延所得税资产的核算

1. 递延所得税负债确认和计量

(1) 递延所得税负债的确认。企业在确认因应纳税暂时性差异产生的递延所得税负债时，应遵循以下原则：除会计准则中明确规定可不确认递延所得税负债的情况以外，企业对于所有的应纳税暂时性差异均应确认相关的递延所得税负债。除直接计入所有者权益的交易或事项以及企业合并外，在确认递延所得税负债的同时，应增加利润表中的所得税费用。

(2) 递延所得税负债的计量。递延所得税负债应以应纳税暂时性差异转回期间适用的所得税税率计量。另外，无论应纳税暂时性差异的转回期间如何，递延所得税负债不要求折现。

2. 递延所得税资产的确认和计量

(1) 递延所得税资产的确认。资产、负债的账面价值与其计税基础不同产生可抵扣暂时性差异的，在估计未来期间能够取得足够的应纳税所得额用于利用该可抵扣暂时性差异的，应当以很可能取得用来抵扣可抵扣暂时性差异的应纳税所得额为限，确认相关的递延所得税资产。

(2) 递延所得税资产的计量。确认递延所得税资产时，应估计相关可抵扣暂时性差异的转回时间，采用转回期间适用的所得税税率为基础计算确定。另外，无论相关的可抵扣暂时性差异转回期间如何，递延所得税资产均不予折现。

【例题3·多选题】 某公司2×20年发生亏损200万元，2×20年所得税税率为33%，2×21年所得税税率为25%，公司认为在以后年度可以产生足够应纳税所得额抵扣亏损，则2×20年该公司应(　　)。

A. 增加递延所得税资产50万元　　B. 增加递延所得税负债66万元
C. 增加所得税费用66万元　　D. 减少递延所得税资产50万元
E. 减少所得税费用50万元

【答案】 AE

【解析】 对于能够结转以后年度的未弥补亏损，应视同可抵扣暂时性差异，以很可能获得用来抵扣该部分亏损的未来应纳税所得额为限，确认相应的递延所得税资产。

递延所得税资产＝可抵扣暂时性差异×所得税税率＝200×25%＝50(万元)。

借：递延所得税资产　　500 000
　　贷：所得税费用　　500 000

七、所得税费用的确认和计量

所得税费用＝当期所得税＋递延所得税

当期所得税＝当期应交所得税＝应纳税所得额×所得税税率

递延所得税＝(递延所得税负债的期末余额－递延所得税负债的期初余额)－(期末递

延所得税资产的期末余额一递延所得税资产的期初余额）

【例题4·多选题】 所得税会计应设置的会计账户有（　　）。

A. 所得税费用　　B. 递延所得税

C. 递延所得税资产　　D. 递延所得税负债

【答案】 ACD

【解析】 递延所得税属于所得税费用的一部分，主要受递延所得税资产和递延所得税负债的影响，不属于会计账户。

【例题5·多选题】 下列项目中，会影响所得税费用的有（　　）。

A. 当期应交所得税　　B. 递延所得税资产

C. 递延所得税负债　　D. 当期所得税率变动

E. 资本公积

【答案】 ABCD

【解析】 所得税费用由当期所得税和递延所得税费用两部分组成；递延所得税费用又与递延所得税资产和递延所得税负债有关。当期所得税税率变动时，应对原已确认的递延所得税资产及递延所得税负债的金额进行调整，所以也会影响所得税费用。

思考与练习

一、单选题

1. 某企业2×20年度的利润总额为1 000万元，其中包括本年收到的国库券利息收入10万元；全年实发工资为350万元，假设均为合理的职工薪酬，企业所得税税率为25%。税法规定，国库券利息收入免税，企业发生的合理的职工薪酬可在税前扣除。不考虑其他因素，则该企业2×20年所得税费用为（　　）万元。

A. 340　　B. 247.5　　C. 252.5　　D. 162.5

2. 企业因下列事项所确认的递延所得税，不影响所得税费用的是（　　）。

A. 期末固定资产的账面价值高于其计税基础，产生的应纳税暂时性差异

B. 期末按公允价值调减交易性金融资产的金额，产生的可抵扣暂时性差异

C. 期末按公允价值调增其他权益工具投资的金额，产生的应纳税暂时性差异

D. 期末按公允价值调增投资性房地产的金额，产生的应纳税暂时性差异

3. 华夏公司2×15年1月1日购入一项无形资产。该无形资产的实际成本为1 000万元，摊销年限为10年（与税法规定相同），采用直线法摊销（与税法规定相同）。2×19年12月31日，该无形资产发生减值，预计可收回金额为360万元。计提减值准备后，该无形资产原摊销年限和摊销方法不变。所得税税率为25%。2×20年12月31日，与该无形资产相关的“递延所得税资产”科目余额为（　　）万元。

A. 30　　B. 72　　C. 36　　D. 28

4. 华夏公司于2×20年发生经营亏损5 000万元，按照税法规定，该亏损可用于抵减以后5个年度的应纳税所得额。该公司预计其于未来5年内能够产生的应纳税所得额为3 000万元。华夏公司适用的所得税税率为25%，无其他纳税调整事项，则华夏公司2×20年就该事项的所得税影响，应确认（　　）。

A. 递延所得税资产 1 250 万元　　B. 递延所得税负债 1 250 万元
C. 递延所得税资产 750 万元　　D. 递延所得税负债 750 万元

5. 下列各项资产和负债中,因账面价值和计税基础不一致形成暂时性差异的是(　　)。
A. 计提职工工资形成的应付职工薪酬
B. 购买国债确认的利息收入
C. 因确认产品质量保证形成的预计负债
D. 因违反税法规定应缴纳但尚未缴纳的罚款

6. 某公司适用的所得税税率为 25%,2×20 年 12 月因违反当地有关环保法规的规定,接到环保部门的处罚通知,要求其支付罚款 100 万元。税法规定,企业因违反国家有关法律法规支付的罚款和滞纳金,计算应纳税所得额时不允许税前扣除。至 2×20 年 12 月 31 日,该项罚款尚未支付。则 2×20 年年末该公司产生的应纳税暂时性差异为(　　)万元。
A. 0　　B. 100　　C. −100　　D. 25

7. 华夏公司 2×20 年年初"预计负债"账面余额为 200 万元(预提的产品保修费用),"递延所得税资产" 账面余额为 66 万元。2×20 年产品销售收入为 5 000 万元,按照销售收入 2%的比例计提产品保修费用,假设产品保修费用在实际支付时可以在税前抵扣。2×20 年未发生产品保修费用。2×19 年适用的所得税税率为 33%,预计 2×20 年所得税税率为 25%。则 2×20 年 12 月 31 日递延所得税资产的发生额为(　　)万元。
A. 66　　B. 33　　C. 99　　D. 9

8. 下列各项负债中,其计税基础为 0 的是(　　)。
A. 因欠税产生的应交税款滞纳金　　B. 因购入存货形成的应付账款
C. 因确认保修费用形成的预计负债　　D. 为职工计提的应付养老保险金

9. 某公司 2×18 年 12 月 1 日购入的一项环保设备,原价为 1 000 万元,使用年限为 10 年,会计处理时按照直线法计提折旧,税收规定允许按双倍余额递减法计提折旧,设备净残值为 0。2×20 年年末,企业对该项固定资产计提了 80 万元的固定资产减值准备。2×20 年年末该项设备的计税基础是(　　)万元。
A. 640　　B. 720　　C. 800　　D. 560

10. 我国所得税会计的核算方法为(　　)。
A. 资产负债表债务法　　B. 资产负债表利润法
C. 利润表债务法　　D. 现金流量表债务法

11. 所得税采用资产负债表债务法核算,其暂时性差异是指(　　)。
A. 资产、负债的账面价值与其公允价值之间的差额
B. 资产、负债的账面价值与其计税基础之间的差额
C. 会计利润与税法应纳税所得额之间的差额
D. 仅仅是资产的账面价值与计税基础之间的差额

12. 华夏公司 2×20 年年末存货账面余额 100 万元,已计提存货跌价准备 10 万元,则存货的账面价值为 90 万元,存货的账面价值 90 万元与其计税基础 100 万元的差额 10 万元为(　　)。
A. 应纳税暂时性差异　　B. 可抵扣暂时性差异
C. 递延所得税负债　　D. 递延所得税资产

13. 华夏公司 2×18 年 12 月 31 日取得的某项机器设备，原价为 900 万元，预计使用年限为 10 年。会计上按照直线法计提折旧，税法上采用双倍余额递减法计提折旧，预计净残值为 0。2×19 年 12 月 31 日，华夏公司对该项固定资产计提了 75 万元的固定资产减值准备。2×20 年 12 月 31 日，该设备的计税基础为(　　)万元。

A. 501　　B. 645　　C. 720　　D. 576

14. 有关应纳税暂时性差异，下列说法中，不正确的是(　　)。

A. 应纳税暂时性差异使本期的资产账面价值大于资产计税基础

B. 应纳税暂时性差异使本期的资产账面价值小于资产计税基础

C. 除会计准则中明确规定可不确认递延所得税负债的情况以外，企业对于所有的应纳税暂时性差异均应确认相关的递延所得税负债

D. 应纳税暂时性差异在转回期间将增加未来期间企业的应纳税所得额和应交所得税

15. 某企业本年实现税前利润 100 万元，本年发生应增加应纳税所得额的差异 10 万元，发生应纳税暂时性差异 4 万元。公司采用资产负债表债务法，则应纳税所得额为(　　)万元。

A. 106　　B. 114　　C. 110　　D. 96

二、多选题

1. 下列各事项中，计税基础等于账面价值的有(　　)。

A. 应付的购货合同违约金　　B. 计提的国债利息

C. 因产品质量保证计提的预计负债　　D. 应付的税收滞纳金

2. 下列关于资产或负债的计税基础的表述中，正确的有(　　)。

A. 资产的计税基础，即在未来期间计税时按照税法规定可以税前扣除的金额

B. 资产的计税基础，即账面价值减去在未来期间计税时按照税法规定可以税前扣除的金额

C. 负债的计税基础，即在未来期间计税时，按照税法规定可以税前扣除的金额

D. 负债的计税基础，即账面价值减去在未来期间计税时按照税法规定可以税前扣除的金额

3. 下列交易或事项中，其计税基础等于账面价值的有(　　)。

A. 企业持有的交易性金融资产在资产负债表日的公允价值变动

B. 企业为关联方提供债务担保确认了预计负债 1 000 万元

C. 企业自行开发的无形资产，开发阶段符合资本化条件的支出为 100 万元，按税法规定，开发阶段支出形成无形资产，要按照无形资产成本的 200%摊销

D. 税法规定的收入确认时点与会计准则一致，会计确认预收账款 500 万元

4. 下列交易或事项中，产生应纳税暂时性差异的有(　　)。

A. 企业购入固定资产，会计采用直线法计提折旧，税法采用年数总和法计提折旧

B. 企业购入交易性金融资产，期末公允价值小于其初始确认金额

C. 企业购入无形资产，作为使用寿命不确定的无形资产进行核算

D. 对联营企业的长期股权投资，因被投资单位实现净利润而调整增加投资的账面价值

5. 下列项目产生的递延所得税资产中，不应计入所得税费用的有(　　)。

A. 企业发生可用以后年度税前利润弥补的亏损
B. 以公允价值计量且其变动计入其他综合收益的金融资产期末公允价值暂时性下降
C. 企业合并中产生的可抵扣暂时性差异
D. 交易性金融资产期末公允价值下降

6. 下列资产和负债项目的账面价值与其计税基础之间的差额，应确认递延所得税的有（ ）。
A. 企业自行研究开发并资本化的专利权
B. 期末按公允价值调增其他权益工具投资的金额
C. 期末按公允价值调减投资性房地产的金额
D. 企业因销售商品提供售后服务确认的预计负债

7. 下列项目中，应确认递延所得税负债的有（ ）。
A. 固定资产账面价值大于其计税基础
B. 以公允价值计量且其变动计入其他综合收益的金融资产账面价值大于其计税基础
C. 预计负债账面价值大于其计税基础
D. 预收账款账面价值大于其计税基础

8. 下列项目中，不应确认递延所得税负债的有（ ）。
A. 与联营企业投资相关的应纳税暂时性差异，投资企业能够控制暂时性差异转回的时间且该暂时性差异在可预见的未来能够转回
B. 与合营企业投资相关的应纳税暂时性差异，投资企业能够控制暂时性差异转回的时间且该暂时性差异在可预见的未来很可能不会转回
C. 与联营企业投资相关的应纳税暂时性差异，该暂时性差异在可预见的未来很可能转回
D. 非同一控制下的企业合并中初始确认的商誉产生的应纳税暂时性差异

9. 下列说法中，正确的有（ ）。
A. 资产负债表日，有确凿证据表明未来期间很可能获得足够的应纳税所得额用来抵扣可抵扣暂时性差异的，应当确认以前期间未确认的递延所得税资产
B. 资产负债表日，有确凿证据表明未来期间可能获得足够的应纳税所得额用来抵扣可抵扣暂时性差异的，应当确认以前期间未确认的递延所得税负债
C. 当某项交易同时具有“该项交易不是企业合并”和“交易发生时既不影响会计利润也不影响应纳税所得额(或可抵扣亏损)”两个特征时，该项交易中因资产或负债的初始确认所产生的可抵扣暂时性差异不确认递延所得税资产
D. 当某项交易同时具有“该项交易不是企业合并”和“交易发生时既不影响会计利润也不影响应纳税所得额”两个特征时，该项交易中因资产或负债的初始确认所产生的可抵扣暂时性差异要确认递延所得税资产

10. 下列关于递延所得税处理的表述中，不正确的有（ ）。
A. 资产负债表日，对于递延所得税资产和递延所得税负债，应当根据税法规定，按照预期收回该资产或清偿该负债期间的适用所得税税率计量
B. 产生暂时性差异，就应确认递延所得税
C. 适用税率发生变化的，应对已确认的递延所得税资产和递延所得税负债进行重新计

量，并将其影响数计入变化当期的所得税费用

D. 递延所得税，均是由资产或负债的账面价值与计税基础之间的差异引起的

11. 下列各项中，影响企业利润表“所得税费用”项目金额的有（　　）。

A. 当期确认的应交所得税

B. 因对存货计提存货跌价准备而确认的递延所得税资产

C. 因以公允价值计量且其变动计入其他综合收益的金融资产公允价值上升而确认的递延所得税负债

D. 非同一控制下免税合并中，被合并方资产、负债公允价值与账面价值不等产生的暂时性差异，由此确认的递延所得税

12. 企业因下列事项所确认的递延所得税，应计入利润表所得税费用的有（　　）。

A. 期末按公允价值调增以公允价值计量且其变动计入其他综合收益的金融资产的金额，产生的应纳税暂时性差异

B. 非同一控制下的合并中，被投资企业可辨认资产、负债公允价值与账面价值不同所产生的暂时性差异

C. 计提资产减值准备产生的暂时性差异

D. 期末按公允价值调增投资性房地产的金额，产生的应纳税暂时性差异

13. 下列负债项目中，不会导致账面价值与计税基础产生差异的有（　　）。

A. 短期借款　　B. 应付票据

C. 应付账款　　D. 预计负债

14. 下列各项中，在计算当期应交所得税时应予考虑的因素有（　　）。

A. 当期实现的利润总额　　B. 当期发生的可抵扣暂时性差异

C. 当期转回的应纳税暂时性差异　　D. 弥补以前年度亏损

15. 下列各事项中，不会导致计税基础和账面价值产生差异的有（　　）。

A. 存货期末的可变现净值高于成本（以前未计提过跌价准备）

B. 购买国债确认的利息收入

C. 固定资产发生的维修支出

D. 使用寿命不确定的无形资产计提减值准备

三、判断题

1. 计入当期损益的所得税费用或收益包括企业合并和直接在所有者权益中确认的交易或事项产生的所得税影响。（　　）

2. 所得税费用在利润表中单独列示，不需要在报表附注中披露与所得税相关的信息。（　　）

3. 企业当期所得税资产及当期所得税负债在满足一定条件时可以以抵销后的净额列示。（　　）

4. 对于按税法规定可以结转到以后年度的未弥补亏损和税款抵减，在预计可利用可弥补亏损或税款抵减的未来期间内能够取得足够的应纳税所得额时，应当以很可能取得的应纳税所得额为限，确认相关的递延所得税资产。（　　）

5. 确认递延所得税资产时，应估计相关可抵扣暂时性差异的转回时间，如果转回期间

与当期相隔较长时，相关递延所得税资产应予以折现。 （ ）

6. 递延所得税负债应以相关应纳税暂时性差异产生期间适用的所得税税率计量，递延所得税负债的确认不要求折现。 （ ）

7. 企业合并中产生的商誉，其账面价值和计税基础不同形成的应纳税暂时性差异，企业会计准则中规定不确认相关递延所得税负债。 （ ）

8. 递延所得税资产或递延所得税负债均应以相关暂时性差异产生当期适用的所得税税率计量。 （ ）

9. 可抵扣暂时性差异是指在确定未来收回资产或清偿负债期间的应纳税所得额时，将导致产生应税金额的暂时性差异。 （ ）

10. 资产账面价值大于其计税基础，产生可抵扣暂时性差异；负债账面价值小于其计税基础，产生可抵扣暂时性差异。 （ ）

11. 企业应交纳的罚款和滞纳金，在尚未支出之前按照会计准则规定确认为费用，同时作为负债反映。税法规定，罚款和滞纳金不允许税前扣除，则该项负债的账面价值等于计税基础。 （ ）

12. 资产的账面价值与计税基础不同产生暂时性差异的原因，主要是会计和税收对资产的入账价值不同。 （ ）

13. 未作为资产和负债确认的项目，如按照税法规定可以确定其计税基础，则该计税基础与其账面价值之间的差额应属于暂时性差异。 （ ）

14. 无论相关的可抵扣暂时性差异转回期间如何，递延所得税资产均不予折现。

（ ）

15. 所得税费用是由当期所得税和递延所得税费用两部分组成的。 （ ）

四、计算及财务处理

1. 华夏公司 2×20 年 12 月 31 日资产负债表项目暂时性差异计算表列示：可抵扣暂时性差异 700 000 元，应纳税暂时性差异 300 000 元。该公司适用的所得税率为 25%。假定华夏公司预计会持续盈利，能够获得足够的应纳税所得额，2×20 年度税务机关核实的该公司应交所得税为 2 725 000 元。

要求：

(1) 计算华夏公司 2×20 年递延所得税资产、递延所得税负债、递延所得税以及所得税费用。

(2) 编制有关所得税费用的会计分录。

2. 华夏公司 2×20 年度利润总额为 2 400 万元，该企业适用的所得税税率为 25%。

2×20 年发生的有关交易和事项中，会计处理与税收处理存在的差别有：

(1) 2×20 年 1 月 1 日开始计提折旧的一项固定资产，成本为 1 200 万元，使用年限为 10 年，净残值为 0，会计处理按双倍余额递减法计提折旧，税收处理按直线法计提折旧。假定税法规定的使用年限及净残值与会计规定相同。

(2) 向关联企业提供现金捐赠 400 万元。

(3) 当期取得作为交易性金融资产核算的股票投资成本为 800 万元，2×20 年 12 月 31 日的公允价值为 1 200 万元。税法规定，以公允价值计量的金融资产持有期间市价变动不计入应纳税所得额。

(4) 应付违反环保法规定罚款 200 万元。

(5) 期末对持有的存货计提了 60 万元的存货跌价准备。

该公司 2×20 年资产负债表相关项目金额及其计税基础如表 5-1 所示。

表 5-1　2×20 年资产负债表相关项目金额及其计税基础　　单位:元

项目	账面价值	计税基础	差异	
			应纳税暂时性差异	可抵扣暂时性差异
存货	16 000 000	16 600 000		600 000
固定资产:				
固定资产原价	12 000 000	12 000 000		
减:累计折旧	2 400 000	1 200 000		
减:固定资产减值准备	0	0		
固定资产账面价值	9 600 000	10 800 000		1 200 000
交易性金融资产	12 000 000	8 000 000	4 000 000	
其他应付款	2 000 000	2 000 000		
总计			4 000 000	1 800 000

要求:计算该公司的应纳税所得额、应交所得税、所得税费用并作出会计分录。

第六章　外 币 业 务

本章基本内容框架

- 记账本位币的确定
  - 记账本位币的定义
  - 公司记账本位币的确定
  - 境外经营记账本位币的确定
- 外币交易的会计处理
  - 外币交易的核算程序
  - 即期汇率和即期汇率的近似汇率
  - 外币交易的会计处理
- 外币财务报表折算
  - 境外经营财务报表的折算
  - 境外经营的处置

重点、难点讲解及典型例题

一、公司记账本位币的确定

公司通常应选择人民币作为记账本位币。业务收支以人民币以外的货币为主的公司，可以按规定选定其中一种货币作为记账本位币。但是，编报的财务会计报告应当折算为人民币。

【例题1·单选题】 下列说法中，正确的是(　　)。

A. 公司记账本位币一经确定，不得随意变更，除非公司经营所处的主要经济环境发生重大变化

B. 公司记账本位币一经确定，不得变更

C. 公司的记账本位币一定是人民币

D. 公司编报财务报表的货币可以按照人民币以外的币种来反映

【答案】 A

【解析】 公司记账本位币一经确定，不得随意变更，除非与确定公司记账本位币相关的经营所处的主要经济环境发生重大变化。

二、即期汇率和即期汇率的近似汇率

1. 即期汇率

即期汇率通常是指中国人民银行公布的当日人民币外汇牌价的中间价。公司发生的外币兑换业务或涉及外币兑换的交易或事项，应当按照交易实际采用的汇率(即银行买入价或卖出价)折算。

【例题2·单选题】 华夏公司系中外合资经营公司，其注册资本为520万美元，合同约定分两次投入，但未约定折算汇率。中、外投资者分别于2×20年1月1日和3月1日投入250万美元和270万美元。2×20年1月1日、3月1日、3月31日和12月31日美元对人民币的汇率分别为1∶7.75、1∶7.80、1∶7.82和1∶7.90。假定该公司采用人民币作为记账本位币，外币业务采用业务发生日的汇率折算。该公司2×20年年末资产负债表中"实收资本"项目的金额为人民币(　　)万元。

A. 4 043.5　　B. 2 370　　C. 3 128　　D. 3 120

【答案】 A

【解析】 "实收资本"应按照其入账时的即期汇率来折算。所以，该公司2×20年年末资产负债表中实收资本项目的金额=250×7.75+270×7.80=4 043.5(万元)。

【例题3·单选题】 公司在编制合并财务报表时，下列子公司外币会计报表项目中，可以采用交易发生日的即期汇率折算为母公司记账本位币的是(　　)。

A. 无形资产　　B. 短期借款　　C. 应付债券　　D. 管理费用

【答案】 D

【解析】 公司在编制合并财务报表时，"管理费用"科目在子公司外币会计报表项目中可以采用交易发生日的即期汇率折算为母公司的记账本位币。

2. 即期汇率的近似汇率

即期汇率的近似汇率是指按照系统合理的方法确定的、与交易发生日即期汇率近似的汇率，通常采用当期平均汇率或加权平均汇率等。

【例题4·单选题】 华夏公司对外币业务采用即期汇率的近似汇率(月初汇率)进行折算，按季计算汇兑损益。3月1日收到一张期限为3个月的不带息的外币应收票据，票面金额为300万美元，当日的市场汇率为1美元=8.21元人民币。6月20日如数收到300万美元，当日的市场汇率为1美元=8.27元人民币。3月月初的汇率为1美元=8.27元人民币，3月月底和4月月初的汇率均为1美元=8.25元人民币，4月月底和5月月初的汇率均为1美元=8.24元人民币，5月月底和6月月初的汇率均为1美元=8.26元人民币，6月30日的汇率为1美元=8.27元人民币。该外币应收票据在第二季度产生的汇兑收益为(　　)万元。

A. 0　　B. 3　　C. 6　　D. 9

【答案】 B

【解析】 外币应收票据在第二季度产生的汇兑收益=300×(8.26−8.25)=3(万元)。

具体分录及分析如下。

3月20日收到票据时：

借：应收票据——美元户(300×8.27)　　2 481 000
　贷：相关科目　　2 481 000

3月月底将应收票据外币账户按照3月月底汇率进行折算：

借：财务费用[300×(8.27−8.25)]　　60 000
　贷：应收票据——人民币户　　60 000

6月20日收到300万美元：

借：银行存款——美元户(300×8.26)　　2 478 000

　　贷：应收票据——美元户　　2 478 000

6 月月底应收票据外币账户余额为 0，其人民币账户余额也应是 0，6 月月底汇率调整前，人民币账户的余额是 2 481－6－2 478＝－3(万元)，所以应作会计分录：

借：应收票据——人民币户　　30 000

　　贷：财务费用　　30 000

所以，应收票据在第二季度产生的汇兑收益为 3 万元。

三、外币交易的会计处理

1. 初始确认

外币交易应当在初始确认时，采用交易发生日的即期汇率将外币金额折算为记账本位币金额；也可以采用按照系统合理的方法确定的、与交易发生日即期汇率近似的汇率折算。

2. 期末调整或结算

(1) 货币性项目是指公司持有的货币和将以固定或可确定的金额收取的资产或者偿付的负债。例如，库存现金、银行存款、应收账款、其他应收款、长期应收款、应付账款、其他应付款、短期借款、长期借款、应付债券、长期应付款等。

(2) 非货币性项目是指货币性项目以外的项目。例如，存货、长期股权投资、交易性金融资产(股票、基金)、固定资产、无形资产等。① 以历史成本计量的外币非货币性项目，仍采用交易发生日的即期汇率折算，不改变其记账本位币金额。② 对于以成本与可变现净值孰低计量的存货，如果其可变现净值以外币确定，则在确定存货的期末价值时，应先将可变现净值折算为记账本位币金额，再与以记账本位币反映的存货成本进行比较。

【例题 5 · 多选题】 华夏公司对外币业务采用交易发生日的即期汇率进行核算，按月计算汇兑损益。2×20 年 6 月 20 日从境外购买一批零配件，价款总额为 800 万美元，货款尚未支付，当日的市场汇率为 1 美元＝7.24 元人民币。6 月 30 日的市场汇率为 1 美元＝7.21 元人民币。7 月 31 日市场汇率为 1 美元＝7.25 元人民币，该外币债务 7 月份发生的汇兑损失为(　　)万元人民币。

A. －24　　B. －32　　C. 32　　D. 24

【答案】 C

【解析】 800×(7.25－7.21)＝32(万元)。

四、外币财务报表折算

1. 外币财务报表折算方法

在对公司境外经营财务报表进行折算前，应当调整境外经营的会计期间和会计政策，使之与公司会计期间和会计政策相一致，根据调整后会计政策及会计期间编制相应货币(记账本位币以外的货币)的财务报表，再按照以下方法对境外经营财务报表进行折算：

(1) 资产负债表中的资产和负债项目，采用资产负债表日的即期汇率折算，所有者权益项目除“未分配利润”项目外，其他项目采用发生时的即期汇率折算。

(2) 利润表中的收入和费用项目，采用交易发生日的即期汇率折算；也可以采用按照系统合理的方法确定的、与交易发生日即期汇率近似的汇率折算。

(3) 按照上述规定折算产生的外币财务报表折算差额，在合并资产负债表中所有者权益项目下的“其他综合收益”项目列示。

【例题6·多选题】 关于外币财务报表折算差额，下列说法中，正确的有(　　)。

A. 公司在处置境外经营时，应当将资产负债表中所有者权益项目下列示的、与该境外经营相关的外币财务报表折算差额，自外币财务报表折算差额项目转入未分配利润项目

B. 公司在处置境外经营时，应当将资产负债表中所有者权益项目下列示的、与该境外经营相关的外币财务报表折算差额，自所有者权益项目转入处置当期损益

C. 部分处置境外经营的，应当按处置的比例计算处置部分的外币报表折算差额，转入处置当期损益

D. 公司发生的外币报表折算差额，在资产负债表中所有者权益项目下单独列示

【答案】 BCD

【解析】 外币财务报表折算差额，在资产负债表中所有者权益项目下单独列示。公司在处置境外经营时，应当将资产负债表中所有者权益项目下列示的、与该境外经营相关的外币财务报表折算差额，自所有者权益项目转入处置当期损益；部分处置境外经营的，应当按处置的比例计算处置部分的外币报表折算差额，转入处置当期损益。

2. 境外经营的处置

公司可能通过出售、清算、返还股本或放弃全部或部分权益等方式处置其在境外经营中的利益。在包含境外经营的财务报表中，将已列入其他综合收益的外币报表折算差额中与该境外经营相关部分，自所有者权益项目中转入处置当期损益；如果是部分处置境外经营，应当按处置的比例计算处置部分的外币报表折算差额，转入处置当期损益。

思考与练习

一、单选题

1. 华夏公司2×20年12月31日有关外币账户余额如下：(12月31日市场汇率为1美元＝8.5元人民币)，应收账款(借方)10 000美元、81 000元人民币，银行存款30 000美元、258 000元人民币，应付账款(贷方)6 000美元、49 200元人民币，短期借款2 000美元、16 500元人民币，长期借款(固定资产已达到预定可使用状态)15 000美元、124 200元人民币。则期末应调整的汇兑损益为(　　)元。

A. 5 150　　B. 850　　C. 1 400　　D. －4 600

2. 华夏公司采用业务发生时的即期汇率核算外币业务。2×20年5月25日收到外商投入的资本250 000美元，当日的市场汇率为1美元＝7.89元人民币，合同约定的汇率为1美元＝8元人民币。公司收到该项投资时应确认的外币资本折算差额为(　　)元。

A. 20 000　　B. 27 500　　C. 0　　D. 30 000

3. 下列各项中，不得使用即期汇率的近似汇率进行折算的是(　　)。

A. 接受投资收到的外币　　B. 购入原材料应支付的外币

C. 取得借款收到的外币　　D. 销售商品应收取的外币

4. 下列说法中,正确的是(　　)。

A. 公司记账本位币一经确定,不得随意变更,除非公司经营所处的主要经济环境发生重大变化

B. 公司记账本位币一经确定,不得变更

C. 公司的记账本位币一定是人民币

D. 公司编报财务报表的货币可以按照人民币以外的币种来反映

5. 华夏公司主要从事某化妆品的销售,该公司20%的销售收入源自出口,出口货物采用美元计价和结算;从法国进口所需原材料的25%,进口原材料以欧元计价和结算。不考虑其他因素,则该公司的记账本位币为(　　)。

A. 美元　　B. 欧元　　C. 人民币　　D. 美元和欧元

6. 华夏公司记账本位币为欧元,则下列说法中,正确的是(　　)。

A. 该公司的列报货币为欧元

B. 该公司的列报货币为人民币

C. 该公司以美元计价和结算的交易不属于外币交易

D. 该公司以人民币计价和结算的交易不属于外币交易

7. 华夏公司记账本位币为美元,下列说法中,错误的是(　　)。

A. 该公司以人民币计价和结算的交易属于外币交易

B. 该公司以美元计价和结算的交易不属于外币交易

C. 该公司的编报货币为美元

D. 该公司的编报货币为人民币

8. 华夏公司采用人民币作为记账本位币。下列项目中,不属于该公司外币业务的是(　　)。

A. 与外国公司发生的以人民币计价结算的购货业务

B. 与国内公司发生的以美元计价的销售业务

C. 与外国公司发生的以美元计价结算的购货业务

D. 与中国银行之间发生的美元与人民币的兑换业务

9. 下列各项中,属于外币兑换业务的是(　　)。

A. 从银行取得外币借款　　B. 进口材料发生的外币应付账款

C. 归还外币借款　　D. 从银行购入外汇

10. 华夏公司的记账本位币为人民币。2×20年12月6日,华夏公司以每股9美元的价格购入华美公司B股10 000股作为交易性金融资产,当日即期汇率为1美元=7.80元人民币。2×20年12月31日,华美公司股票市价为每股10美元,当日即期汇率为1美元=7.50元人民币。假定不考虑相关税费,2×20年12月31日,华夏公司应确认的公允价值变动损益金额为(　　)元人民币。

A. −48 000　　B. 48 000　　C. −78 000　　D. 78 000

二、多选题

1. 外币报表折算时,应当按照交易发生时的即期汇率折算的项目有(　　)。

A. 固定资产　　B. 实收资本　　C. 资本公积　　D. 盈余公积

2. 在外币报表折算时，应当按照资产负债表日的即期汇率折算的项目有（　　）。

A. 货币资金　　B. 持有至到期投资

C. 长期借款　　D. 应付账款

3. 以下说法中，正确的有（　　）。

A. 公司选择人民币以外的货币作为记账本位币的，在编制财务报表时应折算为人民币

B. 记账本位币的选择应根据公司经营所处的主要经济环境的改变而改变

C. 只有当公司所处的主要经济环境发生重大变化时，公司才可以变更记账本位币

D. 公司经批准变更记账本位币的，应采用变更当日的即期汇率将所有项目折算为变更的记账本位币

4. 下列项目中，公司应当计入当期损益的有（　　）。

A. 外币银行存款账户发生的汇兑差额　　B. 外币应收账款账户期末折算差额

C. 兑换外币时发生的折算差额　　D. 外币会计报表折算差额

5. 按我国现行会计准则规定，在进行外币会计报表折算时，可按资产负债表日的即期汇率折算的报表项目有（　　）。

A. 实收资本　　B. 长期应收款

C. 未分配利润　　D. 长期借款

6. 关于外币财务报表折算差额，下列说法中，正确的有（　　）。

A. 公司在处置境外经营时，应当将资产负债表中所有者权益项目下列示的、与该境外经营相关的外币财务报表折算差额，自外币财务报表折算差额项目转入未分配利润项目

B. 公司在处置境外经营时，应当将资产负债表中所有者权益项目下列示的、与该境外经营相关的外币财务报表折算差额，自所有者权益项目转入处置当期损益

C. 部分处置境外经营的，应当按处置的比例计算处置部分的外币报表折算差额，转入处置当期损益

D. 公司发生的外币报表折算差额，在资产负债表中所有者权益项目下单独列示

7. 以下关于外币折算的说法中，正确的有（　　）。

A. 以历史成本计量的外币非货币性项目，按交易发生日当日即期汇率折算，不产生汇率差额

B. 如存货的可变现净值以外币确定，确定存货的期末价值时，要先将可变现净值折算为记账本位币，可变现净值小于存货成本的差额计入“资产减值损失”

C. 以外币计量的交易性金融资产，由于汇率变动引起的公允价值变动计入“公允价值变动损益”

D. 外币利润表中的收入和费用项目，采用资产负债表日的即期汇率折算

8. 公司发生外币交易时可以选择的折算汇率有（　　）。

A. 外汇牌价的买入价　　B. 外汇牌价的卖出价

C. 交易日的即期汇率　　D. 即期汇率的近似汇率

9. 公司在选择境外经营的记账本位币时，应考虑的因素包括（　　）。

A. 境外经营对其所从事的活动是否拥有很强的自主性

B. 境外经营活动中与公司的交易是否在境外经营活动中占有较大比重

C. 境外经营产生的现金流量是否直接影响公司的现金流量、是否可以随时汇回

D. 境外经营活动产生的现金流量是否足以偿还其现有债务和可预期的债务

10. 当期末市场汇率下降时，以下外币账户会产生汇兑收益的有（　　）。

A. 短期借款　　B. 银行存款　　C. 其他应付款　　D. 应付账款

三、判断题

1. 公司折算境外经营的资产负债表时，所有者权益项目中除"未分配利润"项目外，其他项目采用发生时的即期汇率折算。（　　）

2. 公司对境外子公司的外币资产负债表进行折算时，采用资产负债表日的即期汇率折算。（　　）

3. 以成本与可变现净值孰低计量的存货，在以外币购入存货且该存货在资产负债表日的可变现净值以外币反映的情况下，确定资产负债表日存货价值时应考虑汇率变动的影响。（　　）

4. 公司在资产负债表日，应当按照规定对外币货币性项目进行处理，应采用资产负债表日即期汇率折算。因资产负债表日即期汇率与初始确认时或者前一资产负债表日即期汇率不同而产生的汇兑差额，计入资本公积。（　　）

5. 公司收到投资者投入的资本，应按照合同约定的汇率进行折算。（　　）

6. 公司发生外币交易时，都应该采用交易发生日的即期汇率将外币金额折算为记账本位币金额。（　　）

7. 单独反映"汇兑损益"是单项交易观的内容。（　　）

8. 用于构建固定资产而发生的汇兑损益应当全部予以资本化。（　　）

9. 采用现行汇率法折算的资产负债表项目，基本上能够保持原外币报表中各项目间的比例关系，只有所有者权益项目的内部结构发生了变化。（　　）

10. 采用流动性与非流动性项目法进行折算时，利润表上的折旧费用、待摊费用项目，按计算期的平均汇率折算。（　　）

四、计算及账务处理题

1. 华夏公司以人民币为记账本位币，采用业务发生日即期汇率为折合汇率，2×20 年发生如下外币业务：

(1) 2 月 1 日，接受国外 AD 公司的外币投资 40 000 美元，收到外币汇款时，当日即期汇率为 1 美元＝8.00 元人民币。

(2) 6 月 1 日，借入 10 000 美元，约定 1 年到期还本付息，年利率 5%。收到款项时，当日即期汇率为 1 美元＝8.70 元人民币。

(3) 7 月 1 日，向 XY 公司出口乙商品，售价共计 100 000 美元，款项尚未收到，当日即期汇率为 1 美元＝8.60 元人民币，假设不考虑税费。

(4) 9 月 1 日，以人民币向中国银行买入 15 000 美元，中国银行当日美元卖出价为 1 美元＝8.20 元人民币，当日的即期汇率为 1 美元＝8.10 元人民币。

要求：编制以上经济业务的会计分录。

2. 国内华夏公司的记账本位币为人民币。2×20 年 1 月 1 日，为建造某固定资产专门

借入长期借款 2 000 美元,期限为 2 年,年利率为 5%,每年年初支付利息,到期还本。2×18 年 1 月 1 日的即期汇率为 1 美元=6.45 元人民币,2×20 年 12 月 31 日的即期汇率为 1 美元=6.2 元人民币。假定不考虑相关税费的影响。

(1) 2×20 年 12 月 31 日,该公司计提当年利息。

(2) 2×20 年 12 月 31 日,该公司美元借款本金由于汇率变动产生的汇兑差额。

(3) 2×21 年 1 月 1 日,该公司支付 2×20 年利息,该利息由于汇率变动产生的汇兑差额应当予以资本化,计入在建工程成本。2×21 年 1 月 1 日的即期汇率为 1 美元=6.22 元人民币。

要求:编制以上经济业务的会计分录。

第七章　租　　赁

本章基本内容框架

- 租赁概述
  - 租赁的识别
    - 租赁的定义
    - 已识别资产
    - 客户是否控制已识别资产使用权的判断
  - 租赁的分拆与合并
    - 租赁的分拆
    - 租赁的合并
  - 租赁的特点
  - 租赁的相关概念
- 承租人的会计处理
  - 租赁期开始日相关业务的会计处理
    - 使用权资产的初始确认和计量
    - 租赁负债的初始确认和计量
    - 承租人在租赁期开始日的会计处理
  - 租赁期间相关业务的会计处理
    - 租赁付款额的支付及利息费用的确认和计量
    - 使用权资产折旧和减值的处理
  - 租赁期届满的会计处理
  - 租赁付款额发生变动的处理
    - 实质租赁付款额发生变动
    - 担保余值预计的应付金额发生变动
    - 用于确定租赁付款额的指数或比率发生变动
    - 购买选择权、续租选择权或终止租赁选择权的评估结果或实际行使情况发生变化
  - 租赁变更的会计处理
    - 租赁变更作为一项单独租赁处理
    - 租赁变更未作为一项单独租赁处理
  - 短期租赁和低价值资产租赁
    - 短期租赁
    - 低价值资产租赁

- 出租人的会计处理
  - 出租人的租赁分类
    - 融资租赁与经营租赁
    - 融资租赁的分类标准
  - 出租人对融资租赁的会计处理
    - 租赁期开始日相关业务的会计处理
    - 租赁期间相关业务的会计处理
    - 租赁期届满的会计处理
    - 融资租赁变更的会计处理
  - 出租人对经营租赁的会计处理
    - 租金的处理
    - 初始直接费用的处理
    - 租赁资产的折旧和减值
    - 可变租赁收款额
    - 出租人提供激励措施的处理
    - 经营租赁的变更
- 特殊租赁业务的会计处理
  - 转租赁
  - 生产商或经销商出租人的融资租赁会计处理
  - 售后租回交易
    - 售后租回交易的含义
    - 售后租回交易的会计处理

重点、难点讲解及典型例题

一、租赁的识别

1. 租赁的定义

租赁是指在一定期间内，出租人将资产的使用权让与承租人以获取对价的合同。

2. 基本判断原则

在合同开始日，企业应当评估合同是否为租赁或者包含租赁。

如果合同一方让渡了在一定期间内控制一项或多项已识别资产使用的权利以换取对价，则该合同为租赁或者包含租赁。

【例题1·判断题】 在合同开始日，企业应当评估合同是否为租赁或者包含租赁。（　　）

【答案】 对

【解析】 在合同开始日，企业应当评估合同是否为租赁或者包含租赁。

3. 租赁的构成要素

一项合同要被分类为租赁，必须满足三要素，租赁的三要素如表7-1所示。

表7-1　租赁三要素

三要素	具体内容
存在一定期间	①"一定期间"也可以表述为已识别资产的使用量，例如，某项设备的产出量。 ② 如果客户有权在部分合同期内控制已识别资产的使用，则合同包含一项在该部分合同期间的租赁
存在已识别资产	① 承租人可从单独使用该资产或将其与易于获得的其他资源一起使用中获利。 ② 该资产与合同中的其他资产不存在高度依赖或高度关联关系（如服务器）
资产供应方向客户转移对已识别资产使用权的控制	

二、租赁构成要素的具体判断

1. 已识别资产

要判断是否存在已识别的资产，客户需要考虑三个方面：是否存在对资产的指定；是否存在对指定资产的实质性替换权；合同中标的涉及资产组成部分时，资产之间是否存在物理区分。具体如表7-2所示。

表7-2　已识别资产的判断

三要素	具体内容
对资产的指定	已识别资产通常由合同明确指定，也可以在资产可供客户使用时隐性指定（如专用车厢）
物理可区分	① 如果资产的部分产能在物理上可区分（如建筑物的一层），则该部分产能属于已识别资产； ② 如果资产的某部分产能与其他部分在物理上不可区分（如光缆的部分容量），则该部分不属于已识别资产，除非其实质上代表该资产的全部产能，从而使客户获得因使用该资产所产生的几乎全部经济利益的权利
实质性替换权	① 即使合同已对资产进行指定，如果资产供应方在整个使用期间拥有对该资产的实质性替换权，则该资产不属于已识别资产（属于一类资产，而非唯一识别出的一项或几项资产）。 ② 同时符合下列条件时，表明资产供应方拥有资产的实质性替换权。 a. 资产供应方拥有在整个使用期间替换资产的实际能力（如客户无法阻止、用于替换的资产易于获得或者可以在合理期间内取得）。 b. 资产供应方通过行使替换资产的权利将获得经济利益

注意，特殊情况：

(1) 如果合同仅赋予资产供应方在特定日期或者特定事件发生日或之后拥有替换资产的权利或义务，考虑到资产供应方没有在整个使用期间替换资产的实际能力，资产供应方的替换权不具有实质性。

(2) 企业在评估资产供应方的替换权是否为实质性权利时，应基于合同开始日的事实和情况，而不应考虑在合同开始日企业认为不可能发生的未来事件。

(3) 与资产位于资产供应方所在地相比，如果资产位于客户所在地或其他位置，替换资产所需要的成本更有可能超过其所能获取的利益。资产供应方在资产运行结果不佳或者进行技术升级的情况下，因修理和维护而替换资产的权利或义务不属于实质性替换权。

(4) 企业难以确定资产供应方是否拥有实质性替换权的，应视为资产供应方没有对该资产的实质性替换权。

2. 客户是否控制已识别资产使用权的判断(两个方面)

为确定合同是否让渡了在一定期间内控制已识别资产使用的权利，企业应当评估合同中的客户是否拥有以下两种权力：第一，基本获得在使用期间因使用已识别资产所产生的几乎全部经济利益的权利；第二，在该使用期间主导已识别资产的使用的权利。具体如表 7-3 所示。

表 7-3 客户控制已识别资产的判断

二要素	具体内容
客户是否有权获得因使用资产所产生的几乎全部经济利益	① 在评估客户是否有权获得因使用已识别资产所产生的几乎全部经济利益时，企业应当在约定的客户权利范围内(如一定区域、一定里程)考虑其所产生的经济利益。 ② 客户可以通过多种方式直接或者间接获得使用资产所产生的经济利益，例如，通过使用、持有或转租资产。 ③ 如果合同规定客户应向资产供应方或另一方支付因使用资产所产生的部分现金流量作为对价，该现金流量仍应视为客户因使用资产而获得的经济利益的一部分
客户是否有权主导资产的使用	存在下列情形之一的，可视为客户有权主导对已识别资产在整个使用期间的使用： ① 客户有权在整个使用期间主导已识别资产的使用目的和使用方式。 ② 已识别资产的使用目的和使用方式在使用期间前已预先确定，并且客户有权在整个使用期间自行或主导他人按照其确定的方式运营该资产，或者客户设计了已识别资产(或资产的特定方面)并在设计时已预先确定了该资产在整个使用期间的使用目的和使用方式

【例题 2·单选题】 下列各项中，不属于租赁识别判断标准要素的是(　　)。

A. 资产供应方是否拥有资产的实质性替换权

B. 合同中是否包含已识别资产

C. 客户是否可获得因使用已识别资产所产生的几乎全部经济利益

D. 已识别资产的市场价值

【答案】 D

【解析】 一项合同要被分类为租赁，必须要满足三要素：①存在一定期间；②存在已识别资产；③资产供应方向客户转移对已识别资产使用权的控制。其中，要判断是否存在已识别的资产，客户需要考虑三个方面：是否存在对资产的指定；是否存在对指定资产的实质性替换权；合同中标的涉及资产组成部分时，资产之间是否存在物理区分。

同时，为确定合同是否让渡了在一定期间内控制已识别资产使用的权利，企业应当评估合同中的客户是否拥有以下两种权力：第一，基本获得在使用期间因使用已识别资产所产生的几乎全部经济利益的权利；第二，在该使用期间主导已识别资产使用的权利。

3. 评估流程

判断一项合同是否包含租赁的评估流程如图 7-1 所示。

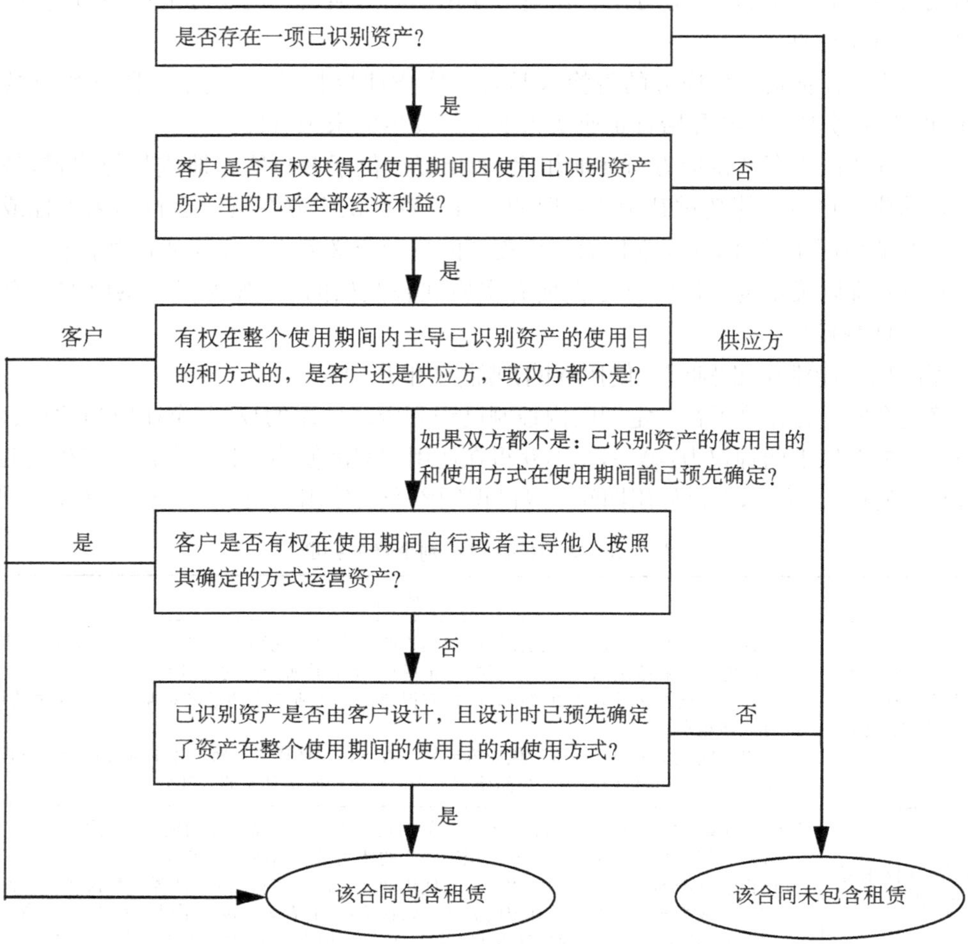

图 7-1　评估流程

三、租赁的分拆与合并

1. 租赁的分拆

租赁分拆的处理原则如表 7-4 所示。

表 7-4　租赁分拆的具体原则

原则分类	具体内容
基本原则	① 合同中同时包含多项单独租赁的，承租人和出租人应当将合同予以分拆，并分别各项单独租赁进行会计处理。 ② 合同中同时包含租赁和非租赁部分的，承租人和出租人应当将租赁和非租赁部分进行分拆，除非企业适用新租赁准则的简化处理的规定。 ③ 分拆时，各租赁部分应当分别按照新租赁准则进行会计处理，非租赁部分应当按照其他适用的企业会计准则进行会计处理

（续表）

原则分类	具体内容
具体处理原则	同时符合下列条件，使用已识别资产的权利构成合同中的一项单独租赁： ① 承租人可从单独使用该资产或将其与易于获得的其他资源一起使用中获利。 ② 该资产与合同中的其他资产不存在高度依赖或高度关联关系

租赁分拆的账务处理原则如表 7-5 所示。

表 7-5 租赁分拆的账务处理原则

	承租人	出租人
一般做法	在分拆合同包含的租赁和非租赁部分（如租赁同时提供维护服务）时，承租人应当按照各项租赁部分的单独价格及非租赁部分的单独价格之和的相对比例分摊合同对价。 注：租赁和非租赁部分的相对单独价格，应当根据出租人或类似资产供应方就该部分或类似部分向企业单独收取的价格确定。如果可观察的单独价格不易于获得，承租人应当最大限度地利用可观察的信息估计单独价格	出租人应当分拆租赁部分和非租赁部分，根据《企业会计准则第 14 号——收入》关于交易价格分摊的规定分摊合同对价
简化处理	① 承租人可以按照租赁资产的类别选择是否分拆合同包含的租赁和非租赁部分。 ② 承租人选择不分拆的，应当将各租赁部分及与其相关的非租赁部分分别合并为租赁，按照新租赁准则进行会计处理。 ③ 对于按照《企业会计准则第 22 号——金融工具确认和计量》应分拆的嵌入衍生工具，承租人不应将其与租赁部分合并进行会计处理	

【例题 3 · 单选题】 承租人在分摊合同对价时，应当依据的是（　　）。

A. 各部分单独价格的相对比例　　B. 各部分历史成本的相对比例

C. 各部分重置成本的相对比例　　D. 各部分账面净值的相对比例

【答案】 A

【解析】 在分拆合同包含的租赁和非租赁部分时，承租人应当按照各项租赁部分单独价格及非租赁部分的单独价格之和的相对比例分摊合同对价。

【例题 4 · 单选题】 依据交易价格分摊的规定分摊合同对价时，出租人应当依据的准则是（　　）。

A.《企业会计准则第 22 号——金融工具确认和计量》

B.《企业会计准则第 14 号——收入》

C.《企业会计准则第 16 号——政府补助》

D.《企业会计准则第 21 号——租赁》

【答案】 B

【解析】 出租人应当分拆租赁部分和非租赁部分，根据《企业会计准则第 14 号——收入》关于交易价格分摊的规定分摊合同对价。

2. 租赁的合并

企业与同一交易方或其关联方在同一时间或相近时间订立的两份或多份包含租赁的合同，在满足下列条件之一时，应当合并为一份合同进行会计处理。

（1）该两份或多份合同基于总体商业目的而订立并构成一揽子交易，若不作为整体考虑则无法理解其总体商业目的。

(2) 该两份或多份合同中的某份合同的对价金额取决于其他合同的定价或履行情况。

(3) 该两份或多份合同让渡的资产使用权合起来构成一项单独租赁。

注意:两份或多份合同合并为一份合同进行会计处理的,仍然需要区分该一份合同中的租赁部分和非租赁部分。

【例题5·单选题】 企业与同一交易方或其关联方在同一时间或相近时间订立的两份或多份包含租赁的合同,在符合(　　)的条件时,应当合并为一份合同进行会计处理。

A. 该两份或多份合同基于总体商业目的而订立并构成一揽子交易,若不作为整体考虑则无法理解其总体商业目的

B. 该两份或多份合同中的某份合同的对价金额取决于其他合同的定价或履行情况

C. 该两份或多份合同让渡的资产使用权合起来构成一项单独租赁

D. 以上均对

【答案】 D

四、租赁的相关概念

与租赁相关的概念如表7-6所示。

表7-6　租赁的相关概念

名词	内容
租赁期	租赁期是指承租人有权使用租赁资产且不可撤销的期间
租赁期开始日	租赁期开始日是指出租人提供租赁资产使其可供承租人使用的起始日期
不可撤销期间	不可撤销期间是指可强制执行合同的期间
资产余值	资产余值指在租赁开始日估计的租赁期届满时租赁资产的公允价值
担保余值	就承租人而言,担保余值是指由承租人或与其有关的第三方担保的资产余值。 就出租人而言,担保余值是指就承租人而言的担保余值加上与独立于承租人和出租人的第三方担保的资产余值
未担保余值	未担保余值是指租赁资产余值中扣除就出租人而言的担保余值以后的资产余值
最低租赁付款额	最低租赁付款额是指在租赁期内,承租人应支付或可能被要求支付的各种款项(不包括或有租金和履约成本)加上由承租人或与其有关的第三方担保的资产余值,出租人支付但可退还的税金不包括在内
可变租赁付款额	可变租赁付款额是指承租人为取得在租赁期内使用租赁资产的权利,而向出租人支付的因租赁期开始日后的事实或情况(如与消费价格指数变化、基本利率等挂钩)发生变化(而非时间推移)而变动的款项
租赁收款额	租赁收款额是指出租人因让渡在租赁期内使用租赁资产的权利而应向承租人收取的款项
租赁激励	租赁激励是指出租人为达成租赁向承租人提供的优惠,包括出租人向承租人支付的与租赁有关的款项、出租人为承租人偿付或承担的成本等
初始直接费用	初始直接费用是指为达成租赁所发生的增量成本。增量成本是指若企业不取得该租赁,则不会发生的成本,如佣金、印花税等
租赁内含利率	租赁内含利率是指使出租人的租赁收款额的现值与未担保余值的现值之和等于租赁资产公允价值与出租人的初始直接费用之和的利率

【例题 6 · 单选题】（　　）是指租赁资产余值中扣除就出租人而言的担保余值以后的资产余值。

A. 担保余值　　B. 可变现净值　　C. 未担保余值　　D. 资产余值

【答案】 C

【解析】 未担保余值指租赁资产余值中扣除就出租人而言的担保余值以后的资产余值。

【例题 7 · 单选题】 下列各项中，属于出租人为达成租赁向承租人提供优惠的是（　　）。

A. 租赁激励　　B. 已支付租赁付款额

C. 初始直接费用　　D. 租赁负债

【答案】 A

【解析】 租赁激励是指出租人为达成租赁向承租人提供的优惠，包括出租人向承租人支付的与租赁有关的款项、出租人为承租人偿付或承担的成本等。

【例题 8 · 单选题】 下列各项中，与出租人无关的一方向出租人提供担保，保证在租赁结束时租赁资产的价值至少为某指定金额，此指定金额为（　　）。

A. 担保余值　　B. 租赁付款额　　C. 未担保余值　　D. 租赁激励

【答案】 A

【解析】 担保余值就承租人而言，是指由承租人或与其有关的第三方担保的资产余值；就出租人而言，担保余值是指就承租人而言的担保余值加上与独立于承租人和出租人的第三方担保的资产余值。

五、承租人的会计处理

1. 租赁期开始日相关业务的会计处理

在租赁期开始日，承租人应当对租赁确认使用权资产和租赁负债，应用短期租赁和低价值资产租赁简化处理的除外。

（1）使用权资产的初始确认和计量如表 7-7 所示。

表 7-7　使用权资产的初始确认和计量

含义	使用权资产是指承租人可在租赁期内使用租赁资产的权利。
初始计量原则	在租赁期开始日，承租人应当按照成本对使用权资产进行初始计量。该成本包括下列四项： ① 租赁负债的初始计量金额。 ② 在租赁期开始日或之前支付的租赁付款额；存在租赁激励的，应扣除已享受的租赁激励相关金额。 ③ 承租人发生的初始直接费用。 ④ 承租人为拆卸及移除租赁资产、复原租赁资产所在场地或将租赁资产恢复至租赁条款约定状态预计将发生的成本。前述成本属于为生产存货而发生的，适用《企业会计准则第 1 号——存货》

【例题 9 · 多选题】 下列各项中，应当计入相关资产的初始确认金额的有（　　）。

A. 采购原材料过程中发生的装卸费

B. 取得债权投资时发生的交易费用

C. 取得交易性金融资产时发生的交易费用

D. 融资租赁承租人签订租赁合同过程中发生的可归属于租赁项目的初始直接费用

【答案】 ABD

【解析】 C选项，取得交易性金融资产时发生的交易费用计入投资收益。

【例题10·多选题】 初始直接费用是指为达成租赁所发生的增量成本。增量成本是指若企业不取得该租赁，则不会发生的成本。（ ）

【答案】 对

【解析】 初始直接费用是指为达成租赁所发生的增量成本。增量成本是指若企业不取得该租赁，则不会发生的成本，如佣金、印花税等。

(2) 租赁负债的初始确认和计量。

租赁负债的初始确认和计量如表7-8所示。

表7-8 租赁负债的初始确认和计量

基本原则	租赁负债应当按照租赁期开始日尚未支付的租赁付款额的现值进行初始计量。识别应纳入租赁负债的相关付款项目是计量租赁负债的关键
确定租赁付款额的具体原则	① 存在租赁激励的，承租人在确定租赁付款额时，应扣除租赁激励相关金额。 ② 可变租赁付款额中，仅取决于指数或比率的可变租赁付款额纳入租赁负债的初始计量中，包括与消费者价格指数挂钩的款项、与基准利率挂钩的款项和为反映市场租金费率变化而变动的款项等。此类可变租赁付款额应当根据租赁期开始日的指数或比率确定。除了取决于指数或比率的可变租赁付款额之外，其他可变租赁付款额均不纳入租赁负债的初始计量中。 ③ 如果承租人提供了对余值的担保，则租赁付款额应包含该担保下预计应支付的款项，它反映了承租人预计将支付的金额，而不是承租人担保余值下的最大敞口
折现率	① 在计算租赁付款额的现值时，承租人应当采用租赁内含利率作为折现率。 ② 无法确定租赁内含利率的，应当采用承租人增量借款利率作为折现率

承租人与租赁相关的主要核算账户如表7-9所示。

表7-9 承租人与租赁相关的主要核算账户

会计账户	账户性质	核算内容
使用权资产	资产类账户	本科目核算承租人持有的使用权资产的原价
使用权资产累计折旧	资产类备抵账户	本科目核算使用权资产的累计折旧
使用权资产减值准备	资产类备抵账户	本科目核算使用权资产的减值准备
租赁负债	负债类账户	本科目核算承租人尚未支付的租赁付款额的现值

承租人在租赁期开始日的账务处理如下。

借：使用权资产 【尚未支付的租赁付款额的现值等】
　　租赁负债——未确认融资费用 【差额】
　　贷：租赁负债——租赁付款额 【尚未支付的租赁付款额】
　　　　银行存款 【初始直接费用+已经支付的租赁付款额】
　　　　预计负债 【预计拆除、复原成本的现值】

【例题11·业务题】 A公司于2×21年12月31日将公允价值为5 000万元的一套大型电子计算机以融资租赁方式租赁给B公司。双方签订合同，B公司租赁该设备48个月，每6个月月末支付租金600万元，B公司担保的资产余值为900万元，担保公司担保的金额为750万元，租赁合同规定的租赁利率为3%(6个月)，租赁开始日估计资产余值为1 800万元，B公司发生的初始直接费用10万元。不考虑其他因素，要求作出B公司在租赁开始日的账务处理。已知：$(P/A, 3\%, 8)=7.0197$；$(P/F, 3\%, 8)=0.7874$。

【解析】

最低租赁付款额＝8×600＋900＝5 700(万元)

最低租赁付款额的现值＝600×(P/A，3%，8)＋900×(P/F，3%，8)

＝600×7.0197＋900×0.7874

＝4 920.48(万元)

租赁资产公允价值＝5 000(万元)

固定资产的入账价值＝4 920.48＋10＝4 930.48(万元)

未确认融资费用＝5 700＋10－4 930.48＝779.52(万元)

借：使用权资产	4 930.48	
租赁负债——未确认融资费用	779.52	
贷：租赁负债——长期应付款		5 700.00
银行存款		10.00

2. 租赁期间相关业务的会计处理

租赁期间的具体经济业务有租赁付款额的支付及确认租赁利息费用的确认和计量、使用权资产折旧和减值的处理、支付基于任何变量的可变租赁付款额。

(1) 租赁付款额的支付及利息费用的确认和计量。租赁付款额的支付及利息费用的核算如表 7-10 所示。

表 7-10　租赁负债持有期间的核算

确认租赁负债的利息时	借：财务费用——利息费用/在建工程等 　贷：租赁负债——未确认融资费用【增加租赁负债的账面金额】
支付租赁付款额时	借：租赁负债——租赁付款额【减少租赁负债的账面金额】 　贷：银行存款等
因重估或租赁变更等原因导致租赁付款额发生变动时	重新计量租赁负债的账面价值

【例题 12 · 单选题】 在现金流量表中，承租人偿还租赁负债本金和利息所支付的现金应当计入的项目是(　　)。

A. 经营活动现金流出　　B. 经营活动现金流入

C. 投资活动现金流出　　D. 筹资活动现金流出

【答案】 D

【解析】 承租人偿还租赁负债本金和利息属于企业的筹资活动。

【例题 13 · 单选题】 承租人期末进行列报时，租赁负债利息费用可以列示在利润表中的项目是(　　)。

A. 管理费用　　B. 财务费用

C. 制造费用　　D. 销售费用

【答案】 B

(2) 使用权资产折旧和减值的处理。

使用权资产折旧和减值的处理如表 7-11 所示。

表 7-11 使用权资产折旧和减值的处理

计量基础	① 在租赁期开始日后，承租人应当采用成本模式对使用权资产进行后续计量，即以成本减累计折旧及累计减值损失计量使用权资产。 ② 承租人按照新租赁准则有关规定重新计量租赁负债的，应当相应调整使用权资产的账面价值
使用权资产的折旧	① 承租人应当参照《企业会计准则第 4 号——固定资产》有关折旧规定，自租赁期开始日起对使用权资产计提折旧。 ② 使用权资产通常应自租赁期开始的当月计提折旧，当月计提确有困难的，为便于实务操作，企业也可以选择自租赁期开始的下月计提折旧，但应对同类使用权资产采取相同的折旧政策。 ③ 计提的折旧金额应根据使用权资产的用途，计入相关资产的成本或者当期损益。 ④ 承租人在确定使用权资产的折旧方法时，应当根据与使用权资产有关的经济利益的预期消耗方式作出决定。通常，承租人按直线法对使用权资产计提折旧，其他折旧方法更能反映使用权资产有关经济利益预期消耗方式的，应采用其他折旧方法。 ⑤ 承租人在确定使用权资产的折旧年限时，应遵循以下原则： a. 承租人能够合理确定租赁期届满时取得租赁资产所有权的，应当在租赁资产剩余使用寿命内计提折旧。 b. 承租人无法合理确定租赁期届满时能够取得租赁资产所有权的，应当在租赁期与租赁资产剩余使用寿命两者孰短的期间内计提折旧。 ⑥ 账务处理。 借：主营业务成本/制造费用/销售费用/管理费用/研发支出等 贷：使用权资产累计折旧
使用权资产的减值	在租赁期开始日后，承租人应当按照《企业会计准则第 8 号——资产减值》的规定，确定使用权资产是否发生减值，并对已识别的减值损失进行会计处理。 借：资产减值损失 贷：使用权资产减值准备

【例题 14 · 判断题】 承租人能够合理确定租赁期届满时取得租赁资产所有权的，应当在租赁资产剩余使用寿命内计提折旧。无法合理确定租赁期届满时能够取得租赁资产所有权的，应当在租赁期与租赁资产剩余使用寿命两者孰短的期间内计提折旧。（　　）

【答案】 对

【解析】 承租人在确定使用权资产的折旧年限时，应遵循以下原则：承租人能够合理确定租赁期届满时取得租赁资产所有权的，应当在租赁资产剩余使用寿命内计提折旧；承租人无法合理确定租赁期届满时能够取得租赁资产所有权的，应当在租赁期与租赁资产剩余使用寿命两者孰短的期间内计提折旧。

【例题 15 · 单选题】 A 公司租入设备一台，租赁合同规定租赁期满该设备的所有权归 A 公司。租赁开始日该设备的原账面价值为 525 万元，最低租赁付款额的现值与其公允价值均为 478.5 万元，另发生运杂费 20.05 万元，安装调试费 21.45 万元。该设备租赁期为 6 年，同类设备的使用寿命为 8 年，预计净残值为 6 万元。若 A 公司对该设备采用年限平均法计提折旧，则每年应计提的折旧额为（　　）万元。

A. 65　　B. 86　　C. 65.91　　D. 64.25

【答案】 D

【解析】 固定资产入账价值＝478.5＋20.05＋21.45＝520（万元）

每年应计提的折旧＝（520－6）÷8＝64.25（万元）

3. 租赁期届满的会计处理

租赁期届满的会计处理如表 7-12 所示。

表 7-12 承租人租赁期届满的会计处理

情形	账务处理
返还租赁资产	借：使用权资产累计折旧 贷：使用权资产
优惠续租租赁资产	如果承租人行使优惠续租选择权，则应视同该项租赁一直存在而作出相应的账务处理。如果租赁期届满时没有续租，根据租赁协议规定须向出租人支付违约金时： 借：营业外支出 贷：银行存款等
留购租赁资产	借：租赁负债 【购买价款】 贷：银行存款 同时， 借：固定资产 贷：使用权资产

4. 租赁付款额发生变动的处理

租赁付款额发生变动的情况如表 7-13 所示。

表 7-13 租赁付款额发生变动的情况

情形	具体内容
实质租赁付款额发生变动	① 如果租赁付款额最初是可变的，但在租赁期开始日后的某一时点转为固定，那么，在潜在可变性消除时，该付款额成为实质固定付款额，应纳入租赁负债的计量中。 ② 承租人应当按照变动后租赁付款额的现值重新计量租赁负债。 ③ 承租人采用的折现率不变，即采用租赁期开始日确定的折现率
担保余值预计的应付金额发生变动	① 在租赁期开始日后，承租人应对其在担保余值下预计支付的金额进行估计。 ② 该金额发生变动的，承租人应当按照变动后租赁付款额的现值重新计量租赁负债。 ③ 承租人采用的折现率不变
用于确定租赁付款额的指数或比率发生变动	① 导致未来租赁付款额发生变动的原因：浮动利率的变动或指数或比率的变动（浮动利率除外）。 ② 处理原则：承租人应当按照变动后租赁付款额的现值重新计量租赁负债。 ③ 采用的折现率：修订后的折现率或折现率不变
购买选择权、续租选择权或终止租赁选择权的评估结果或实际行使情况发生变化	① 在租赁期开始日后，因浮动利率的变动而导致未来租赁付款额发生变动的，承租人应当按照变动后租赁付款额的现值重新计量租赁负债。在该情形下，承租人应采用反映利率变动的修订后的折现率进行折现。 ② 在租赁期开始日后，因用于确定租赁付款额的指数或比率（浮动利率除外）的变动而导致未来租赁付款额发生变动的，承租人应当按照变动后租赁付款额的现值重新计量租赁负债。在该情形下，承租人采用的折现率不变 【前提：发生承租人可控范围内的重大事件或变化，如果不属于可控范围内的事件或变化，无需重新计量租赁负债。】

【例题 16 · 判断题】 在租赁期开始日后，因用于确定租赁付款额的指数或比率变动而导致未来租赁付款额发生变动的，承租人应当按照变动后租赁付款额的现值重新计量租赁负债。 （ ）

【答案】 对

【解析】 在租赁期开始日后，因用于确定租赁付款额的指数或比率（浮动利率除外）的变动而导致未来租赁付款额发生变动的，承租人应当按照变动后租赁付款额的现值重新计量租赁负债。在该情形下，承租人采用的折现率不变。

5. 租赁变更的会计处理

租赁变更是指原合同条款之外的租赁范围、租赁对价、租赁期限的变更，包括增加或终止一项或多项租赁资产的使用权，延长或缩短合同规定的租赁期等。租赁变更生效日是指双方就租赁变更达成一致的日期。

租赁变更的处理如表 7-14 所示。

表 7-14　租赁变更的处理

情　形	账务处理
租赁变更作为一项单独租赁处理	租赁发生变更且同时符合下列条件的，承租人应当将该租赁变更作为一项单独租赁进行会计处理。 ① 该租赁变更通过增加一项或多项租赁资产的使用权而扩大了租赁范围或延长了租赁期限。 ② 增加的对价与租赁范围扩大部分或租赁期限延长部分的单独价格按该合同情况调整后的金额相当
租赁变更未作为一项单独租赁处理	① 按照有关租赁分拆的规定对变更后合同的对价进行分摊。 ② 按照有关租赁期的规定确定变更后的租赁期。 ③ 采用变更后的折现率对变更后的租赁付款额进行折现，以重新计量租赁负债。 a. 在计算变更后租赁付款额的现值时，承租人应当采用剩余租赁期间的租赁内含利率作为折现率。 b. 无法确定剩余租赁期间的租赁内含利率的，应当采用租赁变更生效日的承租人增量借款利率作为折现率
	租赁负债调整的影响，承租人应区分以下情形进行会计处理。 ① 租赁变更导致租赁范围缩小或租赁期缩短的，承租人应当调减使用权资产的账面价值，以反映租赁的部分终止或完全终止。承租人应将部分终止或完全终止租赁的相关利得或损失计入当期损益。承租人应当按缩小或缩短的相应比例： 借：租赁负债——租赁付款额 使用权资产累计折旧使用权资产减值准备 贷：租赁负债——未确认融资费用使用权资产 资产处置损益(可借可贷) ② 其他租赁变更，承租人应当相应调整使用权资产的账面价值

【例题 17 · 判断题】 租赁变更是指原合同条款之外的租赁范围、租赁对价、租赁期限的变更。企业应视其变更情况将其作为一项单独租赁进行会计处理或重新计量租赁负债。（　　）

【答案】 对

【解析】 租赁变更是指原合同条款之外的租赁范围、租赁对价、租赁期限的变更，包括增加或终止一项或多项租赁资产的使用权，延长或缩短合同规定的租赁期等。

6. 短期租赁和低价值资产租赁

1）基本处理原则

(1) 对于短期租赁和低价值资产租赁，承租人可以选择不确认使用权资产和租赁负债。

(2) 作出该选择的，承租人应当将短期租赁和低价值资产租赁的租赁付款额，在租赁期内各个期间按照直线法或其他系统合理的方法计入相关资产成本或当期损益。

(3) 其他系统合理的方法能够更好地反映承租人的受益模式的，承租人应当采用该方法。

短期租赁和低价值资产租赁的处理如表 7-15 所示。

表 7-15 短期租赁与低价值资产租赁

情形		账务处理
短期租赁	含义	短期租赁是指在租赁期开始日，租赁期不超过 12 个月的租赁
	账务处理原则	① 对于短期租赁，承租人可以按照租赁资产的类别作出采用简化会计处理的选择。 ② 如果承租人对某类租赁资产作出了简化会计处理的选择，未来该类资产下所有的短期租赁都应采用简化会计处理。 ③ 按照简化会计处理的短期租赁发生租赁变更或者其他原因导致租赁期发生变化的，承租人应当将其视为一项新租赁，重新按照上述原则判断该项新租赁是否可以选择简化会计处理
低价值资产租赁	含义	低价值资产租赁是指单项租赁资产为全新资产时价值较低的租赁
	判断原则	承租人在判断是否是低价值资产租赁时，应基于租赁资产的全新状态下的价值进行评估，不应考虑资产已被使用的年限
	相关说明	① 对于低价值资产租赁，承租人可根据每项租赁的具体情况作出简化会计处理选择。 ② 低价值资产构成合同中的一项单独租赁(同时满足下列两个条件)，才能对该资产租赁选择进行简化会计处理。其中： a. 只有承租人能够从单独使用该低价值资产或将其与承租人易于获得的其他资源一起使用中获利。 b. 该项资产与其他租赁资产没有高度依赖或高度关联关系(如：租用服务器，各组件高度关联，各组件不能作为低价值租赁)。 ③ 低价值资产租赁的标准应该是一个绝对金额，即仅与资产全新状态下的绝对价值有关，不受承租人规模、性质等影响，也不考虑该资产对于承租人或相关租赁交易的重要性。常见的低价值资产的例子包括平板电脑、普通办公家具、电话等小型资产。 ④ 如果承租人已经或者预期要把相关资产进行转租赁，则不能将原租赁按照低价值资产租赁进行简化会计处理

六、出租人的会计处理

1. 出租人的租赁分类

1) 基本原则

出租人应当在租赁开始日将租赁分为融资租赁和经营租赁。其中，租赁开始日是指租赁合同签署日与租赁各方就主要租赁条款作出承诺日中的较早者。租赁开始日可能早于租赁期开始日，也可能与租赁期开始日重合。

2) 相关说明

(1)租赁开始日后，除非发生租赁变更，出租人无需对租赁的分类进行重新评估。

(2)租赁资产预计使用寿命、预计余值等会计估计变更或发生承租人违约等情况变化的，出租人不对租赁进行重分类。

(3)租赁合同可能包括因租赁开始日与租赁期开始日之间发生的特定变化而需对租赁付款额进行调整的条款与条件(例如，出租人标的资产的成本发生变动，或出租人对该租赁的融资成本发生变动)。在此情况下，出于租赁分类目的，此类变动的影响均视为在租赁开始日已发生。

融资租赁和经营租赁的基本分类如表 7-16 所示。

3) 融资租赁的判断标准

融资租赁的判断标准如表 7-17 所示。

表 7-16　融资租赁与经营租赁

种类	相关内容
融资租赁	如果一项租赁实质上转移了与租赁资产所有权有关的几乎全部风险和报酬，出租人应当将该项租赁分类为融资租赁
经营租赁	出租人应当将除融资租赁以外的其他租赁分类为经营租赁
注意：一项租赁属于融资租赁还是经营租赁取决于交易的实质，而不是合同的形式	

表 7-17　融资租赁的判断

情形	具体规定
一般标准	一项租赁存在下列一种或多种情形的，通常分类为融资租赁： ① 在租赁期届满时，租赁资产的所有权转移给承租人。 ② 承租人有购买租赁资产的选择权，所订立的购买价预计将远低于行使选择权时租赁资产的公允价值，因而在租赁开始日就可合理地确定承租人将会行使该选择权。 ③ 资产的所有权虽然不转移，但租赁期占租赁资产使用寿命(尚可使用寿命)的大部分。 【指导性标准，结合其他条件进行判断】 这里的“大部分”一般指租赁期占租赁开始日租赁资产使用寿命(尚可使用寿命)的 75%以上(含 75%)。需要注意的是，这条标准强调的是租赁期占租赁开始日租赁资产使用寿命(尚可使用寿命)的比例，而非租赁期占该项资产全部可使用年限的比例。如果租赁资产是旧资产，在租赁前已使用年限超过资产自全新时起算可使用年限的 75%以上时，则这条判断标准不适用，不能使用这条标准确定租赁的分类。 ④ 对出租人而言，租赁收款额的现值÷租赁开始日租赁资产公允价值≥90%。 ⑤ 租赁资产性质特殊，如果不作较大改造，只有承租人才能使用
特殊规定	一项租赁存在下列一项或多项迹象的，也可能(不是一定)分类为融资租赁。 ① 若承租人撤销租赁，撤销租赁对出租人造成的损失由承租人承担。 ② 资产余值的公允价值波动所产生的利得或损失归属于承租人。 ③ 承租人有能力以远低于市场水平的租金继续租赁至下一期间

【例题 18 · 多选题】 在对租赁业务进行会计分类时，应考虑的因素有(　　)。

A. 租赁期届满时，租赁资产所有权是否转移给承租人

B. 承租人是否有优惠购买租赁资产的选择权

C. 租赁期占租赁资产使用寿命的比例

D. 租赁开始日最低租赁付款额的现值或最低租赁收款额的现值与租赁资产公允价值的比例

E. 租赁开始日最低租赁付款额或最低租赁收款额与租赁资产公允价值的比例

【答案】 ABCD

【解析】 一项租赁分类为融资租赁的一般标准见表 7-17。

2. 出租人对融资租赁的会计处理

出租人对融资租赁的核算如表 7-18 所示。

表 7-18　出租人对融资租赁的核算

情形	账务处理
租赁期开始日租赁债权的确认和计量	借：应收融资租赁款——租赁收款额　【尚未收到的租赁收款额】 　　　　　　　　　——未担保余值　【预计租赁期结束时的未担保余值】 　　银行存款　【已经收取的租赁款】 　贷：融资租赁资产　【账面价值】 　　　资产处置损益　【公允价值－账面价值，可借可贷】 　　　银行存款　【发生的初始直接费用】

（续表）

情形	账务处理
租赁期间相关业务的会计处理	租赁收款额（如租金）的收取： 借：银行存款　【收到的租金】 　　贷：应收融资租赁款——租赁收款额 确认租赁收益的账务处理如下： 借：应收融资租赁款——未实现融资收益 　　贷：租赁收入　【期初摊余成本×租赁内含利率】
	应收融资租赁款坏账准备的计提： 借：信用减值损失 　　贷：坏账准备
	可变租赁收款额的处理： 借：银行存款/应收账款 　　贷：租赁收入——可变租赁收款额
融资租赁变更的处理	借：固定资产 　　应收融资租赁款——未实现融资收益 　　贷：应收融资租赁款——租赁收款额
租赁期届满时的处理	① 收回租赁资产的会计处理： 借：融资租赁资产 　　贷：应收融资租赁款——租赁收款额　【长期应收款的摊余成本】 ② 优惠续租租赁资产： 如果承租人行使优惠续租选择权，则出租人应视同该项租赁一直存在而作出相应会计处理；如果租赁期届满时承租人没有续租，承租人向出租人返还租赁资产时，其会计处理同上述收回租赁资产的会计处理。 ③ 留购租赁资产： 租赁期届满时，承租人行使了优惠购买选择权。出租人按收到的承租人支付的购买资产的价款： 借：银行存款 　　贷：应收融资租赁款——租赁收款额　【长期应收款的摊余成本】

3. 出租人对经营租赁的会计处理

出租人对经营租赁的会计处理如表 7-19 所示。

表 7-19　出租人对经营租赁的会计处理

情形	账务处理
租金的处理	① 在租赁期内各个期间，出租人应采用直线法或者其他系统合理的方法将经营租赁的租赁收款额确认为租金收入。 ② 如果其他系统合理的方法能够更好地反映因使用租赁资产所产生经济利益的消耗模式，则出租人应采用该方法。 借：银行存款/应收账款/其他应收款等 　　贷：租赁收入——经营租赁收入/其他业务收入等 　　　　预收账款
提供激励措施	出租人承担了承租人某些费用的，出租人应将该费用自租金收入总额中扣除，按扣除后的租金收入余额在租赁期内进行分配。 各期租金收入＝（租金总额－出租人承担的费用）÷整个租赁期
初始直接费用	出租人发生的与经营租赁有关的初始直接费用应当资本化至租赁标的资产的成本，在租赁期内按照与租金收入相同的确认基础分期计入当期损益

（续表）

情形	账务处理
折旧和减值	① 对于经营租赁资产中的固定资产，出租人应当采用类似资产的折旧政策计提折旧。 ② 对于其他经营租赁资产，应当根据该资产适用的企业会计准则，采用系统合理的方法进行摊销。 ③ 出租人应当按照《企业会计准则第 8 号——资产减值》的规定，确定经营租赁资产是否发生减值，并对已识别的减值损失进行会计处理
可变租赁付款额	① 出租人取得的与经营租赁有关的可变租赁收款额，如果是与指数或比率挂钩的，应在租赁期开始日计入租赁收款额。 ② 除此之外的，应当在实际发生时计入当期损益。 借：银行存款/应收账款等 　　贷：租赁收入——可变租赁付款额
经营租赁的变更	经营租赁发生变更的，出租人应自变更生效日开始，将其作为一项新的租赁进行会计处理，与变更前租赁有关的预收或应收租赁收款额视为新租赁的收款额

【例题 19·判断题】 在租赁期内各个期间，出租人应当采用直线法或其他系统合理的方法，将经营租赁的租赁收款额确认为租金收入。（　　）

【答案】 对

【解析】 在租赁期内各个期间，出租人应采用直线法或者其他系统合理的方法将经营租赁的租赁收款额确认为租金收入。

【例题 20·判断题】 对于经营租赁资产中的固定资产，出租人无需对其计提折旧。（　　）

【答案】 错

【解析】 经营租赁资产中的固定资产属于出租人的资产，出租人需对其计提折旧。

【例题 21·单选题】 A 公司将一闲置设备以经营租赁方式出租给 B 公司使用。租赁合同约定，租赁期开始日为 2×20 年 7 月 1 日，租赁期为 4 年，年租金为 240 万元，租金于每年 7 月 1 日支付，租赁期开始日起前 3 个月免租金，2×20 年 7 月 1 日，A 公司收到 B 公司支付的扣除免租期后的租金 180 万元。不考虑其他因素，A 公司 2×20 年确认的租金收入为（　　）万元。

A. 112.5　　B. 120　　C. 180　　D. 240

【答案】 A

【解析】 A 公司 2×20 年应确认的租赁收入＝(240×3＋180)÷48×6＝112.5(万元)

【例题 22·单选题】 2×20 年 1 月 1 日，甲公司与乙公司签订租赁合同，将其一栋物业租赁给乙公司作为商场使用。根据合同约定，物业的租金为每月 50 万元，于每季末支付；租赁期为 5 年，自合同签订日开始算起；租赁期首 3 个月为免租期，乙公司免予支付租金；如果乙公司每年的营业收入超过 10 亿元，乙公司应向甲公司支付经营分享收入 100 万元。乙公司 2×20 年度实现营业收入 12 亿元。甲公司认定上述租赁为经营租赁。不考虑增值税及其他 因素，上述交易对甲公司 2×20 年度营业利润的影响金额是（　　）万元。

A. 570　　B. 600　　C. 670　　D. 700

【答案】 C

【解析】 (5×12－3)×50÷60×12＋100＝670(万元)

【例题 23·多选题】 下列关于租赁会计处理的表述中，正确的有（　　）。

A. 承租人对于经营租赁中可能发生的或有租金应于发生时计入当期损益
B. 承租人在经营租赁中发生的初始直接费用应当在整个租赁期间平均摊销
C. 承租人在经营租赁开始时支付的预付合同项下全部租金应在租赁期内摊销
D. 经营租赁中，出租人承担了应由承租人承担的相关费用时，承租人对于出租人所承担的费用应确认为当期损益

【答案】 AC

七、特殊租赁业务会计处理

1. 转租赁

（1）转租情况下，原租赁合同和转租赁合同通常都是单独协商的，交易对手也是不同的企业，转租出租人对原租赁合同和转租赁合同应分别根据承租人和出租人会计处理要求，进行会计处理。

（2）原租赁承租人在对转租赁进行分类时，转租出租人应基于原租赁中产生的使用权资产，而不是租赁资产（如作为租赁对象的不动产或设备）进行分类。

（3）原租赁资产不归转租出租人所有，原租赁资产也未计入其资产负债表。因此，转租出租人应基于其控制的资产（即使用权资产）进行会计处理。

（4）原租赁为短期租赁，且转租出租人作为承租人已按照本准则采用简化会计处理方法的，应将转租赁分类为经营租赁。

【例题 24 · 判断题】 转租出租人应当基于原租赁产生的使用权资产，而不是原租赁的标的资产，对转租赁进行分类。（　　）

【答案】 对

【解析】 承租人在对转租赁进行分类时，转租出租人应基于原租赁中产生的使用权资产，而不是租赁资产（如作为租赁对象的不动产或设备）进行分类。原租赁资产不归转租出租人所有，原租赁资产也未计入其资产负债表。因此，转租出租人应基于其控制的资产（即使用权资产）进行会计处理。

2. 生产商或经销商出租人的融资租赁会计处理

（1）如果生产商或经销商出租其产品或商品构成融资租赁，租赁期开始日的处理如表 7-20 所示。

表 7-20　生产商或经销商出租人的融资租赁处理

确认收入	按照租赁资产公允价值与租赁收款额按市场利率折现的现值两者孰低
结转成本	按照租赁资产账面价值扣除未担保余值的现值后的余额
两者的差额	收入和销售成本的差额作为销售损益

（2）由于取得融资租赁所发生的成本主要与生产商或经销商赚取的销售利得相关，生商或经销商出租人应当在租赁期开始日将其计入损益。即，与其他融资租赁出租人不同，生产商或经销商出租人取得融资租赁所发生的成本不属于初始直接费用，不计入租赁投资净额。

3. 售后租回交易

1）基本原则

若企业（卖方兼承租人）将资产转让给其他企业（买方兼出租人），并从买方兼出租人租

回该项资产，则卖方兼承租人和买方兼出租人均应按照售后租回交易的规定进行会计处理。

企业应当按照《企业会计准则第 14 号——收入》的规定，评估确定售后租回交易中的资产转让是否属于销售，并区别进行会计处理。

在标的资产的法定所有权转移给出租人并将资产租赁给承租人之前，承租人可能会先获得标的资产的法定所有权。但是，是否具有标的资产的法定所有权本身并非会计处理的决定性因素。

（1）如果承租人在资产转移给出租人之前已经取得对标的资产的控制，则该交易属于售后租回交易。

（2）如果承租人未能在资产转移给出租人之前取得对标的资产的控制，那么即便承租人在资产转移给出租人之前先获得标的资产的法定所有权，该交易也不属于售后租回交易。

2）售后回购的分类

售后回购的分类如表 7-21 所示。

表 7-21　售后回购的分类

情形	处理
第一种类型：售后租回交易中的资产转让属于销售	① 卖方兼承租人应当按原资产账面价值中与租回获得的使用权有关的部分，计量售后租回所形成的使用权资产，并仅就转让至买方兼出租人的权利确认相关利得或损失。 ② 买方兼出租人根据适用的其他准则对资产购买进行会计处理，并根据新租赁准则对资产出租进行会计处理。 ③ 如果销售对价的公允价值与资产的公允价值不同，或者出租人未按市场价格收取租金，企业应当进行以下调整： a. 销售对价低于市场价格的款项作为预付租金进行会计处理。 b. 销售对价高于市场价格的款项作为买方兼出租人向卖方兼承租人提供的额外融资进行会计处理。 同时：承租人按照公允价值调整相关销售利得或损失，出租人按市场价格调整租金收入。在进行上述调整时，企业应当按以下两者中较易确定者进行：销售对价的公允价值与资产的公允价值的差异；合同付款额的现值与按市场租金计算的付款额的现值的差异
第二种类型：售后租回交易中的资产转让不属于销售	① 卖方兼承租人：不终止确认所转让的资产，而应当将收到的现金作为金融负债（如长期应付款），并按照《企业会计准则第 22 号——金融工具确认和计量》进行会计处理。 ② 买方兼出租人：不确认被转让资产，而应当将支付的现金作为金融资产（如长期应收款），并按照《企业会计准则第 22 号——金融工具确认和计量》进行会计处理

【例题 25 · 单选题】 在下列各项中，属于承租人先将某资产卖给出租人，再将该资产租回的租赁形式是（　　）。

A. 售后租回　　B. 杠杆租赁　　C. 直接租赁　　D. 长期租赁

【答案】 A

【例题 26 · 单选题】 在评估确定售后租回交易中的资产转让不属于销售时，出租方的会计处理是（　　）。

A. 确认为其他应收款

B. 确认使用权资产和金融负债

C. 确认一项与转让收入等额的金融资产

D. 确认一笔银行存款

【答案】 C

思考与练习

一、单选题

1. 下列各项中，不属于初始直接费用的是（　　）。

A. 租赁合同的印花税　　B. 履约成本

C. 差旅费　　D. 手续费

2. （　　）是指出租人提供租赁资产使其可供承租人使用的起始日期。

A. 租赁期终止日　　B. 租赁期开始日

C. 合同开始日　　D. 合同终止日

3. 企业与同一交易方或其关联方在同一时间或相近时间订立的两份或多份包含租赁的合同，在符合（　　）的条件时，应当合并为一份合同进行会计处理。

A. 该两份或多份合同基于总体商业目的而订立并构成一揽子交易，若不作为整体考虑则无法理解其总体商业目的

B. 该两份或多份合同中的某份合同的对价金额取决于其他合同的定价或履行情况

C. 该两份或多份合同让渡的资产使用权合起来构成一项单独租赁

D. 以上均对

4. 未确认融资费用在租赁期内各个期间进行分摊时，应将其记入（　　）科目。

A. "管理费用"　　B. "长期应付款"　　C. "财务费用"　　D. "销售费用"

5. 出租人对未实现融资收益的分配，应采用（　　）核算。

A. 直线法　　B. 年数总和法

C. 实际利率法　　D. 与租出资产相一致的折旧方法

6. 租赁负债应当按照租赁期开始日尚未支付的租赁付款额的（　　）进行初始计量。

A. 公允价值　　B. 账面价值　　C. 现值　　D. 终值

7. （　　）是指与出租人无关的一方向出租人提供担保，保证在租赁结束时租赁资产的价值至少为某指定的金额。

A. 担保余值　　B. 可变现净值　　C. 公允价值　　D. 现值

8. 短期租赁是指在租赁期开始日，租赁期不超过（　　）个月的租赁。

A. 8　　B. 9　　C. 10　　D. 12

9. 使用权资产应当按照成本进行初始计量，该成本不包括（　　）。

A. 租赁负债的初始计量金额

B. 在租赁期开始日或之前支付的租赁付款额，存在租赁激励的，扣除已享受的租赁激励相关金额

C. 承租人发生的初始直接费用

D. 承租人的住宿费

10. （　　）是指承租人向出租人支付的与在租赁期内使用租赁资产的权利相关的款项。

A. 租赁收款额　　B. 租赁付款额

C. 担保余额　　D. 长期应付款余额

二、多选题

1. 一项租赁存在下列一种或多种情形的，通常分类为融资租赁(　　)。

A. 在租赁期届满时，租赁资产的所有权转移给出租人

B. 承租人有购买租赁资产的选择权，所订立的购买价款与预计行使选择权时租赁资产的公允价值相比足够低，因而在租赁开始日就可以合理确定承租人将行使该选择权

C. 资产的所有权虽然不转移，但租赁期占租赁资产使用寿命的大部分

D. 在租赁开始日，租赁收款额的现值几乎相当于租赁资产的公允价值

2. 租赁付款额是指承租人向出租人支付的与在租赁期内使用租赁资产的权利相关的款项，包括(　　)。

A. 固定付款额及实质固定付款额，存在租赁激励的，扣除租赁激励相关金额

B. 取决于指数或比率的可变租赁付款额，该款项在初始计量时根据租赁期开始日的指数或比率确定

C. 购买选择权的行权价格，前提是承租人合理确定将行使该选择权

D. 行使终止租赁选择权需支付的款项，前提是租赁期反映出承租人将行使终止租赁选择权

3. 使用权资产应当按照成本进行初始计量，该成本包括(　　)。

A. 租赁负债的初始计量金额

B. 在租赁期开始或之前支付的租赁付款额，存在租赁激励的，扣除已享受的租赁激励相关金额

C. 承租人发生的初始直接费用

D. 承租人为拆卸及移除租赁资产、复原租赁资产所在场地或将租赁资产恢复至租赁条款约定状态预计发生的成本

4. 租赁收款额是指出租人因让渡在租赁期内使用租赁资产的权利而应向承租人收取的款项，包括(　　)。

A. 承租人需支付的固定付款额及实质固定付款额，存在租赁激励的，扣除租赁激励相关金额

B. 取决于指数或比率的可变租赁付款额，该款项在初始计量时根据租赁期开始日的指数或比率确定

C. 承租人行使终止租赁选择权需支付的款项，前提是租赁期反映出承租人将行使终止租赁选择权

D. 承租人、与承租人有关的一方以及有经济能力履行担保义务的独立第三方向出租人提供的担保余值

5. 承租人应当在附注中披露与租赁有关的信息是(　　)。

A. 租赁负债的利息费用

B. 未纳入租赁负债计量的可变租赁付款额

C. 与租赁相关的总现金流出

D. 售后租回交易产生的相关损益

6. 承租人应当根据理解财务报表的需要，披露有关租赁活动的其他定性和定量信息。此类信息包括(　　)。

A. 租赁活动的性质，如对租赁活动基本情况的描述

B. 未纳入租赁负债计量的未来潜在现金流出

C. 租赁导致的限制或承诺

D. 售后租回交易除第五十四条第(七)项之外的其他信息

7. 出租人应当在附注中披露与融资租赁有关的信息是(　　)。

A. 销售损益、租赁投资净额的融资收益以及与未纳入租赁投资净额的可变租赁付款额相关的收入

B. 资产负债表日后连续 5 个会计年度每年将收到的未折现租赁收款额，以及剩余年度将收到的未折现租赁收款额总额

C. 未折现租赁收款额与租赁投资净额的调节表

D. 折现租赁收款额与租赁投资净额的调节表

8. 下列关于租赁会计处理的表述中，正确的有(　　)。

A. 承租人对于经营租赁中可能发生的或有租金应于发生时计入当期损益

B. 承租人在经营租赁中发生的初始直接费用应当在整个租赁期间平均摊销

C. 承租人在经营租赁开始时支付的预付合同项下全部租金应在租赁期内摊销

D. 经营租赁中，出租人承担了应由承租人承担的相关费用时，承租人对于出租人所承担的费用应确认为当期损益

9. 企业与同一交易方或其关联方在同一时间或相近时间订立的两份或多份包含租赁的合同，在符合下列条件之一时，应当合并为一份合同进行会计处理(　　)。

A. 该两份或多份合同基于总体商业目的而订立并构成非一揽子交易，若不作为整体考虑则无法理解其总体商业目的

B. 该两份或多份合同基于总体商业目的而订立并构成一揽子交易，若不作为整体考虑则无法理解其总体商业目的

C. 该两份或多份合同中的某份合同的对价金额取决于其他合同的定价或履行情况

D. 该两份或多份合同让渡的资产使用权合起来构成一项单独租赁

10. 在下列各项中，属于可变租赁付款额类型的有(　　)。

A. 未担保余值

B. 不是根据指数或比率确定的可变租赁付款额

C. 根据指数或比率确定的可变租赁付款额

D. 实质固定付款额

E. 担保余值

三、判断题

1. 如果一项租赁属于融资租赁，则意味着在法律关系上租赁资产归承租人所有，承租人可以任意处置该租赁资产。　(　　)

2. 承租人发生的初始直接费用，应当计入租入资产价值。　(　　)

3. 租赁的免租期，由于未支付租金，所以不属于租赁期。　(　　)

4. 资产余值是租赁期开始日承租人确定的租赁期满租赁资产的公允价值。　(　　)

5. 低价值资产租赁是指单项租赁资产为全新资产时价值较低的租赁。　(　　)

6. 新租赁准则下，承租人会计处理不区分融资租赁和经营租赁，而是统一采用使用权资产模型，有利于全面反映企业因租赁交易取得的权利和相关义务，提升了报表透明度和可比性。（　　）

7. 企业难以确定供应方是否拥有对该资产的实质性替换权的，应当视为供应方没有对该资产的实质性替换权。（　　）

8. 租赁激励是指出租人为达成租赁向承租人提供的优惠，包括出租人向承租人支付的与租赁有关的款项、出租人为承租人偿付或承担的成本等。（　　）

9. 在租赁期届满时资产的所有权未转移给承租人，则该租赁一定不是融资租赁。

（　　）

10. 未担保余值是租赁资产余值中扣除担保余值之后的资产余值。（　　）

四、计算及账务处理题

华夏公司于2×19年12月1日与乙公司签订了一份合同租入设备，设备于2×19年12月31日达到可使用状态并投入使用，合同主要条款和其他有关条件如下：

(1) 租赁标的物：A生产设备。

(2) 租赁期开始日：2×19年12月31日。

(3) 租赁期：2×19年12月31日至2×23年12月31日。

(4) 租金支付：2×20年至2×23年每年年末支付租金800万元。

(5) A生产设备在2×19年12月31日的公允价值为3 100万元，已使用3年，预计还可使用5年。

(6) 租赁合同规定的年利率为6%。

(7) 租赁期届满时，华夏公司享有优惠购买该设备的选择权，购买价款为100万元，估计该日租赁资产的公允价值为800万元。租赁期届满时，华夏公司预计将购买该资产。

(8) 华夏公司在租赁谈判和签订租赁合同过程中发生可归属于租赁项目的佣金为7 100元。

其他资料：华夏公司对该设备采用年限平均法计提折旧，预计设备寿命期满后预计净残值为0。

已知：乙公司租赁内含利率为6%，期数为4的普通年金现值系数为3.4651；利率为6%，期数为4的复利现值系数为0.7921。

要求：

(1) 判断合同是否为租赁，并说明理由。

(2) 计算租赁付款额及其现值。

(3) 计算使用权资产的入账价值。

(4) 编制华夏公司在租赁期开始日的有关会计分录。

(5) 编制华夏公司2×20年与该项租赁业务相关的会计分录。

(答案中的金额单位用万元表示，计算结果保留两位小数。)

第八章　政 府 补 助

本章基本内容框架

- 政府补助概述
  - 政府补助的含义及特征
  - 政府补助的主要形式
    - 财政拨款
    - 财政贴息
    - 税收返还
    - 无偿划拨非货币性资产
  - 政府补助的分类
- 政府补助的会计处理
  - 与收益相关的政府补助
  - 与资产相关的政府补助
  - 政府补助的退回
  - 特定业务的会计处理
- 政府补助的列报
  - 政府补助在利润表上的列示
  - 政府补助的附注披露

重点、难点讲解及典型例题

一、政府补助的定义及特征

1. 政府补助的定义

政府补助是指企业从政府无偿取得货币性资产或非货币性资产，但不包括政府作为企业所有者投入的资本。

2. 政府补助的特征

（1）无偿性。无偿性是政府补助的基本特征。

（2）直接取得资产。政府补助是企业从政府直接取得的资产，包括货币性资产和非货币性资产。需要说明的是，增值税出口退税不属于政府补助。

【例题 1 · 单选题】 企业享受的下列税收优惠中，属于企业会计准则规定的政府补助的是（　　）。

A. 增值税的出口退税　　　　B. 免征的企业所得税

C. 减征的企业所得税　　　　D. 先征后返的企业所得税

【答案】 D

二、政府补助的形式

政府补助的形式主要有财政拨款、财政贴息、税收返还和无偿划拨非货币性资产等。

三、政府补助的分类

政府补助准则规定，企业不论通过何种形式取得的政府补助，在会计处理上应当划分为与资产相关的政府补助和与收益相关的政府补助。

与资产相关的政府补助是指企业取得的、用于购建或以其他方式形成长期资产的政府补助。一般以银行转账方式拨付，也可能表现为政府向企业无偿划拨非货币性资产。

与收益相关的政府补助是指除与资产相关的政府补助之外的政府补助。通常以银行转账方式拨付。

四、政府补助的会计处理

1. 与收益相关的政府补助

与收益相关的政府补助，企业应当选择采用总额法或净额法进行会计处理。

选择总额法的，应当计入其他收益或营业外收入。

选择净额法的，应当冲减相关成本费用或营业外支出。

(1) 用于补偿企业以后期间的相关成本费用或损失的，在收到时应当先判断企业能否满足政府补助所附条件：①如收到时暂时无法确定，则应当先作为预收款项计入其他应付款科目，待客观情况表明企业能够满足政府补助所附条件后，再确认递延收益。②如收到补助时客观情况表明企业能够满足政府补助所附条件，则应当确定递延收益，并在确认相关费用或损失的期间，计入当期损益或冲减相关成本。

(2) 用于补偿企业已发生的相关成本费用或损失的，直接计入当期损益或冲减相关成本，这类补助通常与企业已经发生的行为有关，是对企业已发生的成本费用或损失的补偿，或是对企业过去行为的奖励。

【例题2·计算及财务处理】 A公司自财政部门取得以下款项：

要求：编制相关的会计分录。

(1) A公司2×19年安置了职工再就业，按照国家规定可以申请财政补助资金30万元，A公司按规定办理了补贴资金申请手续。2×19年12月收到财政拨付奖励资金30万元。

借：银行存款　　300 000

　　贷：其他收益　　300 000

(2) A公司销售其自主开发生产的动漫软件，按照国家规定，该企业的这种产品适用增值税即征即退政策，按13%的税率征收增值税后，对其增值税实际税负超过3%的部分，实行即征即退。2×19年1月，该企业实际缴纳增值税50万元，实际退回10万元。

借：银行存款　　100 000

　　贷：其他收益　　100 000

(3) A公司2×20年2月20日收到拨来的以前年度已完成重点科研项目的经费补贴30万元。

借：银行存款　　300 000

　　贷：其他收益　　300 000

2. 与资产相关的政府补助

1) 总额法

(1) 企业在收到补助资金：

借：银行存款等

　　贷：递延收益

(2) 相关资产使用寿命内分期计入损益（按合理、系统的方法）：

借：递延收益

　　贷：其他收益/营业外收入

注：如果企业先取得与资产相关的政府补助，再确认所购建的长期资产，应当在开始对相关资产计提折旧或进行摊销时按照合理、系统的方法将递延收益分期计入当期收益；如果相关长期资产投入使用后企业再取得与资产相关的政府补助，应当在相关资产的剩余使用寿命内按照合理、系统的方法将递延收益分期计入当期收益。

【特别提示】

如果对应的长期资产在持有期间发生减值损失，递延收益的摊销仍保持不变，不受减值因素的影响。

(3) 相关资产在使用寿命结束时或结束前被处置（出售、转入、报废等），尚未分摊的递延收益余额，应当一次性转入资产处置当期的损益，不再予以递延。

(4) 对相关资产划分为持有待售类别的，先将尚未分配的递延收益余额冲减相关资产的账面价值，再按照《企业会计准则第42号——持有待售的非流动资产、处置组和终止经营》的要求进行会计处理。

2) 净额法

总原则：将补助冲减相关资产账面价值。

(1) 如果企业先取得与资产相关的政府补助，再确认所购建的长期资产，应当将取得的政府补助先确认为递延收益，在相关资产达到预定可使用状态或预定用途时将递延收益冲减资产账面价值。

(2) 如果相关长期资产投入使用后企业再取得与资产相关的政府补助，应当在取得补助时冲减相关资产的账面价值，并按照冲减后的账面价值和相关资产的剩余使用寿命计提折旧或进行摊销。

【例题3·思考题】 华夏公司新建厂房项目为当地政府的重点支持项目。2×21年1月2日，华夏公司收到政府拨款3 000万元，用于补充厂房建设资金。2×21年6月30日新建厂房完工达到预定可使用状态交付使用，成本12 000万元，预计使用年限20年，采用直线法计提折旧，不考虑净残值，2×21年应确认其他收益为多少？

【解析】 2×21年固定资产计提折旧＝12 000÷20×6÷12＝300(万元)

2×21年递延收益分摊转为其他收益＝3 000÷20×6÷12＝75(万元)

【解析】 2×21年无形资产摊销＝12 000÷20×7÷12＝350(万元)

2×21年递延收益分摊转为其他收益的金额＝3 000÷20×7÷12＝87.5(万元)

递延收益分配的终点是“资产使用寿命结束或资产被处置时(孰早)”。相关资产在使用寿命结束前被处置(出售、转让、报废等)，尚未分配的递延收益余额应当一次性转入资产处置当期的收益,不再予以递延。

【例题4·综合题】 为扶持农业产业化经营,某市启动实施2×20年农业产业化市级重点龙头企业贷款项目财政贴息政策,A公司符合申报项目的支持范围,即用于企业扩大再生产、增加产品产量的基础设施建设和农副产品原料生产基地建设的贷款项目。2×20年1月1日,A公司为建造一项固定资产,向银行专门借款1 000万元,期限2年,年利率为6%,每年年末付息。当年1月1日,A公司向当地政府提出财政贴息申请。

2×20年1月1日支付工程款1 000万元。经审核,当地政府批准按照实际贷款额1 000万元给予A公司年利率3%的财政贴息,共计60万元(1 000×3%×2),分两次支付。2×20年6月15日,第一笔财政贴息资金30万元到账。2×20年12月31日工程完工,支付工程余款为500万元。该固定资产预计使用寿命10年,采用直线法计提折旧,不考虑净残值。此外,第二笔财政贴息资金30万元到账。

要求:编制相关会计分录。

【解析】

(1) 2×20年1月1日取得长期借款:

借:银行存款	10 000 000	
贷:长期借款		10 000 000

(2) 2×20年6月15日实际收到财政贴息,确认政府补助:

借:银行存款	300 000	
贷:递延收益		300 000

(3) 2×20年12月31日实际收到财政贴息,确认政府补助:

借:银行存款	300 000	
贷:递延收益		300 000

(4) 2×20年12月31日计提长期借款利息:

借:在建工程 (1 000×6%)	600 000	
贷:应付利息		600 000

(5) 支付利息:

借:应付利息	600 000	
贷:银行存款		600 000

(6) 计算2×20年12月31日该固定资产的成本:

固定资产的成本=1 000+500+60=1 560(万元)

(7) 2×21年1月开始计提折旧和分配递延收益:

借:制造费用(1 560÷10÷12)	130 000	
贷:累计折旧		130 000
借:递延收益(60÷10÷12)	5 000	
贷:其他收益		5 000

3. 政府补助的退回

已确认的政府补助需要退回的，应当需要在退回当期分情况按以下规定进行会计处理：

(1) 初始确认时冲减相关资产账面价值的，调整资产账面价值。

(2) 存在相关递延收益的，冲减相关递延收益账面余额，超出部分计入当期损益。

(3) 属于其他情况的，直接计入当期损益。

(4) 对于属于前期差错的政府补助退回，应当按照前期差错更正进行追溯调整。

【例题5·多选题】 下列各项关于已确认的政府补助需要退回的会计处理的表述中，正确的有(　　)。

A. 初始确认时计入其他收益或营业外收入的，直接计入当期损益

B. 初始确认时冲减相关成本费用或营业外支出的，直接计入当期损益

C. 初始确认时冲减资产账面价值的，调整资产账面价值

D. 初始确认时确认为递延收益的，冲减相关递延收益账面余额，超出部分计入当期损益

【答案】 ABCD

思考与练习

一、单选题

1. 下列项目中，属于与收益相关的政府补助的是(　　)。

A. 政府拨付的用于企业购买无形资产的财政拨款

B. 政府向企业无偿划拨长期非货币性资产

C. 政府对企业用于建造固定资产的相关贷款给予的政府补贴

D. 企业收到的先征后返的增值税

2. 企业取得与收益相关的政府补助，用于补偿已发生相关费用的，一般计入补偿当期的(　　)。

A. 资本公积　　B. 其他收益　　C. 其他业务收入　　D. 主营业务收入

3. 企业取得与资产相关的政府补助，实际收到款项时，借记“银行存款”科目，贷记(　　)科目。

A. “资本公积”　　B. “营业外收入”　　C. “其他业务收入”　　D. “递延收益”

4. 关于与资产相关的政府补助的确认，下列说法中，正确的是(　　)。

A. 企业取得与资产相关的政府补助，应当确认为递延收益

B. 企业取得与资产相关的政府补助，应当直接确认为当期损益

C. 企业取得与资产相关的政府补助，应当确认为资本公积

D. 企业取得与资产相关的政府补助，应当确认为补贴收入

5. 关于企业取得针对综合性项目的政府补助，下列说法中，正确的是(　　)。

A. 需将其分解为与资产相关部分和与收益相关两部分，分别进行处理

B. 无需分解而将其全部作为与收益相关的政府补助处理

C. 无需分解而将其全部作为与资产相关的政府补助处理

D. 难以区分为与资产相关和与收益相关的，将政府补助整体归类为与资产相关的政府

补助

6. 下列各项中，应作为政府补助核算的是(　　)。

A. 增值税直接减免　　B. 增值税即征即退

C. 增值税出口退税　　D. 所得税加计抵扣

7. 乙企业为一家储备粮企业，2×21年实际粮食储备量为10 000万斤。根据国家有关规定，财政部门按照企业的实际储备量给予每季度每斤0.039元的粮食保管费补贴，于每个季度初支付。乙企业2×21年1月月初收到财政拨付的补贴款。2×21年1月确认的其他收益为(　　)万元。

A. 390　　B. 130　　C. 260　　D. 0

8. 按照相关规定，粮食储备企业需要根据有关主管部门每季度下达的轮换计划出售陈粮，同时购入新粮。为弥补粮食储备企业发生的轮换费用，财政部门按照轮换计划中规定的轮换量支付给丙企业0.02元/斤的轮换费补贴。假设按照轮换计划，丙企业需要在2×20年第一季度轮换储备粮12 000万斤，款项尚未收到。2×21年1月，丙企业不正确的会计处理是(　　)。

A. 1月月初确认递延收益240万元

B. 1月月底确认其他收益80万元

C. 1月月底尚未分配的递延收益余额160万元

D. 1月月底尚未分配的递延收益余额320万元

9. 2×21年4月，华夏公司拟为处于研究阶段的项目购置一台实验设备。根据国家政策，华夏公司向有关部门提出补助500万元的申请。2×21年6月，政府批准了华夏公司的申请并拨付500万元，该款项于2×21年6月30日到账。2×21年6月5日，华夏公司购入该实验设备并投入使用，实际支付价款900万元(不含增值税额)。华夏公司采用年限平均法按5年计提折旧，预计净残值为0。不考虑其他因素，华夏公司因购入和使用该台实验设备对2×21年度损益的影响金额为(　　)万元。

A. −40　　B. −80　　C. 410　　D. 460

10. 2×20年度，华夏公司发生的相关交易或事项如下：①4月1日，华夏公司收到先征后返的增值税600万元。②6月30日，华夏公司以8 000万元的拍卖价格取得一栋已达到预定可使用状态的房屋，该房屋的预计使用年限为50年。当地政府为鼓励华夏公司在当地投资，于同日拨付华夏公司2 000万元，作为对华夏公司取得房屋的补偿。③8月1日，华夏公司收到政府拨付的300万元款项，用于正在建造的新型设备。至12月31日，该设备仍处于建造过程中。④10月10日，华夏公司收到当地政府追加的投资500万元。华夏公司按年限平均法对固定资产计提折旧。华夏公司2×20年度因政府补助应确认的收益金额是(　　)万元。

A. 600　　B. 620　　C. 900　　D. 3 400

二、多选题

1. 华夏公司为境内上市公司，2×20年发生的有关交易或事项包括：①因增资取得母公司投入资金1 000万元。②享有联营企业持有的以公允价值计量且其变动计入其他综合收益的金融资产当年公允价值增加额140万元。③收到税务部门返还的增值税款100万元。

④收到政府对公司前期已发生亏损的补贴 500 万元。华夏公司 2×20 年对上述交易或事项会计处理中，正确的有（　　）。

A. 收到返还的增值税款 100 万元确认为资本公积

B. 收到政府亏损补贴 500 万元确认为当期其他收益

C. 取得其母公司 1 000 万元投入资金确认为股本及资本公积

D. 应享有联营企业 140 万元的公允价值增加额确认为其他综合收益

2. 下列各项表述中，正确的有（　　）。

A. 实际收到先征后返方式返还的增值税税额 100 万元，属于政府补助

B. 实际收到先征后返方式返还的所得税税额 200 万元，属于政府补助

C. 实际收到增值税出口退税 300 万元，不属于政府补助

D. 实际收到行政无偿划拨的土地使用权，其公允价值 400 万元，属于政府补助

3. 华夏公司 2×20 年自财政部门取得以下款项：①2 月 20 日，收到拨来的以前年度已完成重点科研项目的经费补贴 260 万元。②6 月 20 日，取得国家对公司进行技改项目的支持资金 3 000 万元，用于购置固定资产，相关资产于当年 12 月 28 日达到预定可使用状态，预计使用 20 年，采用年限平均法计提折旧。③12 月 30 日，收到战略性新兴产业研究补贴 4 000 万元，该项目至取得补贴款时已发生研究支出 1 600 万元，预计项目结束前仍将发生研究支出 2 400 万元。假定上述政府补助在 2×20 年以前均未予以确认，不考虑其他因素影响，下列关于华夏公司 2×20 年对政府补助相关的会计处理中，正确的有（　　）。

A. 当期应计入损益的政府补助是 1 860 万元

B. 当期取得与收益相关的政府补助是 260 万元

C. 当期取得与资产相关的政府补助是 3 000 万元

D. 当期应计入资本公积的政府补助是 4 000 万元

4. 下列项目中，属于政府补助主要形式的有（　　）。

A. 财政拨款　　B. 财政贴息

C. 税收返还　　D. 行政划拨土地使用权

5. 与收益相关的政府补助的确认，下列说法中，正确的有（　　）。

A. 用于补偿企业以后期间的相关费用或损失的，确认为递延收益，并在确认相关费用的期间，计入当期损益

B. 用于补偿企业已发生的相关费用或损失的，直接计入当期损益

C. 用于补偿企业已发生的相关费用或损失的，应当调整期初留存收益

D. 用于补偿企业以后期间的相关费用或损失的，应直接计入当期损益

6. 与收益相关的政府补助，用于补偿企业以后期间相关费用或损失的，在核算时可能涉及的会计科目有（　　）。

A. “银行存款”　B. “其他业务收入”　C. “递延收益”　D. “营业外收入”

7. 下列有关政府补助的会计处理表述中，正确的有（　　）。

A. 与收益相关的政府补助，用于补偿企业以后期间费用或损失的，在取得时先确认为递延收益，然后在确认相关费用的期间计入当期其他收益

B. 与收益相关的政府补助，用于补偿企业已发生费用或损失的，取得时直接计入当期其他收益

C. 与资产相关的政府补助，应当确认为递延收益，然后自相关资产可供使用时起，在该项资产使用寿命内平均分配，计入当期营业外收入或其他收益

D. 与资产和收益均相关的政府补助，需要将其分解为与资产相关的部分和与收益相关的部分，分别进行会计处理

8. 下列各项中，属于政府补助的有（　　）。

A. 直接减免的税款　　B. 财政拨款

C. 税收返还　　D. 行政划拨的土地使用权

9. 下列事项中，属于与资产相关的政府补助的有（　　）。

A. 政府拨付的用于企业购买无形资产的财政拨款

B. 政府对企业用于建造固定资产给予的财政贴息

C. 政府向企业无偿划拨长期非货币性资产

D. 企业收到的即征即退的增值税

10. 关于政府补助的计量叙述中，正确的有（　　）。

A. 政府补助为货币性资产的，应当按照收到或应收的金额计量

B. 政府补助为货币性资产的，只有存在确凿证据表明该项补助是按照固定的定额标准拨付的，才可以在这项补助成为应收款时予以确认并按照应收的金额计量

C. 政府补助为非货币性资产的，应当按照公允价值计量

D. 政府补助为非货币性资产的，公允价值不能可靠取得的，按照名义金额计量

三、判断题

1. 政府向企业提供补助属于非互惠交易，具有无偿性的特点。（　　）

2. 企业收到的政府补助为非货币性资产的，如果没有注明价值，且没有活跃交易市场，不能可靠取得公允价值，应按该资产未来现金流量的现值作为入账价值。（　　）

3. 企业取得与资产相关的政府补助，应当确认为递延收益，并在该项资产使用寿命内分期计入当期损益。（　　）

4. 与资产和收益均相关的政府补助，如果难以区分哪些与资产相关，哪些与收益相关，则应该将整项政府补助归类为与收益相关的政府补助。（　　）

5. 与收益相关的政府补助，应当确认为递延收益。（　　）

四、计算及账务处理题

1. 2×20 年 4 月 1 日，A 粮食企业为购买储备粮从国家农发行借款 2 000 万元，期限 3 个月，同期银行贷款利率为 6%。自 2×20 年 4 月开始，财政部门于每季度初，按照 A 企业的实际贷款额和贷款利率拨付 A 企业贷款利息，A 企业收到财政部门拨付的利息后再支付给银行，A 企业按月确认损益。作出相应的会计处理。

2. 2×20 年 12 月，华夏公司收到财政部门拨款 2 000 万元，系对华夏公司 2×20 年执行国家计划内政策价差的补偿。华夏公司 A 商品单位售价为 5 万元/台，成本为 2.5 万元/台，但在纳入国家计划内政策体系后，华夏公司对国家规定范围内的用户销售 A 商品的售价为 3 万元/台，国家财政给予 2 万元/台的补贴。2×20 年，华夏公司共销售政策范围内 A 商品 1 000 件。作出相应的会计处理。

3. 2×19 年 3 月 1 日，政府拨付 A 公司战略性新兴产业研发补贴 1 000 万元财政拨款（同日到账），要求用于从国外购买大型科研设备一台及其国内配套设备；2×19 年 4 月 1 日，A 公司进口大型设备到达，以银行存款支付实际价款为 160 万美元（当日即期汇率为 1 美元＝6 元人民币），同日采用出包方式委托丙公司开始安装。2×19 年 4 月 3 日按合理估计的发包工程进度和合同规定向丙公司支付结算进度款 10 万元，2×19 年 6 月 30 日安装完毕，工程完工后，收到有关工程结算单据，实际安装费用 40 万元，补付工程款 30 万元。同日交付研发新产品的部门使用，使用寿命为 5 年，预计净残值为 40 万元，采用年数总和法计提年折旧额。2×21 年 6 月 30 日，A 公司出售了这台设备，取得价款 700 万元。作出相应的会计处理。

第九章 借 款 费 用

本章基本内容框架

- 借款费用概述
  - 借款范围
  - 借款费用的范围
    - 借款利息
    - 溢价或折价的摊销
- 借款费用的确认
  - 借款费用的确认原则
  - 借款费用资本化期间的确认
    - 借款费用开始资本化的起点
    - 借款费用暂停资本化时点的确定
    - 借款费用停止资本化时点的确定
- 借款费用的计量
  - 借款利息资本化金额的确定
    - 专门借款利息资本化金额的确定
    - 一般借款利息资本化金额的确定
  - 借款辅助费用资本化金额的确定
  - 外币专门借款汇兑差额资本化金额的确定

重点、难点讲解及典型例题

一、借款费用概述

1. 借款的范围

借款是企业筹集资金的具体方式，可以是向银行或其他金融机构等借入的款项。按照借款费用准则，借款包括专门借款和一般借款。专门借款是指为购建或者生产符合资本化条件的资产而专门借入的款项。一般借款是指除专门借款之外的借款。相对于专门借款而言，一般借款在借入时通常没有特指用于符合资本化条件的资产的购建或者生产。

2. 借款费用的范围

借款费用反映的是企业借入资金所付出的代价，是指企业因借款而发生的利息及其他相关成本。借款费用的范围如图 9-1 所示。

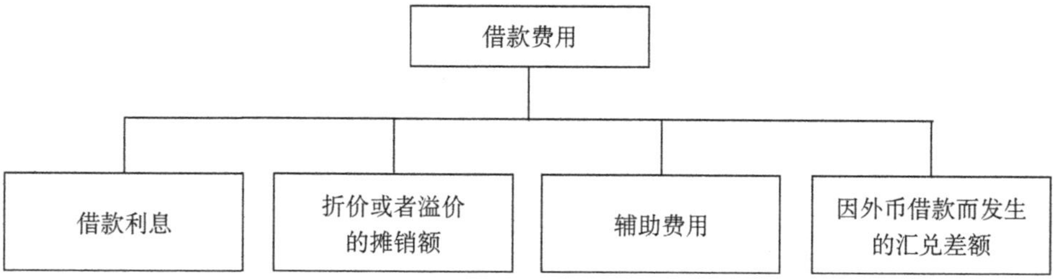

图 9-1 借款费用的范围

需要注意的是，企业发生的权益性融资费用，不应包括在借款费用中。但是，承租人根据租赁会计准则所确认的融资租赁发生的融资费用属于借款费用。

【例题 1·单选题】 下列各项中，不属于借款费用的是(　　)。

A. 外币借款发生的汇兑收益　　B. 承租人融资租赁发生的融资费用

C. 以咨询费的名义向银行支付的借款利息　　D. 发行股票支付的承销商佣金及手续费

【答案】 D

【解析】 企业发生的权益性融资费用不属于借款费用。

【例题 2·多选题】 下列项目中，属于借款费用的有(　　)。

A. 应付公司债券的利息　　B. 发行公司债券的手续费

C. 发行公司债券的折价　　D. 外币借款本金发生的汇兑差额

E. 发行股票的发行费用

【答案】 ABD

二、借款费用的确认

1. 借款费用的确认原则

企业发生的借款费用，可直接归属于符合资本化条件的资产的购建或者生产的，应当予以资本化，计入符合资本化条件的资产成本。其他借款费用，应当在发生时根据其发生额确认为财务费用，计入当期损益。

符合资本化条件的资产是指需要经过相当长时间(1 年或 1 年以上)的购建或者生产活动才能达到预定可使用或者可销售状态的固定资产、投资性房地产和存货等资产。

【例题 3·多选题】 下列项目中，符合借款费用资本化条件的资产是(　　)。

A. 需要 18 个月的生产活动才能达到销售状态的存货

B. 经过相当长时间的购建达到预定可使用状态的投资性房地产

C. 经过 2 年的建造可达到预定可使用状态的生产设备

D. 以经营租赁方式租入的生产设备

【答案】 ABC

【解析】 符合资本化条件的资产是指需要经过相当长时间(1 年或 1 年以上)的购建或者生产活动才能达到预定可使用或者可销售状态的固定资产、投资性房地产和存货等资产。以经营租赁方式租入的生产设备不属于承租方的资产。

【例题 4·多选题】 下列关于资本化的表述中，不正确的有(　　)。

A. 开发阶段支出应当资本化计入无形资产成本

B. 在建项目占用一般借款的，其借款利息可以资本化

C. 房地产开发企业不应将用于项目开发的借款费用资本化计入开发成本

D. 符合资本化条件的固定资产是指需要经过相当长时间的购建或者生产活动才能达到预定可使用状态的固定资产

【答案】 AC

【解析】 开发阶段支出符合资本化条件的计入无形资产成本，选项 A 错误；房地产开发企业用于项目开发的借款费用符合资本化条件的应计入开发成本，选项 C 错误。

2. 借款费用资本化期间的确定

借款费用的确认主要解决的是将每期发生的借款费用资本化计入相关资产的成本，还是将有关借款费用费用化计入当期损益的问题。企业只有发生在资本化期间内的有关借款费用，才允许资本化。资本化期间的确定是借款费用确认和计量的重要前提。借款费用资本化期间如图 9-2 所示。

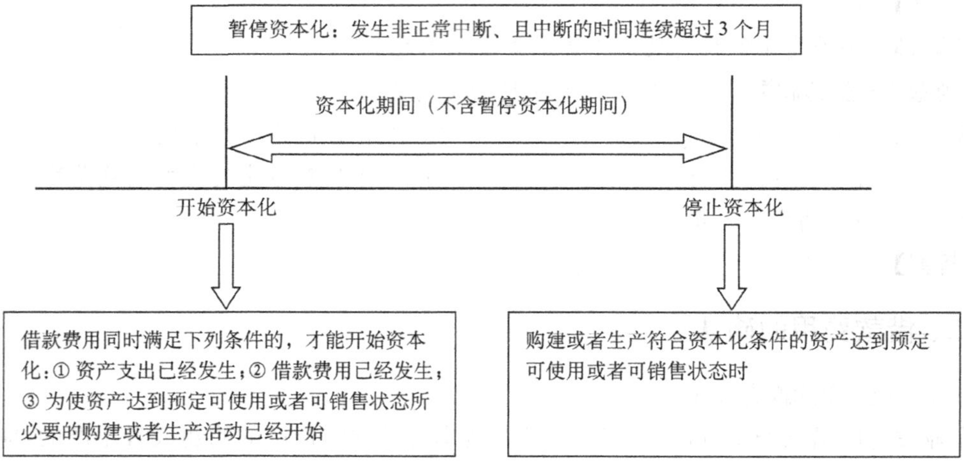

图 9-2　借款费用资本化期间

借款费用资本化期间是指从借款费用开始资本化时点到停止资本化时点的期间，但借款费用暂停资本化的期间不包括在内。只有发生在资本化期间内的借款费用，才允许资本化，它是借款费用确认和计量的重要前提。

借款费用资本化期间的确定包括三个时间的确定：借款费用开始资本化的时点、借款费用暂停资本化的时点和借款费用终止资本化的时点。

1）借款费用开始资本化的起点

借款费用允许开始资本化必须同时满足三个条件，即资产支出已经发生、借款费用已经发生、为使资产达到预定可使用或者可销售状态所必要的购建或者生产活动已经开始。这三个条件中，只要有一个条件不满足，相关借款费用就不能资本化。具体如图 9-3、表 9-1 所示。

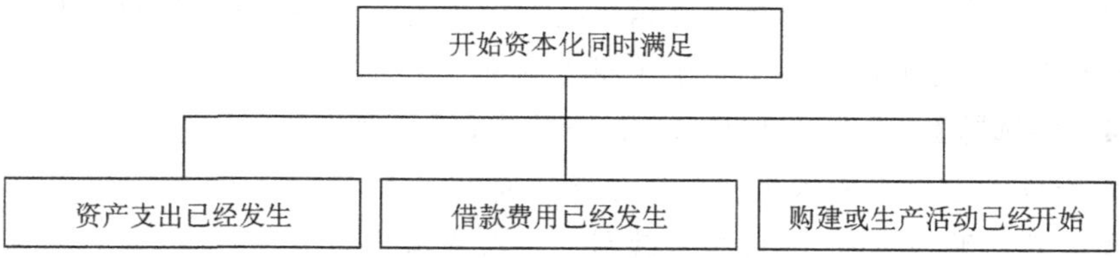

图 9-3　开始资本化的条件

表 9-1　借款费用开始资本化的条件

资本化时点	会计处理
资产支出已经发生	指企业已经发生了支付现金、转移非现金资产或者承担带息债务形式所发生的支出，赊购但承担的是不带息债务形式发生的支出不属于资产支出

（续表）

资本化时点	会计处理
借款费用已经发生	指企业已经发生了因购建或者生产符合资本化条件的资产而专门借入款项的借款费用或者所占用的一般借款的借款费用
购建或生产活动已经开始	指符合资本化条件的资产的实体建造或者生产工作已经开始，如主体设备的安装、厂房的实际开工建造等。它不包括仅仅持有资产但没有发生为改变资产形态而进行的实质上的建造或者生产活动

【例题5·多选题】 下列各项中，属于资产支出已经发生的有（　　）。

A. 提取在建工程人员福利费

B. 工程领用自产的产成品

C. 以银行存款购入工程物资

D. 购入工程物资，开出带息的商业汇票

E. 购入工程物资，货款尚未支付计入应付账款

【答案】 BCD

2）借款费用暂停资本化时点的确定

符合资本化条件的资产在购建或者生产过程中发生非正常中断且中断时间连续超过3个月的，应当暂停借款费用的资本化，如图9-4所示。中断的原因必须是非正常中断，属于正常中断的，相关借款费用仍可资本化。

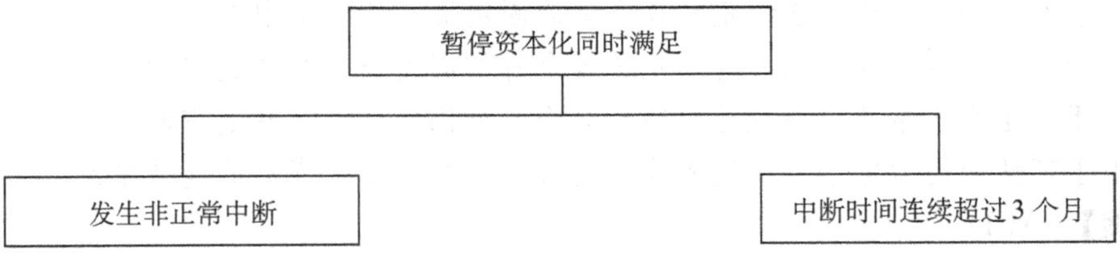

图9-4　暂停资本化的时点

其中，非正常中断通常是由企业管理决策上的原因或者其他不可预见的原因等所导致的中断，如图9-5所示。

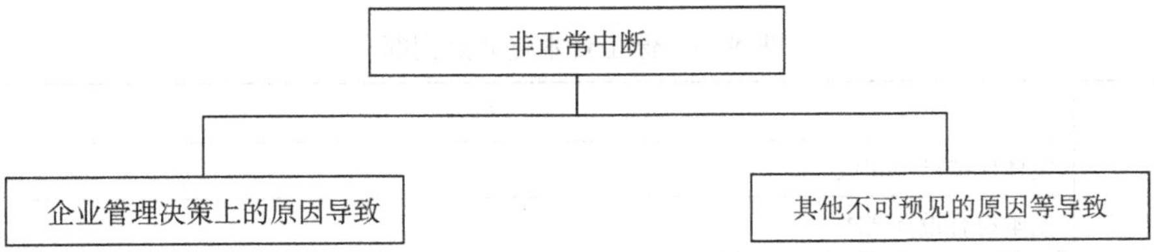

图9-5　非正常中断

而正常中断通常仅限于因购建或者生产符合资本化条件的资产达到预定可使用或者可销售状态所必要的程序，或者事先可预见的不可抗力因素导致的中断，如图9-6所示。

正常中断与非正常中断的区别见表9-2。

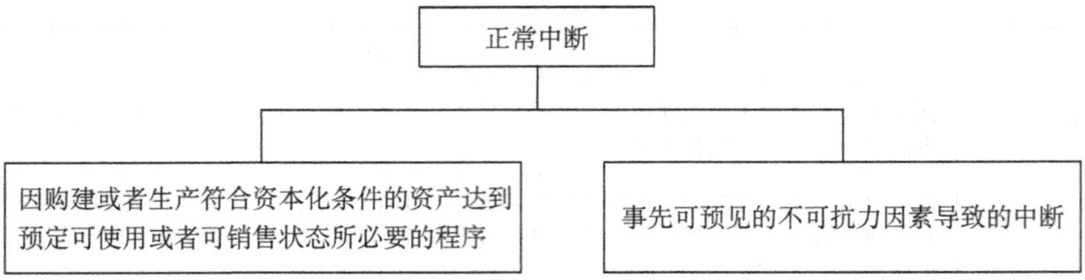

图 9-6　正常中断

表 9-2　正常中断与非正常中断

项目	概念	示例
正常中断	是指资产达到预定可使用或者可销售状态必要的程序、可预见的不可抗力导致的中断	① 正常测试、调试停工。 ② 东北因冬季无法施工而停工等
非正常中断	是指企业管理决策上的原因或者其他不可预见的原因等所导致的中断	① 企业因与施工方发生了质量纠纷。 ② 工程、生产用料没有及时供应。 ③ 资金周转发生了困难。 ④ 施工、生产发生了安全事故。 ⑤ 发生了劳动纠纷等

【例题 6 · 多选题】 下列情况中，属于非正常中断的有（　　）。

A. 由于劳务纠纷而造成连续超过 3 个月的固定资产的建造中断

B. 由于安全检查而造成连续超过 3 个月的固定资产的建造中断

C. 由于资金周转困难而造成连续超过 3 个月的固定资产的建造中断

D. 由于发生安全事故而造成连续超过 3 个月的固定资产的建造中断

E. 由于可预测的冰冻季节而造成连续超过 3 个月的固定资产的建造中断

【答案】 ACD

3）借款费用停止资本化时点的确定

购建或者生产符合资本化条件的资产达到预定可使用或者可销售状态时，借款费用应当停止资本化。在符合资本化条件的资产达到预定可使用或者可销售状态之后所发生的借款费用，应当在发生时根据其发生额确认为费用，计入当期损益。停止资本化时点的判断如表 9-3 所示。

表 9-3　停止资本化时点判断

项目	概念
停止资本化（其中之一）	实体建造已经完成
	基本符合设计要求
	后续支出金额很少
	分别建造、分别完工的资产，如果完工部分能够独立使用或销售，完工部分借款费用应当停止资本化
	分别建造、分别完工的资产，必须等到整体完工后才可使用或者可对外销售的，应当在该资产整体完工时停止借款费用的资本化

【例题 7 · 多选题】 在符合借款费用资本化条件的会计期间，下列有关借款费用的会计

处理中,符合会计准则规定的有(　　)。

A. 购建或者生产符合资本化条件的资产达到预定可使用或者可销售状态时,借款费用应当停止资本化

B. 为购建固定资产借款资本化的利息金额,不应超过当期专门借款实际发生的利息

C. 为购建固定资产活动发生正常中断且中断持续时间超过3个月的,中断期间的利息应计入建造成本

D. 购建固定资产活动发生的非正常中断且中断时间未超过3个月的,中断期间的利息应计入建造成本

【答案】 ABCD

【例题8·多选题】 所购建固定资产达到预定可使用状态指资产已经达到购买方或建造方预定的可使用状态。其判断标准包括(　　)。

A. 固定资产的实体建造(包括安装)工作已经全部完成或者实质上已经完成

B. 所购建的固定资产与设计要求或合同要求相符或基本相符,即使有极个别与设计或合同要求不相符的地方,也不影响其正常使用

C. 继续发生在所购建固定资产上的支出金额很少或几乎不再发生

D. 如果所购建固定资产需要试生产或试运行,则在试生产结果表明资产能够正常生产出合格产品时,或试运行结果表明能够正常运转或营业时,就应当认为资产已经达到预定可使用状态

【答案】 ABCD

三、借款费用的计量

1. 借款利息资本化金额的确定

借款费用应予资本化的借款包括专门借款和一般借款。在借款费用资本化期间内,每一会计期间的利息资本化金额,也要区分为专门借款利息资本化金额和一般借款利息资本化金额。

1) 专门借款利息资本化金额的确定

为购建或者生产符合资本化条件的资产而借入专门借款的,应当以专门借款当期实际发生的利息费用,减去将尚未动用的借款资金存入银行取得的利息收入或进行暂时性投资取得的投资收益后的金额,确定专门借款应予资本化的利息金额。

$$\begin{matrix}\text{专门借款利息}\\\text{费用资本化金额}\end{matrix}=\begin{matrix}\text{当期实际发生的}\\\text{专门借款利息费用}\end{matrix}-\begin{matrix}\text{尚未动用的专门借款派生的}\\\text{利息收入或投资收益}\end{matrix}$$

其中,当期实际发生的专门借款利息费用的计算,不考虑资产支出情况,直接根据专门借款金额、资本化期间及借款利率计算。

尚未动用的借款资金存入银行取得的利息收入或进行暂时性投资取得的投资收益是指专门借款在未使用的时间段内存入银行或进行暂时性投资所取得的利息收入或投资收益金额。

2) 一般借款利息资本化金额的确定

企业为购建或者生产符合资本化条件的资产而占用了一般借款的,企业应当根据累计资产支出超过专门借款部分的资产支出加权平均数乘以所占用一般借款的资本化率,计算

确定一般借款应予资本化的利息金额。

计算一般借款利息费用资本化金额的步骤如下：

（1）计算所占用一般借款的资本化率。

$$所占用一般借款的资本化率=\frac{所占用一般借款当期实际发生的利息之和}{所占用一般借款本金加权平均数}$$

$$\begin{matrix}所占用一般借款\\本金加权平均数\end{matrix}=\sum\left(\begin{matrix}所占用每笔\\一般借款本金\end{matrix}\times\begin{matrix}每笔一般借款在当期\\所占用的天数\end{matrix}\div\begin{matrix}当期\\天数\end{matrix}\right)$$

（2）计算累计资产支出加权平均数。

$$\begin{matrix}累计资产支出\\加权平均数\end{matrix}=\sum\left(\begin{matrix}每笔资产\\支出金额\end{matrix}\times\begin{matrix}每笔资产支出在\\当期所占用的天数\end{matrix}\div\begin{matrix}当期\\天数\end{matrix}\right)$$

（3）计算一般借款利息费用资本化金额。

$$\begin{matrix}一般借款利息\\费用资本化金额\end{matrix}=\begin{matrix}累计资产支出超过专门借款部分\\的资产支出加权平均数\end{matrix}\times\begin{matrix}所占用一般借款\\的资本化率\end{matrix}$$

一般的账务处理如下：

长期借款筹款方式：

借：在建工程
　　财务费用
　　贷：应付利息

公司债筹款方式：

借：在建工程
　　财务费用
　　贷：应付债券——利息调整（可借）
　　　　　　　——应计利息（或应付利息）

需要注意的是，借款存在折价或者溢价的，应当按照实际利率法确定每一会计期间应摊销的折价或溢价金额，调整每期利息金额。同时，每一会计期间的利息资本化金额，不应超过当期相关借款实际发生的利息金额。

【例题 9 · 单选题】 下列借款费用在满足资本化条件进行资本化时，应当考虑累计资产支出加权平均数的是（　　）。

A. 专门借款的借款利息　　B. 专门借款的辅助费用

C. 外币专门借款汇兑差额　　D. 一般借款的借款利息

【答案】 D

【例题 10 · 单选题】 A 公司为建造厂房于 2×21 年 4 月 1 日从银行借入 4 000 万元专门借款，借款期限为 2 年，年利率为 6%。2×21 年 7 月 1 日，A 公司采取出包方式委托 B 公司为其建造该厂房，并预付了 1 000 万元工程款，厂房实体建造工作于当日开始。该工程因发生施工安全事故在 2×21 年 8 月 1 日至 11 月 30 日中断施工，12 月 1 日恢复正常施工，至年末工程尚未完工。2×21 年将未动用借款资金进行暂时性投资获得投资收益 20 万元，其中资本化期间内的闲置资金获得投资收益 14 万元。该项厂房建造工程在 2×21 年度应予资本化的利息金额为(　　)万元。

A. 160　　B. 26　　C. 106　　D. 20

【答案】 B

【解析】 资本化期间为当年7月和12月计2个月，4 000×6%×2÷12－14＝26(万元)。

【例题11·单选题】 华夏公司建造生产线，该工程预计工期为2年，建造活动自2×21年7月1日开始，当日预付承包商建设工程款为6 000万元。9月30日，追加支付工程进度款为4 000万元。华夏公司生产线建造工程占用借款包括：①2×21年6月1日借入的3年期专门借款8 000万元，年利率为6%；②2×21年1月1日借入的2年期一般借款6 000万元，年利率为7%。华夏公司将部分闲置专门借款投资于货币市场基金，月收益率为0.6%。不考虑其他因素，2×21年，华夏公司建造该建设工程应予以资本化的利息费用是(　　)万元。

A. 239　　B. 245　　C. 275　　D. 279

【答案】 A

【解析】 专门借款资本化金额＝8 000×6%×6÷12－2 000×0.6%×3＝204(万元)，一般借款资本化金额＝2 000×7%×3÷12＝35(万元)，2×21年，华夏公司建造该生产线应予以资本化的利息费用＝204＋35＝239(万元)。

【小结】 专门借款与一般借款资本化利息的计算如表9-4所示。

表9-4　专门借款与一般借款资本化利息的计算

	专门借款	一般借款
资本化利息费用	资本化利息费用金额＝资本化期间专门借款本金发生的利息金额－资本化期间闲置资金的投资收益或利息收入 【与专门借款的具体支出数无关，资本化期间发生的全部利息费用均应资本化】	资本化利息费用金额＝累计资产支出超过专门借款部分的资产支出加权平均数×一般借款的资本化率
费用化利息费用	费用化利息费用金额＝费用化期间专门借款本金发生的利息金额－费用化期间闲置资金的投资收益或利息收入	费用化利息费用金额＝一般借款利息总额－一般借款资本化利息费用－一般借款闲置资金的投资收益或利息收入

2. 借款辅助费用资本化金额的确定

专门借款发生的辅助费用的处理，分为以下两种情况。

(1) 所购建或者生产的符合资本化条件的资产达到预定可使用或者可销售状态之前发生的，应当在发生时根据其发生额予以资本化，计入符合资本化条件的资产的成本。

(2) 在所购建或者生产的符合资本化条件的资产达到预定可使用或者可销售状态之后所发生的，应当在发生时根据其发生额确认为费用，计入当期损益。

3. 外币专门借款汇兑差额资本化金额的确定

借款费用准则规定，在资本化期间内，外币专门借款本金及其利息的汇兑差额，应当予以资本化，计入符合资本化条件的资产的成本。而除外币专门借款之外的其他外币借款本金及其利息所产生的汇兑差额应当作为财务费用，计入当期损益。具体如表9-5所示。

表 9-5　外币专门借款汇兑差额的处理

	专门借款	一般借款
外币借款	外币专门借款本金和利息的汇兑差额	一般借款产生的汇兑差额
	资本化期间予以资本化，计入资产成本	计入当期损益

思考与练习

一、单选题

1. 借款费用准则中的专门借款是指（　　）。

A. 为购建或者生产符合资本化条件的资产而专门借入的款项

B. 发行债券借款

C. 长期借款

D. 技术改造借款

2. 不属于借款费用的是（　　）。

A. 借款手续费　　B. 发行公司债券本金

C. 借款利息　　D. 发行股票佣金

3. 资本化期间内在确定借款费用资本化金额时，与专门借款有关的利息收入应（　　）。

A. 计入营业外收入　　B. 计入资本公积

C. 计入当期财务费用　　D. 冲减借款费用资本化的金额

4. 关于辅助费用以及因外币借款而发生的汇兑差额，下列说法中，不正确的是（　　）。

A. 在资本化期间内，外币专门借款本金及利息的汇兑差额，应当予以资本化，计入符合资本化条件的资产成本

B. 在资本化期间内，外币专门借款本金及利息的汇兑差额的计算不与资产支出相挂钩

C. 专门借款发生的辅助费用，在所购建或者生产的符合资本化条件的资产达到预定可使用状态或者可销售状态之前发生的，应当在发生时根据其发生额予以资本化，计入符合资本化条件的资产的成本

D. 专门借款发生的辅助费用，在计算其资本化金额时应与资产支出相挂钩

5. 某企业于 2×21 年 1 月 1 日开工建造一项固定资产，该企业为建造该固定资产于 2×20 年 12 月 1 日专门借入一笔款项，本金为 1 000 万元，年利率为 9%，期限为 2 年。该企业另借入两笔一般借款：第一笔为 2×21 年 1 月 1 日借入的 800 万元，借款年利率为 8%，期限为 2 年；第二笔为 2×21 年 7 月 1 日借入的 500 万元，借款年利率为 6%，期限为 3 年；2×21 年12 月 31 日该固定资产全部完工并投入使用，该企业 2×21 年为购建固定资产而占用的一般借款所使用的资本化率为（　　）。

A. 7.00%　　B. 7.52%　　C. 6.80%　　D. 6.89%

6. 华夏公司股东大会于 2×21 年 1 月 4 日作出决议，决定建造厂房。为此，华夏公司于 3 月 5 日向银行专门借款 5 000 万元，年利率为 6%，款项于当日划入华夏公司银行存款账户。3 月 15 日，厂房正式动工兴建。3 月 16 日，华夏公司购入一批建造厂房用水泥和钢材，价款 500 万元，当日用银行存款支付。3 月 31 日，计提当月专门借款利息。华夏公司在 3 月

份没有发生其他与厂房购建有关的支出，则华夏公司专门借款利息应开始资本化的时间为（　　）。

A. 3月5日　　B. 3月15日　　C. 3月16日　　D. 3月31日

7. 长期借款所发生的利息支出、汇兑损益等借款费用，不能记入以下科目的是（　　）。

A. “在建工程”　　B. “管理费用”　　C. “财务费用”　　D. “营业外支出”

8. 生产经营期间，如果某项固定资产的购建发生非正常中断，并且中断时间超过3个月（含3个月），应当将中断期间所发生的借款费用，记入（　　）科目。

A. “长期待摊费用”　　B. “在建工程成本”

C. “营业外支出”　　D. “财务费用”

9. 予以资本化的借款费用记入（　　）科目。

A. “资产成本”　　B. “当期损益”　　C. “财务费用”　　D. “借款费用”

10. 符合资本化条件的资产发生借款费用予以资本化时，要与资产支出挂钩的有（　　）。

A. 专门借款利息　　B. 专门借款的溢价摊销

C. 一般借款利息　　D. 外币专门借款的汇兑差额

二、多选题

1. 下列项目中，属于借款费用应予资本化的资产范围的有（　　）。

A. 经过相当长时间的购建达到预定可使用状态的投资性房地产

B. 需要18个月的生产活动才能达到销售状态的存货

C. 以经营租赁方式租入的生产设备

D. 经过2年的建造可达到预定可使用状态的生产设备

E. 经过3个月即可达到预定可使用状态的生产设备

2. 下列项目中，属于借款费用的有（　　）。

A. 承租人根据租赁会计准则的规定确认的融资租赁发生的融资费用

B. 因外币借款所发生的汇兑差额

C. 发行公司债券发生的溢价

D. 发行公司债券折价的摊销

E. 发生的权益性融资费用

3. 借款费用包括（　　）。

A. 因借款而发生的利息　　B. 折价或溢价的摊销

C. 因外币借款而发生的汇兑差额　　D. 发生的权益性融资费用

E. 承租人根据租赁会计准则所确认的融资租赁发生的融资费用

4. 借款费用准则中的资产支出包括（　　）。

A. 为购建符合资本化条件的资产而支付的现金

B. 为购建符合资本化条件的资产而转移非现金资产

C. 为购建符合资本化条件的资产而承担带息债务形式发生的支出

D. 计提在建工程人员工资

E. 赊购工程物资（不带息）

5. 企业为购建固定资产专门借入的款项所发生的借款费用，停止资本化的时点有（　　）。

A. 所购建固定资产与设计要求或合同要求相符或基本相符
B. 固定资产的实体建造工作已经全部完成或实质上已经完成时
C. 继续发生在所购建固定资产上的支出金额很少或者几乎不再发生时
D. 需要试生产的固定资产在试生产结果表明资产能够正常生产出合格产品时

三、判断题

1. 外币专门借款及其利息所产生的汇兑差额应当予以资本化，计入固定资产的成本。 （　）

2. 在借款费用允许资本化的期间内发生的外币一般借款汇兑差额，应当计入以该外币一般借款所购建固定资产的成本。 （　）

3. 资本化期间内，闲置专门借款资金取得的固定收益债券利息收入应直接计入当期投资收益。 （　）

4. 在资本化期间内，一般外币借款本金及利息所产生的汇兑差额一律计入当期损益。 （　）

5. 专门借款实际发生的借款利息减去闲置资金的利息收入或投资收益后的金额应全部资本化。 （　）

6. 借款费用开始资本化的条件包括资产支出已经发生、借款费用已经发生、为使资产达到预定可使用或者可销售状态所必要的购建或者生产活动已经开始。只要满足其中的一个条件就可以资本化。 （　）

7. 借款费用资本化期间是指从借款费用开始资本化时点到停止资本化时点的整个期间。 （　）

8. 企业发生的借款费用，可直接归属于固定资产的购建或者生产的，应当予以资本化。 （　）

9. 企业为生产产品而借入的银行借款所产生的利息，不能进行资本化。 （　）

10. 借款利息，仅包括企业向银行或者其他金融机构等借入资金发生的利息、发行公司债券发生的利息。 （　）

四、计算及账务处理题

1. 华夏公司为建造一栋办公楼，于2×20年12月1日借入期限为3年、本金为1 000万元、年利率为6%、按年付息到期一次还本的专门借款。另外，华夏公司有一般借款200万元，年利率为7%，期限为2年，每年年末计提利息，将于2×22年6月30日到期。

工程采用出包方式，2×21年1月1日，用银行存款支付工程价款300万元；后因工程质量纠纷于2×21年3月1日到2×21年6月30日发生非正常中断。2×21年9月1日用银行存款支付工程价款800万元，工程于2×22年1月31日达到预定可使用状态。2×22年2月10日办理竣工决算，2×22年2月28日交付使用。

华夏公司借款费用按年资本化。2×21年未动用的专门借款资金取得的利息收入分别为：1月1日到2月28日的2万元，3月1日到6月30日为4万元，7月1日到9月1日为2万元。

要求：

(1) 指出借款费用开始资本化的时点和停止资本化的时点。

(2) 计算 2×21 年借款利息资本化的金额。

(3) 编制华夏公司 2×21 年年末计提利息的有关会计分录。

2. 华夏公司于 2×21 年 1 月 1 日动工兴建一办公楼，工程采用出包方式，每半年支付一次工程进度款。工程于 2×22 年 6 月 30 日完工，达到预计可使用状态。

华夏公司建造工程资产支出如下：

(1) 2×21 年 1 月 1 日，支出 3 000 万元。

(2) 2×21 年 7 月 1 日，支出 5 000 万元，累计支出 8 000 万元。

(3) 2×22 年 1 月 1 日，支出 3 000 万元，累计支出 11 000 万元。

华夏公司为建造办公楼于 2×21 年 1 月 1 日专门借款 4 000 万元，借款期限为 3 年，年利率为 8%，按年支付利息。除此之外，无其他专门借款。办公楼的建造还占用两笔一般借款：

(1) 从 A 银行取得长期借款 4 000 万元，期限为 2×20 年 12 月 1 日至 2×23 年 12 月 1 日，年利率为 6%，按年支付利息。

(2) 发行公司债券 2 亿元，发行日为 2×20 年 1 月 1 日，期限为 5 年，年利率为 8%，按年支付利息。

闲置专门借款资金用于固定收益债券临时性投资，暂时性投资月收益率为 0.5%。假定全年按 360 天计算。

要求：

(1) 计算 2×21 年和 2×22 年专门借款利息资本化金额。

(2) 计算 2×21 年和 2×22 年一般借款利息资本化金额。

(3) 计算 2×21 年和 2×22 年利息资本化金额。

(4) 编制 2×21 年和 2×22 年与利息资本化金额有关的会计分录。

第十章 股份支付

本章基本内容框架

- 股份支付概述
  - 股份支付的定义和特征
  - 股份支付四个主要环节
  - 股份支付工具的主要类型
- 权益结算的股份支付
  - 确认和计量的原则
  - 可行权条件的种类、处理和修改
  - 股份支付的会计处理
- 现金结算的股份支付
  - 确认和计量的原则
  - 股份支付的会计处理

重点、难点讲解及典型例题

一、股份支付概述

股份支付的主要内容如表 10-1、表 10-2 所示。

表 10-1 股份支付的主要内容

概念	股份支付指企业为获取职工和其他方提供服务而授予权益工具或承担以权益工具为基础确定的负债的交易		
主要环节	等待期	授予日	股份支付协议获得股东大会或类似机构批准的日期
		可行权日	指可行权条件得到满足、职工或其他方具有从企业取得权益工具或现金权利的日期
	禁售期	行权日	行使权利、获取现金或权益工具的日期
		出售日	持有人将行使期权所取得的期权股票出售的日期

表 10-2 股份支付的类型及举例

类型	以权益结算的股份支付	为获取服务而以股份或其他权益工具作为对价进行结算的交易
	以现金结算的股份支付	为获取服务而承担的以股份或其他权益工具为基础计算的交付现金或其他资产的义务的交易
举例	以权益结算的股份支付	限制性股票、股票期权
	以现金结算的股份支付	模拟股票、现金股票增值权

【例题 1 · 单选题】 下列关于股份支付的说法中，表述正确的是（　　）。

A. 股份支付是企业与股东之间发生的交易

B. 股份支付是以获取职工或其他方服务为目的的交易

C. 股份支付是企业为获取服务而以股份或其他权益工具作为对价进行结算的交易

D. 股份支付是企业为获取服务承担以股份或其他权益工具为基础计算确定的交付现金或其他资产义务的交易

【答案】 B

【解析】 本题考核股份支付的概念、特征和分类。股份支付是指企业为获取职工和其他方提供服务而授予权益工具或者承担以权益工具为基础确定的负债的交易。

【例题 2 · 单选题】 下列各项中，应当作为以现金结算的股份支付进行会计处理的是(　　)。

A. 以低于市价向员工出售限制性股票的计划

B. 授予高管人员低于市价购买公司股票的期权计划

C. 公司承诺达到业绩条件时向员工无对价定向发行股票的计划

D. 授予研发人员以预期股价相对于基准日股价的上涨幅度为基础支付奖励款的计划

【答案】 D

【解析】 选项 ABC，均应当作为以权益结算的股份支付进行处理。

【例题 3 · 单选题】 下列各项交易或事项中，属于股份支付的是(　　)。

A. 股份有限公司向其股东分派股票股利

B. 股份有限公司向其高管授予股票期权

C. 债务重组中债务人向债权人定向发行股票抵偿债务

D. 企业合并中合并方向被合并方股东定向增发股票作为合并对价

【答案】 B

【解析】 选项 A，是分配股利；选项 C，是债务重组业务；选项 D，是以股票为对价的企业合并；只有选项 B，是股份支付。

二、股份支付条件的种类

股份支付条件的种类如图 10-1 所示。

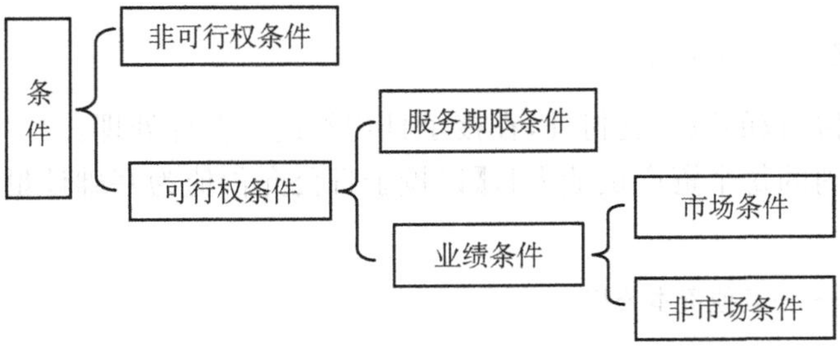

图 10-1 股份支付条件的种类

可行权条件是指能够确定企业是否得到职工或其他方提供的服务且该服务使职工或其他方具有获取权益工具或现金等权利的条件。

业绩条件是指职工或其他方完成规定服务期限且企业已达到特定业绩目标才行权的条件，包括市场条件和非市场条件。其中：市场条件是指行权价格等与权益工具市场价格相关的业绩条件。非市场条件是指除市场条件之外的其他业绩条件，如最低盈利目标。服务期限条件是指职工或其他方完成规定服务期限才可行权。

【例题4·思考题】 市场条件:经股东大会批准,华夏公司实施股权激励计划,向其10名高管人员每人授予10万份股票期权。可行权条件为:如果3年后股价达到了50元/股,高管人员即可以低于市价的价格购买一定数量的本公司股票。实际情况:第1年30元/股,第2年40元/股,第3年48元/股。请问,等待期为几年?企业是否在每年年末需确认费用?

【答案】 等待期为3年,不需要单独计算等待期的长短。管理层成员满足了市场条件之外的全部可行权条件。尽管3年后股价未达到50元/股,即市场条件未得到满足,华夏公司在3年中各年年末也均确认了收到的管理层提供的服务,并相应确认了费用。所以,市场条件没有得到满足,也不影响企业对预计可行权情况的估计,在这3年中,每年年末应确认相关的成本费用,这些费用不应再转回。

三、以权益结算的股份支付

1. 股份支付的确认和计量原则

有等待期的权益结算的股份支付的处理:企业应在等待期内的每个资产负债表日,以对可行权权益工具数量的最佳估计为基础,按照权益工具在授予日的公允价值,将当期取得的服务计入相关资产成本或当期费用,同时计入资本公积中的其他资本公积。

没有等待期的权益结算的股份支付的处理:对于授予后立即可行权的换取职工提供服务的权益结算的股份支付,应在授予日按照权益工具的公允价值,将取得的服务计入相关资产成本或当期费用,同时计入资本公积中的股本溢价。

换取其他方服务的,应优先采用所提供服务的公允价值。

2. 股份支付的会计处理

权益结算的股份支付的处理:

(1) 授予日。

① 立即可行权的股份支付【按授予日权益工具的公允价值】。

借:管理费用等

　　贷:资本公积——股本溢价

② 除了立即可行权的股份支付外,在授予日均不进行会计处理。

(2) 在等待期内的每个资产负债表日【以授予日公允价值为基础计量】。

借:管理费用等

　　贷:资本公积——其他资本公积

(3) 可行权日之后。

对于权益结算的股份支付,在可行权日之后不再对已确认的成本费用和所有者权益总额进行调整。

(4) 行权日。

借:银行存款

　　资本公积——其他资本公积

　　贷:股本

　　　　资本公积——股本溢价

【例题5·多选题】 下列各项关于附等待期的股份支付会计处理的表述中，正确的有（　　）。

A. 以权益结算的股份支付，相关权益性工具的公允价值在授予日后不再调整

B. 以现金结算的股份支付在授予日不作会计处理，但权益结算的股份支付应予处理

C. 市场条件的股份支付，应在所有市场及非市场条件均满足时确认相关成本费用

D. 业绩条件为非市场条件的股份支付，等待期内应根据后续信息调整对可行权情况的估计

【答案】 AD

【解析】 选项B，除非是立即可行权的股份支付，否则不论是现金结算的股份支付还是权益结算的股份支付，在授予日均不作处理；选项C，没有满足市场条件时，只要满足了其他非市场条件，企业也应当确认相关的成本费用。

3. 回购股份进行职工期权激励

企业以回购股份形式奖励本企业职工的，属于权益结算的股份支付，应当进行以下处理：

（1）回购股份同时进行备查登记。

借：库存股（实际成本）

　　贷：银行存款

（2）确认成本费用。

借：管理费用等

　　贷：资本公积——其他资本公积

（3）职工行权。

借：银行存款（企业收到的股票价款）

　　资本公积——其他资本公积（等待期内资本公积累计确认的金额）

　　贷：库存股（交付给职工的库存股成本）

　　　　资本公积——股本溢价（差额）

【例题6·单选题】 2×19年1月1日，华夏公司向50名高管人员每人授予2万份股票期权，这些人员从被授予股票期权之日起连续服务满2年，即可按每股6元的价格购买华夏公司2万股普通股股票（每股面值1元）。该期权在授予日的公允价值为每份12元。2×19年10月20日，华夏公司从二级市场以每股15元的价格回购本公司普通股股票100万股，拟用于高管人员股权激励。

在等待期内，华夏公司没有高管人员离职。2×19年12月31日，高管人员全部行权，当日华夏公司普通股市场价格为每股16元。2×19年12月31日，华夏公司因高管人员行权应确认的股本溢价为（　　）万元。

A. 200　　B. 300　　C. 500　　D. 1 700

【答案】 B

【解析】 回购股份时，分录如下：

借：库存股　　15 000 000
　　贷：银行存款　　15 000 000

等待期内每个资产负债表日确认费用，分录如下：

借：管理费用　　6 000 000
　　贷：资本公积——其他资本公积　　6 000 000

行权时分录如下：

借：银行存款　　6 000 000
　　资本公积——其他资本公积(600×2)　　12 000 000
　　贷：库存股　　15 000 000
　　　　资本公积——股本溢价　　3 000 000

四、以现金结算的股份支付

1. 股份支付的确认和计量原则

有等待期的现金结算的股份支付的处理：企业应当在等待期内的每个资产负债表日，以对可行权情况的最佳估计为基础，按照企业承担负债的公允价值，将当期取得的服务计入相关资产成本或当期费用，同时计入负债，并在可行权日之后、结算日之前的每个资产负债表日和结算日对负债（应付职工薪酬）的公允价值进行重新计量，并将其变动计入损益。

没有等待期的现金结算的股份支付的处理：对于授予后立即可行权的现金结算的股份支付，企业应当在授予日按照企业承担负债的公允价值计入相关资产成本或费用，同时计入负债，并在结算前的每个资产负债表日和结算日对负债的公允价值进行重新计量，并将其变动计入损益。

2. 股份支付的会计处理

现金结算的股份支付的处理：

(1) 授予日。

① 立即可行权的股份支付：

借：管理费用等
　　贷：应付职工薪酬

【按授予日企业承担负债的公允价值，并在结算前的每个资产负债表日和结算日对负债的公允价值重新计量，将其变动计入损益】

② 除了立即可行权的股份支付外，在授予日均不进行会计处理。

(2) 在等待期内的每个资产负债表日。【以每个资产负债表日公允价值为基础计量】

借：管理费用等
　　贷：应付职工薪酬

(3) 可行权日之后。

对于现金结算的股份支付，企业在可行权日之后不再确认成本费用，公允价值的变动应当计入当期损益（公允价值变动损益）。【以资产负债表日公允价值为基础计量】

借：公允价值变动损益

　　贷：应付职工薪酬（或相反）

（4）行权日。

借：应付职工薪酬

　　贷：银行存款

【例题7·单选题】 在可行权日之后，与现金结算的股份支付有关的应付职工薪酬公允价值发生变动的，企业应将该变动金额计入（　　）。

A. 当期损益　　B. 盈余公积　　C. 资本公积　　D. 未分配利润

【答案】 A

【解析】 现金结算的股份支付，可行权日后负债的公允价值变动应记入“公允价值变动损益”科目，即计入当期损益。

【例题8·单选题】 以现金结算的股份支付，企业应在可行权日之后的每个资产负债表日重新计量有关负债的公允价值，并将其与账面价值的差额列示在利润表中的项目为（　　）。

A. 投资收益　　B. 管理费用

C. 营业外收入　　D. 公允价值变动收益

【答案】 D

【解析】 对于现金结算的股份支付，可行权日之后负债的公允价值变动应计入“公允价值变动损益”，在利润表的“公允价值变动收益”项目下列示。

思考与练习

一、单选题

1. 下列表述中，属于股份支付的是（　　）。

A. 华夏公司与其高管人员达成一项协议，若高管人员在本企业服务满3年，期满后甲企业将支付每人100万元作为奖励

B. 华美公司为其100名中层以上管理人员每人授予100份现金股票增值权，这些人员从2×16年1月1日起必须在该公司连续服务3年，即可按照当时股价的增长幅度获得现金

C. 丙公司根据股东的持股比例向股东支付相应数量的股份

D. 合并交易中合并方向被合并方支付股票以取得被合并方的股权

2. 下列各项中，应当作为以现金结算的股份支付进行会计处理的是（　　）。

A. 以低于市价向员工出售限制性股票的计划

B. 授予高管人员低于市价购买公司股票的期权计划

C. 公司承诺达到业绩条件时向员工无对价定向发行股票的计划

D. 授予高管人员以根据股价的上涨幅度为基础获得现金的计划

3. 下列各项有关权益结算的股份支付的说法中，正确的是（　　）。

A. 以权益结算的股份支付换取职工提供服务的，在授予日应当以授予日权益工具的公允价值计量

B. 对于权益结算的股份支付，应当按照每个资产负债表日权益工具的公允价值重新计量，确认成本费用和资本公积

C. 对于权益结算的股份支付，在可行权日之后不再对已确认的成本费用和所有者权益总额进行调整

D. 对于权益结算的股份支付，在可行权日之后不再确认成本费用，负债公允价值的变动计入当期损益

4. 海峰公司为一上市公司，2×17 年 1 月 1 日，海峰公司向本公司 100 名管理人员每人授予 200 份股票期权，这些员工需自 2×17 年 1 月 1 日在本公司连续服务满 3 年，即可以每股 5 元购买本公司 200 股股票，从而获益。海峰公司估计每份期权在授予日的公允价值为 15 元，2×17 年 12 月 31 日，每份期权公允价值为 18 元，2×18 年 12 月 31 日，每份期权公允价值为 16 元。第一年有 10 名管理人员离开公司，预计 3 年中离开的管理人员比例将达到 30%，第二年海峰公司将预计离职的比例修正为 25%。则 2×18 年 12 月 31 日海峰公司累计确认的“资本公积——其他资本公积”的金额应为(　　)元。

A. 160 000　　B. 150 000　　C. 76 000　　D. 90 000

5. 2×16 年 10 月 20 日，华夏公司批准了一项股份支付协议。协议规定，2×17 年 1 月 1 日，华夏公司为其 100 名中层以上管理人员每人授予 100 份现金股票增值权，条件是这些人员必须为公司连续服务 3 年，即可按照当时股价增长幅度获得现金，该增值权应在2×20 年 12 月 31 日之前行使。2×17 年、2×18 年、2×19 年、2×20 年年末该现金股票增值权的公允价值分别为 12 元、15 元、16 元和 18 元。2×17 年有 10 名管理人员离开，预计未来 2 年还将有 8 名管理人员离开；2×18 年实际有 5 名管理人员离开，预计 2×19 年还将有 2 名管理人员离开；2×19 年没有管理人员离开公司，同时有 30 名管理人员于当年年末行使股票增值权取得了现金；2×20 年年末有 45 人行使股票增值权取得了现金。则华夏公司 2×20 年 12 月 31 日应确认的管理费用为(　　)元。

A. 0　　B. 32 800　　C. 11 000　　D. 48 800

6. 2×17 年 12 月 20 日，经股东大会批准，华夏公司向 100 名高管人员每人授予 2 000 份股票期权。根据股份支付协议的规定，这些高管人员自 2×18 年 1 月 1 日起在公司连续服务满 3 年，即可于 2×20 年 12 月 31 日以每股 5 元的价格购买本公司普通股股票(每股面值 1 元)。华夏公司股票期权 2×17 年 12 月 20 日的市场价格为每股 15 元，2×18 年 1 月 1 日的市场价格为每股 18 元。2×18 年 2 月 8 日，华夏公司从二级市场以每股 12 元的价格回购本公司普通股 200 000 股，拟用于高管人员股权激励。在等待期内，华夏公司没有高管人员离开公司。2×20 年 12 月 31 日，高管人员全部行权。当日，华夏公司普通股股票的市场价格为每股 15.5 元。华夏公司因高管人员行权增加的股本溢价金额是(　　)元。

A. 3 000 000　　B. 2 200 000　　C. 1 600 000　　D. 3 600 000

7. 关于权益结算的股份支付，下列表述中，正确的是(　　)。

A. 对于授予后立即可行权的换取职工提供服务的权益结算的股份支付，应在授予日按照权益工具的公允价值，将取得的服务计入相关资产成本或当期费用，同时计入应付职工薪酬

B. 对于授予后立即可行权的换取职工提供服务的权益结算的股份支付，应在授予日按照权益工具的账面价值，将取得的服务计入相关资产成本或当期费用，同时计入资

本公积中的股本溢价

C. 对于授予后立即可行权的换取职工提供服务的权益结算的股份支付，应在授予日按照权益工具的公允价值，将取得的服务计入相关资产成本或当期费用，同时计入资本公积中的股本溢价

D. 对于授予后立即可行权的换取职工提供服务的权益结算的股份支付，应在授予日按照权益工具的账面价值，将取得的服务计入相关资产成本或当期费用，同时计入应付职工薪酬

8. 2×18 年 1 月 1 日，A 公司向其 100 名管理人员每人授予 100 份股票期权：第一年年末的可行权条件为企业净利润增长率达到 20%；第二年年末的可行权条件为企业净利润 2 年平均增长 15%；第三年年末的可行权条件为企业净利润 3 年平均增长 10%。2×18 年 12 月 31 日，A 公司净利润增长了 18%，同时有 10 名管理人员离开，A 公司预计 2×19 年将以同样速度增长，因此预计 2×19 年 12 月 31 日将可以行权。另外，预计第二年又将有 8 名管理人员离开。关于等待期的确定，下列说法中，正确的是（　　）。

A. 2×18 年 12 月 31 日应将其预计等待期调整为 2 年

B. 2×18 年 12 月 31 日应将其预计等待期调整为 3 年

C. 此股票期权的等待期是 1 年

D. 此股票期权的等待期是 2 年

9. 2×15 年 12 月 10 日，华夏公司董事会批准了一项股份支付协议。协议规定，2×16 年 1 月 1 日，公司为其 200 名中层以上管理人员每人授予 100 份现金股票增值权，条件是这些人员必须为公司连续服务 3 年，即可按照当时股价增长幅度获得现金，该增值权应在 2×20年 12 月 31 日之前行使。2×16 年、2×17 年、2×18 年年末股票增值权的公允价值分别为 14 元、15 元和 18 元。2×16 年有 20 名管理人员离开，预计未来 2 年还将有 15 名管理人员离开；2×17 年实际有 10 名管理人员离开，预计 2×18 年还将有 10 名管理人员离开。则华夏公司 2×17 年 12 月 31 日应确认的应付职工薪酬为（　　）元。

A. 77 000　　B. 83 000　　C. 84 000　　D. 108 000

10. 对于以现金结算的股份支付，可行权日后相关负债公允价值发生变动的，其变动金额应在资产负债表日记入（　　）科目。

A. "公允价值变动收益"　　B. "管理费用"

C. "利润分配——未分配利润"　　D. "资本公积"

二、多选题

1. 下列各项中，属于以现金结算的股份支付的工具有（　　）。

A. 优先股　　B. 模拟股票

C. 现金股票增值权　　D. 限制性股票

2. 下列关于市场条件和非市场条件的说法中，不正确的有（　　）。

A. 企业在确定权益工具授予日的公允价值时，应考虑非市场条件的影响，而不考虑市场条件的影响

B. 市场条件是否得到满足，不影响企业对预计可行权情况的估计

C. 非市场条件是否得到满足，不影响企业对预计可行权情况的估计

D. 企业在确定权益工具授予日的公允价值时，应考虑市场条件的影响，而不考虑非市场条件的影响

3. 2×18 年 1 月，为奖励并激励高级管理人员，腾达上市公司与其管理层成员签署股份支付协议，规定如果管理层成员在其后 3 年中都在公司任职，并且公司股价每年均提高 15%以上，管理层成员即可以以低于市价的价格购买一定数量的本公司股票。同时作为协议的补充，公司把全体管理层成员的年薪提高了 5 万元，但公司将这部分年薪按月存入公司专门设立的内部基金，3 年后，管理层成员可用属于其个人的部分抵减未来行权时支付的购买股票的款项。如果管理层成员决定退出这项基金，可随时全额提取。下列说法中，正确的有（　　）。

A. 公司股价每年均增长 15%以上属于可行权条件

B. 服务期满 3 年是一项服务期限条件

C. 公司将管理层成员部分薪金存入统一账户保管属于可行权条件

D. 服务期满 3 年是一项非市场条件

4. 对于以权益结算的股份支付，在可行权日之后可能会涉及的会计科目有（　　）。

A. “公允价值变动损益”　　B. “应付职工薪酬”

C. “资本公积——其他资本公积”　　D. “资本公积——股本溢价”

5. 典型的股份支付通常包括的环节有（　　）。

A. 授予　　B. 可行权　　C. 行权　　D. 出售

三、判断题

1. 对于以权益结算的股份支付，若其他方服务的公允价值和权益工具的公允价值都不能可靠地计量，应以内在价值计量该权益工具，内在价值变动计入资本公积。（　　）

2. 可行权条件分为市场条件和非市场条件。（　　）

3. 对于授予职工的股票期权，如果不存在条款和条件相似的交易期权，就应通过期权定价模型来估计所授予的期权的公允价值。（　　）

4. 现金结算的股份支付，在可行权日之后至结算日前的每个资产负债表日和结算日，应对负债的公允价值重新计量，并将其变动计入当期管理费用。（　　）

5. 无论是权益结算的股份支付还是现金结算的股份支付，除了立即可行权的股份支付外，企业在授予日均不作会计处理。（　　）

6. 企业如果回购其职工已可行权的权益工具，应当借记所有者权益，回购支付的金额高于该权益工具在回购日公允价值的部分，计入当期费用。（　　）

7. 股价增长幅度是股份支付协议中的非市场业绩条件。（　　）

8. 当权益工具的公允价值无法可靠确定时，等待期企业就不能确认成本和所有者权益。（　　）

9. 对于授予后立即可行权的换取职工提供服务的权益结算的股份支付，应在授予日按照权益工具的公允价值，将取得的服务计入相关资产成本或当期费用，同时计入负债。（　　）

10. 股份支付的授予日是指企业按照股份支付协议授予职工权益工具的日期。（　　）

四、计算及账务处理题

1. 2×16 年 1 月 1 日，华夏公司为其 100 名中层以上管理人员每人授予 100 份现金股

票增值权，这些人员从2×16年1月1日起必须在该公司连续服务3年，即可自2×18年12月31日起根据股价的增长幅度获得现金，该增值权应在2×20年12月31日之前行使完毕。华夏公司估计，该增值权在负债结算之前的每一资产负债表日以及结算日的公允价值和可行权后的每份增值权现金支出额如表10-3所示。

表10-3 增值权的公允价值和支付现金 单位：元

年份	公允价值	支付现金
2×16	12	
2×17	14	
2×18	15	16
2×19	20	18
2×20		22

2×16年有10名管理人员离开华夏公司，华夏公司估计3年中还将有8名管理人员离开；2×17年又有6名管理人员离开公司，公司估计还将有6名管理人员离开；2×18年又有4名管理人员离开，有40人行使股票增值权取得了现金；2×19年有30人行使股票增值权取得了现金；2×20年有10人行使股票增值权取得了现金。

要求：计算2×16年至2×20年每年应确认的费用(或损益)、应付职工薪酬余额和支付的现金，并编制有关会计分录。

2. 2×17年1月1日，经股东大会批准，华夏公司(为上市公司)与100名高级管理人员签署股份支付协议。协议规定：

(1) 华夏公司向100名高级管理人员每人授予15万股股票期权，行权条件为这些高级管理人员从授予期权之日起连续服务满3年，公司3年平均净利润增长率达到12%。

(2) 符合行权条件后，每持有1股普通股股票期权可以自2×20年1月1日起1年内，以每股5元的价格购买公司1股普通股股票，在行权期间内未行权的股票期权将失效。华夏公司估计授予日每股股票期权的公允价值为15元。

2×17年至2×20年，华夏公司股票期权的资料如下：

(1) 2×17年5月，华夏公司自市场回购本公司股票1 500万股，共支付价款13 500万元，作为库存股待行权时使用。

(2) 2×17年，华夏公司有3名高级管理人员离开公司，本年净利润增长率为10%。该年年末，华夏公司预计未来2年将有1名高级管理人员离开公司，预计3年平均净利润增长率将达到12%；每股股票期权的公允价值为16元。

(3) 2×18年，华夏公司没有高级管理人员离开公司，本年净利润增长率为14%。该年年末，华夏公司预计未来1年将有2名高级管理人员离开公司，预计3年平均净利润增长率将达到12.5%；每股股票期权的公允价值为18元。

(4) 2×19年，华夏公司有2名高级管理人员离开公司，本年净利润增长率为15%。该年年末，每股股票期权的公允价值为20元。

(5) 2×20年3月，95名高级管理人员全部行权，华夏公司收到款项7 125万元，相关股票的变更登记手续已办理完毕。

要求：

（1）编制华夏公司回购本公司股票时的相关会计分录。

（2）计算华夏公司 2×17 年、2×18 年、2×19 年因股份支付确认的费用，并编制相关会计分录。

（3）编制华夏公司高级管理人员行权时的相关会计分录。

第十一章　会计政策、会计估计变更和差错更正

本章基本内容框架

- 会计政策及其变更
  - 会计政策概述
    - 会计政策的含义
    - 会计政策的特点
  - 会计政策变更
  - 会计政策变更的会计处理
    - 追溯调整法
    - 未来适用法
  - 会计政策变更的披露
- 会计估计及其变更
  - 会计估计概述
    - 会计估计的含义
    - 会计估计的特点
  - 会计估计变更
  - 会计估计变更的会计处理
  - 会计估计变更的披露
- 前期差错及其更正
  - 前期差错概述
  - 前期差错更正的会计处理
  - 前期差错更正的披露

重点、难点讲解及典型例题

一、会计政策及其变更

1. 会计政策的概念

会计政策是指企业在会计确认、计量和报告中所采用的原则、基础和会计处理方法。会计政策包括会计原则、基础和处理方法，是指导企业进行会计确认和计量的具体要求。

会计原则是指按照企业会计准则规定的、适合于企业会计要素确认过程中所采用的具体会计原则。例如，《企业会计准则第 14 号——收入》规定的以交易已经完成、经济利益能够流入企业、收入和成本能够可靠地计量等作为收入确认的标准，属于收入确认的具体会计原则。

会计基础是指为了将会计原则应用于交易或者事项而采用的基础，主要是计量基础(即计量属性)，包括历史成本、重置成本、可变现净值、现值和公允价值等。

会计处理方法是指企业在会计核算中按照法律、行政法规或者国家统一的会计制度等规定采用或者选择的、适合于本企业的具体会计处理方法。

2. 会计政策的判断

(1) 在资产方面属于资产要素的会计政策有：存货的取得、发出和期末计价的处理方法；长期股权投资的取得及后续计量中的成本法或权益法；投资性房地产的确认及其后续计量模式；固定资产、无形资产的确认条件及其减值政策；金融资产的分类，非货币性资产交换商业实质的判断。

(2) 在负债方面属于负债要素的会计政策有：借款费用资本化的条件；债务重组的确认和计量；预计负债的确认和计量；应付职工薪酬和股份支付的确认和计量、金融负债的分类等。

(3) 在所有者权益方面属于所有者权益要素的会计政策有：权益工具的确认和计量；混合金融工具的分拆。

(4) 在收入方面属于收入要素的会计政策有：商品销售收入和提供劳务收入的确认条件；建造合同、租赁合同、保险合同、贷款合同等合同收入的确认与计量方法。

(5) 在费用方面属于费用要素的会计政策有：商品销售成本及劳务成本的结转；期间费用的划分。

(6) 除会计要素相关会计政策外，财务报表列报方面所涉及的编制现金流量表的直接法和间接法、合并财务报表合并范围的判断、分部报告中报告分部的确定，也属于会计政策。

3. 会计政策变更

会计政策变更是指企业对相同的交易或者事项由原来采用的会计政策改用另一会计政策的行为。

(1) 符合下列条件之一的，企业可以变更会计政策：①法律、行政法规或国家统一的会计制度等要求变更。②会计政策的变更能够提供更可靠、更相关的会计信息。

(2) 下列情况不属于会计政策变更：

第一，本期发生的交易或者事项与以前相比具有本质差别而采用新的会计政策。例如，A 公司将自用的办公楼改为出租不属于会计政策变更，而是采用新的会计政策。

第二，对初次发生的或不重要的交易或者事项采用新的会计政策。例如，A 公司 2×20 年年初成立，第一次签订一项建造合同，为另一企业建造三栋厂房，A 公司对该项建造合同采用完工百分比法确认收入。由于 A 公司初次发生该项交易，采用完工百分比法确认该项交易的收入，不属于会计政策变更。

【例题 1 · 多选题】 下列各项中，属于会计政策变更的有(　　)。

A. 所得税核算方法由应付税款法改为资产负债表债务法

B. 固定资产的折旧方法由年限平均法变更为年数总和法

C. 发出存货的计价方法由先进先出法变更为加权平均法

D. 应收账款计提坏账准备由余额百分比法变更为账龄分析法

【答案】 AC

【解析】 选项 BD，属于会计估计变更。

【例题 2 · 多选题】 某上市公司发生的下列交易或者事项中，不属于会计政策变更的有(　　)。

A. 因固定资产改良将其折旧年限由 8 年延长至 10 年

B. 期末对按业务发生时即期汇率折算的外币长期借款余额按期末市场汇率进行调整

C. 年末根据当期发生的暂时性差异所产生的递延所得税负债调整本期所得税费用
D. 投资性房地产核算由成本模式改为公允价值模式
E. 所得税核算方法由应付税款法改为资产负债表债务法

【答案】 ABC

【解析】 选项A,属于会计估计变更,选项BC,属于正常的事项。

4. 会计政策变更的会计处理

1) 追溯调整法

第一,计算会计政策变更的累积影响数。

会计政策变更累积影响数是指按照变更后的会计政策对以前各期追溯计算的列报前期最早期初留存收益应有金额与现有金额之间的差额。会计政策变更的累积影响数,通常可以通过以下各步计算获得:

(1) 根据新的会计政策重新计算受影响的前期交易或事项。
(2) 计算两种会计政策下的差异。
(3) 计算差异的所得税影响金额(指对递延所得税影响,不涉及对应交所得税影响)。
(4) 确定前期中每一期的税后差异。
(5) 计算会计政策变更的累积影响数。

第二,进行相关的账务处理。

涉及损益的通过“盈余公积”和“利润分配——未分配利润”科目核算。

第三,调整报表相关项目。

第四,报表附注说明。

【例题3·计算及财务处理题】 A公司为上市公司,已从2×07年开始执行《企业会计准则》。该公司按净利润的10%计提盈余公积。所得税税率为25%,税法规定该投资性房地产作为固定资产处理,折旧年限为50年,净残值为0,采用直线法计提折旧。公允价值变动损益不得计入应纳税所得额。

2×21年1月1日,A公司董事会决定将投资性房地产后续计量模式从成本模式转换为公允价值模式。该房地产为2×17年12月外购一栋写字楼,支付价款50 000万元,预计使用年限为50年,净残值为0,采用直线法计提折旧。同日将该写字楼租赁给B公司使用。2×21年以前,A公司对投资性房地产一直采用成本模式进行后续计量。

该项投资性房地产各年公允价值如表11-1所示。

表11-1 该项投资性房地产各年公允价值 单位:万元

年度	公允价值
2×17年年末	50 000
2×18年年末	55 000
2×19年年末	58 000
2×20年年末	60 500

要求:根据上述资料编制A公司的账务处理。

【解析】

(1) 计算累积影响数(见表11-2)。

表 11-2 计算累积影响数

年度末	按原会计政策确认的损益	按新会计政策确认的损益	税前差异	所得税影响	税后差异
2×17	不计提折旧，所以为 0	50 000－50 000＝0	0	0	0
2×18	－50 000/50＝－1 000	55 000－50 000＝5 000	6 000	6 000×25%＝1 500	4 500
2×19	－1 000	58 000－55 000＝3 000	4 000	1 000	3 000
2×20	－1 000	60 500－58 000＝2 500	3 500	875	2 625
合计	－3 000	10 500	13 500	3 375	10 125

（2）编制相关的会计分录。

借：投资性房地产——成本　500 000 000
　　　　——公允价值变动　105 000 000
　投资性房地产累计折旧　30 000 000
　贷：投资性房地产　500 000 000
　　递延所得税负债　33 750 000
　　盈余公积(10 125×10%)　10 125 000
　　利润分配——未分配利润（10 125×90%）　91 125 000

注：

账面价值＝60 500(万元)
计税基础＝50 000－50 000÷50×3＝47 000(万元)
应纳税暂时性差异＝13 500(万元)
递延所得税负债＝13 500×25%＝3 375(万元)

2）未来适用法

未来适用法是指将变更后的会计政策应用于变更日及以后发生的交易或者事项，或者在会计估计变更当期和未来期间确认会计估计变更影响数的方法。

在未来适用法下，不需要计算会计政策变更产生的累积影响数，也无须重编以前年度的财务报表。企业会计账簿记录及财务报表上反映的金额，变更之日仍保留原有的金额，不因会计政策变更而改变以前年度的既定结果，并在现有金额的基础上再按新的会计政策进行核算。

5. 会计政策变更的会计处理方法的选择

会计政策变更能够提供更可靠、更相关的会计信息的，应当采用追溯调整法处理，将会计政策变更累积影响数调整列报前期最早期初留存收益，其他相关项目的期初余额和列报前期披露的其他比较数据也应当一并调整，但确定该项会计政策变更累积影响数不切实可行的除外。

确定会计政策变更对列报前期影响数不切实可行的，应当从可追溯调整的最早期间期初开始应用变更后的会计政策。在当期期初确定会计政策变更对以前各期累积影响数不切实可行的，应当采用未来适用法处理。

二、会计估计及其变更

1. 会计估计

会计估计是指企业对结果不确定的交易或者事项以最近可利用的信息为基础所作的判断。通常会计估计包含以下情况：

(1) 存货可变现净值的确定，非流动资产可收回金额的确定。

(2) 公允价值的确定。

(3) 固定资产的使用寿命、预计净残值和折旧方法。

(4) 使用寿命有限的无形资产的预计使用寿命、残值、摊销方法。

(5) 职工薪酬金额的确定。

(6) 预计负债金额的确定。

(7) 收入金额的确定、提供劳务完工进度的确定。

(8) 一般借款利息资本化金额的确定。

(9) 应纳税暂时性差异和可抵扣暂时性差异的确定。

(10) 与金融工具相关的公允价值的确定、摊余成本的确定、金融资产减值损失的确定。

2. 会计估计变更

会计估计变更是指由于资产和负债的当前状况及预期经济利益和义务发生了变化，因而对资产或负债的账面价值或者资产的定期消耗金额进行调整。

通常情况下，以下原因可能导致企业发生会计估计变更：

(1) 赖以进行估计的基础发生了变化。企业进行会计估计，总是依赖于一定的基础，如果其所依赖的基础发生了变化，则会计估计也应相应作出改变。例如，企业某项无形资产的摊销年限原定为10年，以后发生的情况表明该资产的受益年限已不足10年，则应相应调减摊销年限。

(2) 取得了新的信息，积累了更多的经验。企业进行会计估计是就现有资料对未来所作的判断，随着时间的推移，企业有可能取得新的信息、积累更多的经验，在这种情况下，也需要对会计估计进行修订。例如，企业对应收账款计提坏账准备比例为10%，后根据新得到的信息是对方财务状况恶化，发生坏账的可能性为80%，则企业需要补提70%的坏账准备。

3. 会计估计变更应采用未来适用法处理

即在会计估计变更当期及以后期间，采用新的会计估计，不改变以前期间的会计估计，也不调整以前期间的报告结果。

(1) 如果会计估计的变更仅影响变更当期，有关估计变更的影响应于当期确认。比如计提坏账准备。

(2) 如果会计估计的变更既影响变更当期又影响未来期间，有关估计变更的影响在当期及以后各期确认。例如，应计提折旧的固定资产，其有效使用年限或预计净残值的估计发生的变更，常常影响变更当期及资产以后使用年限内各个期间的折旧费用。因此，这类会计估计的变更，应于变更当期及以后各期确认。

【例题4·多选题】 下列各项中，属于会计估计变更的有(　　)。

A. 固定资产的预计使用年限由15年改为10年

B. 所得税会计处理由应付税款法改为资产负债表债务法

C. 投资性房地产的后续计量由成本模式改为公允价值模式

D. 开发费用的处理由直接计入当期损益改为有条件资本化

【答案】 A

【解析】 选项 BCD，属于会计政策变更。

【例题 5 · 多选题】 下列各项中，属于会计估计变更的有（　　）。

A. 因执行新准则将对某控股公司长期股权投资的后续计量由权益法改为成本法

B. 无形资产的摊销方法由年限平均法改为产量法

C. 因执行新准则将开发费用的处理由直接计入当期损益改为有条件资本化

D. 管理用固定资产的折旧方法由年限平均法改为双倍余额递减法

【答案】 BD

【解析】 选项 A，如果属于首次执行新会计准则，属于会计政策变更；选项 C，属于会计政策变更。

三、前期差错及其更正

1. 前期差错的概念

前期差错是指由于没有运用或错误运用下列两种信息，而对前期财务报表造成省略或错报。

(1) 编报前期财务报表时预期能够取得并加以考虑的可靠信息。

(2) 前期财务报告批准报出时能够取得的可靠信息。

2. 前期差错的类型

没有运用或错误运用上述两种信息而形成前期差错的情形主要有以下三种：

(1) 计算以及账户分类错误。

(2) 采用法律、行政法规或者国家统一的会计制度等不允许的会计政策。

(3) 对事实的疏忽或曲解，以及舞弊。

3. 前期差错更正的会计处理

当期发现的当期差错应当在财务报表发布之前予以更正。当重要差错直到下一期间才被发现，就形成了前期差错。

企业应当采用追溯重述法更正重要的前期差错，但确定前期差错累积影响数不切实可行的除外。

追溯重述法是指在发现前期差错时，视同该项前期差错从未发生过，从而对财务报表相关项目进行更正的方法。

1) 不重要的前期差错的处理

对于不重要的前期差错，企业不需调整财务报表相关项目的期初数，但应调整发现当期与前期相同的相关项目，属于影响损益的，应直接计入本期与上期相同的净损益项目；属于不影响损益的，应调整本期与前期相同的相关项目。

【例题 6 · 计算及账务处理题】 TLC 实业股份有限公司于 2×21 年 3 月份发现，当年 1 月份购入的一项管理用低值易耗品，价值 1 800 元，误记为固定资产，并已提折旧 100 元。该低值易耗品已领用 50%，公司应于发现时进行更正，会计分录如下：

借：周转材料——低值易耗品　　1 800
　　贷：固定资产　　1 800
借：累计折旧　　100
　　贷：管理费用　　100
借：管理费用　　900
　　贷：周转材料——低值易耗品　　900

【例题 7·综合题】　2×20 年 12 月 31 日，TLC 公司发现一台管理用固定资产本年度漏提折旧，金额为 18 000 元。公司在发现该项会计差错时，应补提固定资产折旧，会计分录如下：

借：管理费用　　18 000
　　贷：累计折旧　　18 000

2）重要的前期差错的处理

对于重要的前期差错，企业应当在其发现当期的财务报表中，调整前期比较数据。

具体地说，企业应当在当期的财务报表中进行追溯更正：

（1）追溯重述差错发生期间列报的前期比较金额。

（2）如果前期差错发生在列报的最早前期之前，则追溯重述列报的最早前期的资产、负债和所有者权益相关项目的期初余额。

【例题 8·综合题】　ABC 公司在 2×21 年发现，2×20 年公司漏记一项固定资产的折旧费用 150 000 元，但在所得税申报表中扣除了该项折旧。假设 2×20 年适用所得税税率为 25%，对上述折旧费用记录了 37 500 元的递延所得税负债，无其他纳税调整事项。该公司按净利润的 10%提取法定盈余公积，按净利润的 5%提取任意盈余公积。该公司发行股票份额为 1 800 000 股。

（1）分析差错的影响数。

2×20 年少计折旧费用	150 000
少计累计折旧	150 000
多计所得税费用（150 000×25%）	37 500
多计净利润	112 500
多计递延所得税负债（150 000×25%）	37 500
多提法定盈余公积	11 250
多提任意盈余公积	5 625

（2）编制有关项目的调整分录。

① 补提折旧：

借：以前年度损益调整　　150 000
　　贷：累计折旧　　150 000

② 调整递延税款：

借：递延所得税负债　　37 500
　　贷：以前年度损益调整　　37 500

③ 将“以前年度损益调整”科目的余额转入利润分配：

借：利润分配——未分配利润　　112 500

　贷：以前年度损益调整　　112 500

④ 调整利润分配有关数字：

借：盈余公积　　16 875

　贷：利润分配——未分配利润　　16 875

(3) 财务报表调整和重述(财务报表从略)。

ABC 公司 2×21 年度资产负债表的年初数和利润表及股东权益变动表表的上年数栏分别按调整前和调整后的金额列示如下，2×21 年度资产负债表的期末数栏和利润表及股东权益变动表的本年累计数栏的年初未分配利润，应按调整后的年初数为基础编制。

① 资产负债表项目的调整：

调增累计折旧 150 000 元，调减递延所得税负债 37 500 元，调减盈余公积 16 875 元，调减未分配利润 95 625 元。

② 利润表项目的调整：

调增营业成本 150 000 元，调减所得税费用 37 500 元，调减净利润 112 500 元，调减基本每股收益 0.0625 元。

③ 所有者权益变动表项目的调整：

调减前期差错更正项目中盈余公积上年余额 16 875 元，未分配利润上年金额 95 625 元，所有者权益合计上年金额 112 500 元。

(4) 附注说明。

本年度发现 2×20 年漏记固定资产折旧 150 000 元，在编制 2×20 年与 2×21 年可比的会计报表时，已对该项差错进行了更正。由于此项错误的影响，2×20 年虚增净利润及留存收益 112 500 元，少计累计折旧 150 000 元。

思考与练习

一、单选题

1. 下列各项中，属于会计政策变更的是(　　)。

A. 将一项固定资产的净残值由 20 万元变更为 5 万元

B. 将产品保修费用的计提比例由销售收入的 2%变更为 1.5%

C. 将发出存货的计价方法由移动加权平均法变更为个别计价法

D. 将一台生产设备的折旧方法由年限平均法变更为双倍余额递减法

2. 华夏公司董事会决定的下列事项中，属于会计政策变更的是(　　)。

A. 将自行研发无形资产的摊销年限由 8 年调整为 6 年

B. 将发出存货计价方法由先进先出法改为移动加权平均法

C. 账龄在 1 年内的应收账款坏账计提比例由 5%调整至 8%

D. 将符合持有待售条件的固定资产由非流动资产重分类为流动资产列报

3. 华夏公司于 2×19 年 1 月 15 日取得一项无形资产，2×20 年 6 月 7 日，华夏公司发现

2×19 年对该项无形资产仅摊销了 11 个月。华夏公司 2×19 年度的财务会计报告已于 2×20年 4 月 12 日批准报出。假定该事项涉及的金额较大,不考虑其他因素,则华夏公司正确的做法是( )。

A. 按照会计政策变更处理,调整 2×19 年 12 月 31 日资产负债表的年初数和 2×19 年度利润表、所有者权益变动表的上年数

B. 按照重要会计差错处理,调整 2×20 年 12 月 31 日资产负债表的期末数和 2×20 年度利润表、所有者权益变动表的本期数

C. 按照重要会计前期差错处理,调整 2×20 年 12 月 31 日资产负债表的年初数和 2×20 年度利润表、所有者权益变动表的上年数

D. 按会计估计变更处理,不需追溯重述

4. 甲股份有限公司 2×20 年实现净利润 8 500 万元。该公司 2×20 年发生和发现的下列交易或事项中,会影响其年初未分配利润的是( )。

A. 发现 2×18 年少计管理费用 4 500 万元

B. 发现 2×19 年少提财务费用 0.01 万元

C. 为 2×19 年售出的设备提供售后服务发生支出 550 万元

D. 因客户资信状况明显改善,将应收账款坏账准备计提比例 10%改为 5%

5. 华夏公司 2×20 年 3 月在上年度财务会计报告批准报出后,发现 2×18 年 10 月购入的专利权摊销金额出现错误,该专利权 2×18 年应摊销的金额为 120 万元,2×19 年应摊销的金额为 480 万元,2×18、2×19 年实际摊销金额均为 480 万元。华夏公司对此重大会计差错采用追溯重述法进行会计处理。适用所得税税率为 25%,按净利润的 10%提取法定盈余公积。华夏公司 2×20 年年初未分配利润应调增的金额为( )万元。

A. 270　　B. 243　　C. 648　　D. 324

6. 对下列前期差错更正的会计处理的说法中,不正确的是( )。

A. 对于不重要的前期差错,应作为本期事项处理

B. 确定前期差错影响数不切实可行的,只能采用未来适用法

C. 企业应当在重要的前期差错发现当期的财务报表中,调整前期比较数据

D. 对于不重要的前期差错,企业不需要调整财务报表相关项目的期初数,但应调整发现当期的相关项目

7. 下列各项中,不属于会计政策变更与会计估计变更区别的是( )。

A. 以会计确认是否发生变更作为判断基础

B. 以计量基础是否发生变更作为判断基础

C. 以列报项目是否发生变更为判断基础

D. 根据会计确认,计量基础和列报项目所选择的为取得与资产负债表项目有关的金额和数值所采用的处理方法是否发生变更作为判断基础

8. 华夏公司 2×16 年 12 月 1 日购入管理部门使用的设备一台,原价为 1 500 000 元,预计使用年限为 10 年,预计净残值为 100 000 元,采用直线法计提折旧。2×21 年 1 月 1 日考虑到技术进步因素,将原估计的使用年限改为 8 年,净残值改为 60 000 元,该公司的所得税税率为 25%,采用资产负债表债务法进行所得税核算。则由于上述会计估计变更对 2×21 年净利润的影响金额为减少净利润( )元。

A. －53 600　　B. 60 000　　C. 80 000　　D. －70 000

9. 下列事项中，不属于会计估计变更的是（　　）。

A. 资产负债表日交易性金融资产按公允价值计量且其变动计入当期损益

B. 固定资产折旧方法由年限平均法变更为加速折旧法

C. 无形资产摊销期限由 10 年改为 6 年

D. 固定资产净残值率由 5%改为 4%

10. 下列项目中，属于会计估计项目的是（　　）。

A. 固定资产的使用年限和折旧方法

B. 建造合同的收入确认采用完成合同法还是完工百分比法

C. 内部研发项目开发阶段的支出资本化还是费用化

D. 长期股权投资采用成本法核算还是权益法核算

二、多选题

1. 下列各项中，属于会计政策变更的有（　　）。

A. 管理用固定资产的预计使用年限由 10 年改为 8 年

B. 发出存货成本的计量由先进先出法改为移动加权平均法

C. 将建造合同收入确认由完成合同法改为完工百分比法

D. 所得税的会计处理由应付税款法改为资产负债表债务法

2. 以下各种情况中，企业可以变更会计政策的有（　　）。

A. 因原采用的会计政策不能可靠地反映企业的真实情况而改变会计政策

B. 会计准则要求变更会计政策

C. 因更换了董事长而改变会计政策

D. 投资企业因被投资企业发生亏损而改变股权投资的核算方法

3. 下列各项中，应采用未来适用法处理会计政策变更的情况有（　　）。

A. 企业因账簿超过法定保存期限而销毁，引起会计政策变更累积影响数只能确定账簿保存期限内的部分

B. 企业账簿因不可抗力而毁坏，引起会计政策变更累积影响数无法确定

C. 会计政策变更累积影响数能够确定，但法律或行政法规要求对会计政策的变更采用未来适用法

D. 会计政策变更累积影响数能够合理确定，法律或行政法规要求对会计政策的变更采用追溯调整法

4. 下列有关会计估计变更的表述中，正确的有（　　）。

A. 会计估计变更，不改变以前期间的会计估计，也不调整以前期间的报告结果

B. 企业难以对某项变更区分为会计政策变更或会计估计变更的，应当将其作为会计估计变更处理

C. 企业难以对某项变更区分为会计政策变更或会计估计变更的，应当将其作为会计政策变更处理

D. 对于会计估计变更，企业应采用未来适用法进行会计处理

5. 下列关于会计政策、会计估计及其变更的表述中，正确的有（　　）。

A. 对初次发生的或不重要的交易或事项采用新的会计政策，不属于会计政策变更
B. 企业应在国家统一的会计制度规定的会计政策范围内选择适用的会计政策
C. 会计估计变更，不改变以前期间的会计估计，也不调整以前期间的报告结果
D. 无形资产摊销原定为 10 年，以后获得了国家专利保护，该资产的受益年限变为 8 年，属于会计政策变更

6. 下列各项中，属于会计估计变更的有(　　)。
A. 固定资产的净残值率由 9%改为 7%
B. 存货的期末计价由成本法改为成本与可变现净值孰低法
C. 坏账准备的提取比例由 15%降为 10%
D. 法定盈余公积的提取比例由 15%降为 10%

7. 企业发生的如下情形中，一般属于前期会计差错的有(　　)。
A. 固定资产盘亏　　B. 以前期间会计舞弊
C. 以前期间漏提折旧　　D. 固定资产盘盈

8. 企业发生的下列事项中，不应作为重要差错更正的有(　　)。
A. 由于地震使厂房使用寿命受到影响，调减了厂房的预计使用年限
B. 委托代销方式销售商品时在发出商品时确认了收入
C. 由于出现新技术，将专利权的摊销年限由 8 年改为 5 年
D. 鉴于当期利润完成状况不佳，将固定资产的折旧方法由双倍余额递减法改为直线法

9. 下列有关会计差错的处理中，正确的有(　　)。
A. 对于当期发生的重要会计差错，调整当期项目的金额
B. 对发现以前年度影响损益的重要会计差错应当调整发现当期的期初留存收益
C. 对于比较会计报表期间的重要会计差错，编制比较报表应调整各该期间的净损益及其他相关项目
D. 对于年度资产负债表日至财务报告批准报出日发现的报告年度的重要会计差错，应作为资产负债表日后的调整事项处理

10. 下列各项中，属于会计估计变更的有(　　)。
A. 因执行新准则将对某控股公司长期股权投资的后续计量由权益法改为成本法
B. 无形资产的摊销方法由年限平均法改为产量法
C. 因执行新准则将开发费用的处理由直接计入当期损益改为有条件资本化
D. 管理用固定资产的折旧方法由年限平均法改为双倍余额递减法

三、判断题

1. 企业某项固定资产的折旧年限原预计使用寿命为 10 年，由于市场中新设备的出现，该资产总的使用寿命不足 8 年，该事项属于差错，按前期差错更正的规定进行会计处理。(　　)

2. 固定资产的盘盈在未经批准前先记入“待处理财产损溢”科目，批准后再转入“营业外收入”科目核算。(　　)

3. 企业应对固定资产预计使用寿命、预计净残值的调整按照会计估计变更的有关规定进行会计处理，而对于固定资产折旧方法的变更，则应作为会计政策变更处理。(　　)

4. 如果会计政策变更的累积影响数能够合理确定，无论属于什么情况，均采用追溯调整法进行会计处理。（　　）

5. 初次发生的交易或事项采用新的会计政策属于会计政策变更，应采用追溯调整法进行处理。（　　）

四、计算及账务处理题

1. 华夏公司从2×20年1月1日起执行《企业会计准则》，从2×20年1月1日起，所得税的核算方法由应付税款法改为资产负债表债务法。该公司适用的所得税税率将变更为25%。2×19年年末，资产负债表中存货账面价值为420万元，计税基础为460万元；固定资产账面价值为1 250万元，计税基础为1 030万元；预计负债的账面价值为125万元，计税基础为0。假定华夏公司按10%提取法定盈余公积。

要求：

（1）计算该公司会计政策变更的累积影响数，确认相关的所得税影响。

（2）编制2×20年有关会计分录。

2. 华夏公司2×21年以前执行《小企业会计准则》，由于华夏公司将公开发行股票、债券，同时因经营规模或企业性质变化而成为大中型企业，按照准则规定应当从2×21年1月1日起转为执行《企业会计准则》。资料如下：

华夏公司2×18年分别以450万元和110万元的价格从股票市场购入A、B两只以交易为目的的股票，假定不考虑相关税费。按照原《小企业会计准则》确认为"短期投资"并采用成本法对该股票进行初始和后续计量。按照《企业会计准则》的规定，对其以交易为目的购入的股票由原成本法改为公允价值计量，且其变动计入当期损益。假设华夏公司适用的所得税税率为25%，公司按净利润的10%提取法定盈余公积，按净利润的5%提取任意盈余公积。2×20年公司发行在外普通股加权平均数为4 500万股。A、B股票有关成本及公允价值资料如表11-3所示。

表11-3　A、B股票有关成本及公允价值　　　　单位：万元

股票	购入成本	2×18年年末公允价值	2×19年年末公允价值	2×20年年末公允价值
A股票	450	446	500	510
B股票	110	106	120	130

要求：根据上述资料进行有关会计处理。

3. 华夏公司适用的所得税税率为25%。2×21年3月31日，华夏公司董事会决定将其固定资产的折旧年限由10年调整为6年，该项变更自2×21年1月1日起执行。上述管理用固定资产系2×18年12月购入，成本为1 000万元，采用年限平均法计提折旧，预计净残值为0。税法规定该固定资产的计税年限为10年。计算会计估计变更对2×21年净利润的影响。

第十二章　资产负债表日后事项

本章基本内容框架

- 资产负债表日后事项概述
  - 资产负债表日后事项的概念
  - 资产负债表日后事项涵盖的期间
  - 资产负债表日后事项的内容
    - 调整事项
    - 非调整事项
- 资产负债表日后调整事项
  - 资产负债表日后调整事项的处理原则
  - 资产负债表日后调整事项的具体会计处理方法
- 资产负债表日后非调整事项
  - 资产负债表日后非调整事项的处理原则
  - 资产负债表日后非调整事项的具体会计处理方法

重点、难点讲解及典型例题

一、资产负债表日后事项的概述

1. 资产负债表日后事项的概念

资产负表日后事项是指资产负债表日至财务报告批准报出日之间发生的有利或不利事项。

(1) 资产负债表日。资产负债表日是指会计年度末和会计中期期末。

(2) 财务报告批准报出日。财务报告批准报出日是指董事会或类似机构批准财务报告报出的日期，通常是指对财务报告的内容负有法律责任的单位或个人批准财务报告对外公布的日期。

(3) 资产负债表日后事项包括有利事项和不利事项。

(4) 资产负债表日后事项不是在这个特定期间内发生的全部事项。

2. 资产负债表日后事项涵盖的期间

资产负债表日后事项涵盖的期间是指自资产负债表日次日起至财务报告批准报出日止的一段时间。对上市公司而言，这一期间内涉及几个日期，包括完成财务报告编制日、注册会计师出具审计报告日、董事会批准财务报告可以对外公布日、实际对外公布日等。

3. 资产负债表日后事项的内容

资产负债表日后事项包括资产负债表日后调整事项（以下简称调整事项）和资产负债表日后非调整事项（以下简称非调整事项）。

(1) 调整事项。资产负债表日后调整事项是指对资产负债表日已经存在的情况提供了新的或进一步证据的事项。

(2) 非调整事项是指表明资产负债表日后发生的情况的事项。非调整事项的发生不影响资产负债表日企业的财务报表数字,只说明资产负债表日后发生了某些情况。

(3) 调整事项与非调整事项的区别。资产负债表日后发生的某一事项究竟是调整事项还是非调整事项,取决于该事项表明的情况在资产负债表日或资产负债表日以前是否已经存在。若该情况在资产负债表日或之前已经存在,则属于调整事项;反之,则属于非调整事项。

【例题 1·多选题】 下列各项中,属于华夏公司资产负债表日后调整事项的有(　　)。

A. 发生的商品销售退回　　B. 银行同意借款展期 2 年

C. 法院判决赔偿专利侵权损失　　D. 董事会通过利润分配预案

E. 银行要求履行债务担保责任

【答案】 ACE

【解析】 企业发生的调整事项,通常包括下列各项:①资产负债表日后诉讼案件结案,法院判决证实了企业在资产负债表日已经存在现时义务,需要调整原先确认的与该诉讼案件相关的预计负债,或确认一项新负债。②资产负债表日后取得确凿证据,表明某项资产在资产负债表日发生了减值或者需要调整该项资产原先确认的减值金额。③资产负债表日后进一步确定了资产负债表日前购入资产的成本或售出资产的收入。④资产负债表日后发现了财务报表舞弊或差错。

【例题 2·单选题】 华夏公司 2×19 年度财务报告于 2×20 年 3 月 5 日对外报出,2×20 年2 月 1 日,华夏公司收到华美公司因产品质量原因退回的商品,该商品系 2×19 年12 月 5 日销售;2×20 年 2 月 5 日,华夏公司按照 2×19 年 12 月份申请通过的方案成功发行公司债券;2×20 年 1 月 25 日,华夏公司发现 2×19 年 11 月 20 日入账的固定资产未计提折旧;2×20 年 1 月 5 日,华夏公司得知丙公司 2×19 年 12 月 30 日发生重大火灾,无法偿还所欠华夏公司 2×19 年货款。下列事项中,属于华夏公司 2×19 年度资产负债表日后非调整事项的是(　　)。

A. 华美公司退货　　B. 华夏公司发行公司债券

C. 固定资产未计提折旧　　D. 应收丙公司货款无法收回

【答案】 B

【解析】 选项 A,报告年度或以前期间所售商品在日后期间退回的,属于调整事项;选项 C,是日后期间发现的前期差错,属于调整事项;选项 D,因为火灾是在报告年度 2×19 年发生的,所以属于调整事项,如果是在日后期间发生的,则属于非调整事项。

二、资产负债表日后调整事项

1. 资产负债表日后调整事项的处理原则

资产负债表日后发生的调整事项,应具体分以下情况进行处理:

(1) 涉及损益的事项,通过“以前年度损益调整”科目核算。调整增加以前年度利润或调整减少以前年度亏损的事项,记入“以前年度损益调整”科目的贷方;调整减少以前年度利润或调整增加以前年度亏损的事项,记入“以前年度损益调整”科目的借方。

涉及损益的调整事项,如果发生在资产负债表日所属年度(即报告年度)所得税汇算清缴前的,应调整报告年度应纳税所得额、应纳所得税税额;由于以前年度损益调整增加的所得税费用，记入“以前年度损益调整”科目的借方，同时贷记“应交税费——应交所得税”等科目；由于以前年度损益调整减少的所得税费用，记入“以前年度损益调整”科目的贷方，同时借记“应交税费——应交所得税”等科目。调整完成后，将“以前年度损益调整”科目的贷方或借方余额，转入“利润分配——未分配利润”科目。

涉及损益的调整事项，发生在报告年度所得税汇算清缴后的，应调整本年度（即报告年度的次年）应纳所得税额。

(2) 涉及利润分配调整的事项，直接在“利润分配——未分配利润”科目核算。

(3) 不涉及损益及利润分配的事项，调整相关科目。

(4) 通过上述账务处理后，还应同时调整财务报表相关项目的数字，包括：①资产负债表日编制的财务报表相关项目的期末数或本年发生数。②当期编制的财务报表相关项目的期初数或上年数。③上述调整如果涉及报表附注内容的，还应当作出相应调整。

【例题 3 · 单选题】 资产负债表日至财务会计报告批准报出日之间发生的调整事项在进行调整处理时，下列项目中，不能调整的是（　　）。

A. 涉及货币资金收支的项目　　B. 涉及应收账款的事项

C. 涉及所有者权益的事项　　D. 涉及损益调整的事项

【答案】 A

【解析】 因为 A 选项是收付实现制。

2. 资产负债表日后调整事项的具体会计处理方法

(1) 资产负债表日后诉讼案件结案，法院判决证实了企业在资产负债表日已经存在现时义务，需要调整原先确认的与该诉讼案件相关的预计负债，或确认一项新负债。

这一事项是指导致诉讼的事项在资产负债表日已经发生，但尚不具备确认负债的条件而未确认，资产负债表日后至财务报告批准报出日之间获得了新的或进一步的证据（人民法院判决结果），表明符合负债的确认条件，因此应在财务报告中确认为一项新负债；或者在资产负债表日已确认某项负债，但在资产负债表日至财务报告批准报出日之间获得新的或进一步的证据，表明需要对已经确认的金额进行调整。

(2) 资产负债表日后取得确凿证据，表明某项资产在资产负债表日发生了减值或者需要调整该项资产原先确认的减值金额。

这一事项是指在资产负债表日，根据当时的资料判断某项资产可能发生了损失或减值，但没有最后确定是否会发生，因而按照当时的最佳估计金额反映在财务报表中；但在资产负债表日至财务报告批准报出日之间，所取得的确凿证据能证明该事实成立，即某项资产已经发生了损失或减值，则应对资产负债表日所作的估计予以修正。

(3) 资产负债表日后进一步确定了资产负债表日前购入资产的成本或售出资产的收入。

这类调整事项包括两方面内容：①若资产负债表日前购入的资产已经按暂估金额等入账，资产负债表日后获得证据，可以进一步确定该资产的成本，则应该对已入账的资产成本进行调整。②企业符合收入确认条件确认销售收入，但资产负债表日后获得关于资产收入的进一步证据，如发生销售退回、销售折让等，此时也应调整财务报表相关项目的金额。

(4) 资产负债表日后发现了财务报表舞弊或差错。

这一事项是指资产负债表日至财务报告批准报出日之间发生的属于资产负债表期间或

以前期间存在的财务报表舞弊或差错。这种舞弊或差错应当作为资产负债表日后调整事项,调整报告年度的年度财务报告或中期财务报告相关项目的数字。

三、资产负债表日后非调整事项

1. 资产负债表日后非调整事项的处理原则

资产负债表日后发生的非调整事项,是表明资产负债表日后发生的情况的事项,与资产负债表日存在状况无关,不应当调整资产负债表日的财务报表。但有的非调整事项由于事项重大,对财务报告使用者具有重大影响,如不加以说明,将不利于财务报告使用者作出正确估计和决策,因此,应在附注中对其性质、内容及对财务状况和经营成果的影响加以披露。

2. 资产负债表日后非调整事项的具体会计处理方法

资产负债表日后非调整事项的主要例子如下:

(1) 资产负债表日后发生重大诉讼、仲裁、承诺。

(2) 资产负债表日后资产价格、税收政策、外汇汇率发生重大变化。

(3) 资产负债表日后由自然灾害导致资产发生重大损失。

(4) 资产负债表日后发行股票和债券以及其他巨额举债。

(5) 资产负债表日后资本公积转增资本。

(6) 资产负债表日后发生巨额亏损。

(7) 资产负债表日后发生企业合并或处置子企业。

(8) 资产负债表日后,企业利润分配方案中拟分配的以及经审议批准宣告发放的股利或利润。

【例题4·单选题】 华夏公司2×20年1月20日向乙企业销售一批商品,已进行收入确认的有关账务处理;同年2月1日,乙企业收到货物后验收不合格要求退货,2月10日华夏公司收到退货。华夏公司年度资产负债表批准报出日是4月30日。华夏公司对此业务的正确处理是(　　)。

A. 作为2×18年资产负债表日后事项的调整事项

B. 作为2×19年资产负债表日后事项的非调整事项

C. 作为2×20年资产负债表日后事项的调整事项

D. 作为2×20年当期正常的销售退回事项

【答案】 D

【解析】 因为此项业务不属于资产负债表日后事项。

思考与练习

一、单选题

1. 2×20年12月5日,华夏公司销售一批商品给华美公司,取得销售收入1 000万元。2×21年2月10日,因该批商品存在质量问题,华美公司经华夏公司同意后退回了一半商品。假设华夏公司2×20年的财务报告批准在2×21年4月30日报出,下列处理中,正确的是(　　)。

A. 调减 2×19 年营业收入 500 万元

B. 调减 2×20 年营业收入 500 万元

C. 调减 2×20 年年初未分配利润 500 万元

D. 调减 2×21 年营业收入 500 万元

2. 长城公司 2×20 年 10 月份与大海公司签订一项供销合同，由于长城公司未按合同发货，致使大海公司发生重大经济损失。长城公司被大海公司起诉，至 2×20 年 12 月 31 日法院尚未判决。长城公司 2×20 年 12 月 31 日在资产负债表中的“预计负债”项目反映了 100 万元的赔偿款。2×21 年 3 月 5 日经法院判决，长城公司需偿付大海公司经济损失 120 万元。长城公司不再上诉，假定赔偿款已经支付。长城公司 2×20 年度财务会计报告批准报出日为 2×21 年 4 月 28 日，下列报告年度资产负债表中有关项目调整处理方法中，正确是(　　)。

A. “预计负债”项目调增 20 万元；“其他应付款”项目 0

B. “预计负债”项目调减 100 万元；“其他应付款”项目调增 120 万元

C. “预计负债”项目调增 20 万元；“其他应付款”项目调增 120 万元

D. “预计负债”项目调减 120 万元；“其他应付款”项目调增 20 万元

3. 华夏公司在年度财务报告批准报出日之前发现了报告年度的重大会计差错，需要作的会计处理是(　　)。

A. 按照资产负债表日后调整事项的处理原则作出相应调整

B. 作为发现当期的会计差错更正

C. 按照资产负债表日后非调整事项的处理原则作出说明

D. 在发现当期报表附注作出披露

4. 2×20 年财务报告批准报出日为 2×21 年 4 月 30 日。2×21 年 3 月 4 日，公司发现 2×20 年一项财务报表舞弊或差错，该公司应调整(　　)。

A. 2×20 年会计报表资产负债表的期末余额和利润表本期金额

B. 2×20 年会计报表资产负债表的年初余额和利润表上期金额

C. 2×20 年会计报表资产负债表的期末余额和利润表上期金额

D. 2×21 年会计报表资产负债表的期末余额和本年累计数及本年实际数

5. 2×21 年 3 月 20 日，华夏公司聘请的注册会计师在对华夏公司 2×20 年度财务报告进行审计时发现，华夏公司于 2×20 年 4 月 1 日从上海证券交易所以 100 万元购入了一只 A 股股票，华夏公司对被投资方不具有重大影响，华夏公司将其作为长期股权投资并采用成本法核算。不考虑其他因素，对于上述事项，华夏公司的正确做法是(　　)。

A. 按照会计政策变更处理，调整 2×21 年资产负债表的年初数和 2×20 年度利润表的上年数

B. 按照日后调整事项处理，调整 2×20 年度资产负债表期末数、2×20 年度利润表本年数等

C. 按照会计差错处理，调整 2×21 年 12 月 31 日资产负债表的期末数和 2×21 年度利润表的本期数等

D. 华夏公司的原处理正确，在 2×21 年 3 月 20 日不需对该事项作任何处理

6. 资产负债表日后期间发生的下列事项中，属于调整事项的是(　　)。

A. 为子公司的银行借款提供担保

B. 对资产负债表日存在的债务签订债务重组协议

C. 在资产负债表日后取得确凿证据，已证实某项资产在资产负债表日发生了减值

D. 债务人遭受自然灾害导致资产负债表日存在的应收款项无法收回

7. 下列发生于资产负债表日后期间的事项中，属于调整事项的有（　　）。

A. 日后期间发现报告年度重大会计差错

B. 外汇汇率发生较大变动

C. 在日后期间满足收入确认条件的商品销售业务

D. 公司报告年度的财务报告审计费

8. 甲企业 2×19 年度的财务报告于 2×20 年 4 月 10 日批准报出。2×20 年 4 月 1 日，因产品质量原因，该企业客户将 2×20 年 2 月 1 日购买的一批大额商品退回。对于该事项，下列说法中，正确的是（　　）。

A. 不作会计处理

B. 冲减 2×19 年度相关财务报表营业收入等项目

C. 冲减 2×20 年度相关财务报表营业收入等项目

D. 在 2×20 年度财务报告报出时，冲减利润表营业收入项目的上年数等相关项目

9. 华夏公司 2×20 年财务报告批准报出日为 2×21 年 4 月 30 日，2×21 年 1 月 20 日，华夏公司的某一作为交易性金融资产持有的股票市价下跌，该金融资产的账面价值为 500 万元，现行市价为 300 万元；2×21 年 2 月 10 日因遭受火灾，上年购入的存货发生毁损 200 万元；2×21 年 3 月 15 日公司董事会提出 2×20 年度利润分配方案为每 10 股派 2 元现金股利；2×21 年 4 月 15 日公司在一起历时半年的违约诉讼中败诉（假定终审判决），支付赔偿金 400 万元，华夏公司在 2×20 年年末已确认预计负债 420 万元。税法规定该诉讼损失实际发生时允许税前扣除。下列事项中，属于华夏公司资产负债表日后调整事项的是（　　）。

A. 作为交易性金融资产的股票市价下跌

B. 因遭受水灾，上年购入的存货发生毁损

C. 董事会提出利润分配方案

D. 法院判决违约败诉

10. 下列年度资产负债表日至财务报告批准报出日之间发生的事项中，不属于资产负债表日后事项的是（　　）。

A. 销售商品活动

B. 对企业财务状况产生重大影响的外汇汇率大幅度变动

C. 出售重要的子公司

D. 火灾造成重大损失

二、多选题

1. 下列年度资产负债表日至财务报告批准报出日之间发生的事项中，属于资产负债表日后事项的有（　　）。

A. 按期履行报告年度签订的商品购销合同

B. 对企业财务状况产生重大影响的外汇汇率大幅度变动

C. 出售重要的子公司

D. 火灾造成重大损失

2. 下列发生在资产负债表日后期间的各事项中，属于华夏公司资产负债表日后调整事项的有（ ）。

A. 上年销售的商品因质量问题而发生退回

B. 银行同意在日后期间到期的借款展期2年

C. 对于资产负债表日已经存在的未决诉讼，法院在日后期间判决

D. 董事会通过利润分配预案

3. 在报告年度资产负债表日至财务报告批准报出日之间发生的下列事项中，属于资产负债表日后调整事项的有（ ）。

A. 发现报告年度财务报表存在严重舞弊

B. 进一步确定了资产负债表日前售出资产的收入

C. 国家发布对企业经营业绩将产生重大影响的产业政策

D. 发现某商品销售合同在报告年度资产负债表日已成为亏损合同的证据

4. 华夏公司2×19年度财务报告批准报出日为2×20年3月30日，该公司2×20年1月1日至3月30日之间发生的下列事项，属于调整事项的有（ ）。

A. 2×19年10月6日，华夏公司被华美公司起诉，至2×19年12月31日法院尚未判决。2×20年2月5日，法院判决华夏公司应赔偿华美公司500万元

B. 2×19年12月发出且已确认收入的一批产品发生销售退回，商品已收到并入库

C. 股东大会通过的现金股利分配方案

D. 2×19年12月31日，华夏公司应收丙公司账款余额为1 500万元。2×20年2月26日，丙公司发生火灾造成严重损失，华夏公司预计该应收账款的80%将无法收回

5. 甲股份有限公司2×20年年度财务报告经董事会批准对外公布的日期为2×21年3月30日，实际对外公布的日期为2×21年4月5日。该公司2×21年1月1日至4月5日发生的下列事项中，应当作为资产负债表日后调整事项的有（ ）。

A. 3月1日发现2×20年10月接受捐赠获得的一项固定资产尚未入账

B. 3月11日临时股东大会决议购买华美公司51%的股权并于4月2日执行完毕

C. 2月1日与丁公司签订的债务重组协议执行完毕，该债务重组协议系华夏公司于2×21年1月5日与丁公司签订

D. 3月10日，华夏公司被法院判决败诉并要求支付赔款1 000万元，对此项诉讼华夏公司已于2×20年年末确认预计负债800万元

6. 某上市公司2×20年度财务会计报告批准报出日为2×21年4月20日。公司在2×21年1月1日至4月20日发生的下列事项中，属于资产负债表日后调整事项的有（ ）。

A. 发生重大企业合并

B. 2×21年已确认收入的商品销售业务，因产品质量问题于2×21年2月8日发生销售折让

C. 2×21年已确认收入的商品销售业务，因客户按现金折扣条件提前付款而在2×21年1月12日发生现金折扣

D. 2×21年1月2日盘盈一项固定资产

7. 资产负债表日后期间发生的下列事项中，不属于非调整事项的是(　　)。

A. 日后期间发行股票筹措巨额资金

B. 报告年度暂估入账的固定资产，在日后期间办妥了竣工决算手续

C. 日后期间资产负债表日未决诉讼结案并支付赔偿，且上年确认的预计负债金额小于实际支付金额

D. 日后期间自然灾害导致资产损失严重

8. 上市公司在其年度资产负债表日至财务报告批准报出日之间发生的下列事项中，属于非调整事项的有(　　)。

A. 向社会公众发行公司债券

B. 发生台风导致公司存货严重受损

C. 日后期间新取得的证据表明某项资产在资产负债表日已经发生减值但企业没有对其计提减值准备

D. 资本公积转增资本

9. 2×20 年，华夏公司为华美公司的 500 万元债务提供 70%的担保，华美公司因到期无力偿还债务被起诉，至 12 月 31 日，法院尚未作出判决，华夏公司根据有关情况预计很可能承担部分担保责任，且金额能够可靠地计量，2×21 年 2 月 6 日，华夏公司财务报告批准报出之前法院作出判决，华夏公司承担全部担保责任，需为华美公司偿还债务的 70%，华夏公司已执行，华夏公司的以下处理中，正确的有(　　)。

A. 华夏公司在 2×20 年 12 月 31 日应对该事项进行披露，不需确认预计负债

B. 华夏公司在 2×20 年 12 月 31 日应按照很可能承担的担保责任确认预计负债，并进行披露

C. 华夏公司在 2×21 年 2 月 6 日应按照资产负债表日后非调整事项处理，在报告年度报表附注中予以披露

D. 华夏公司在 2×21 年 2 月 6 日应按照资产负债表日后调整事项处理，调整会计报表相关项目

10. 下列关于非调整事项说法中，正确的有(　　)。

A. 表明该事项在资产负债表日后发生

B. 与资产负债表日存在状况没有关系

C. 企业不应当进行会计核算

D. 企业不应当调整资产负债表日的财务报表

三、判断题

1. 资产负债表日前已符合收入确认条件的商品销售，在日后期间发生销售折让的，应该调整报告年度财务报表相关项目的金额。(　　)

2. 企业在报告年度资产负债表日至财务报告批准报出日之间取得确凿证据，表明某项资产在资产负债表日已发生减值的，应作为调整事项进行处理。(　　)

3. 资产负债表日后事项涵盖期间股利的分配可以作为日后调整事项进行处理。(　　)

4. 资产负债表日至财务会计报告批准报出日之间发生的报告年度售出的商品因质量问题被退回，该事项属于资产负债表日后非调整事项。(　　)

5. 如果企业在日后期间获得可靠证据证实某项资产在资产负债表日已经发生了减损，企业应将其作为非调整事项处理。（　　）

6. 资产负债表日后事项既可以是有利事项，也可以是不利事项。（　　）

7. 资产负债表日后发生的所有事项都属于资产负债表日后事项。（　　）

8. 资产负债表日后事项包括资产负债表日后调整事项和资产负债表日后非调整事项。（　　）

9. 企业发生的资产负债表日后非调整事项，应当调整资产负债表日的财务报表。（　　）

10. 涉及利润分配的调整事项，直接在“利润分配——未分配利润”科目中进行核算。（　　）

四、计算及账务处理题

1. 华夏公司2×20年11月8日销售一批商品给华美公司，取得收入200万元(不含税，增值税税率13%)。华夏公司发出商品后，按照正常情况已确认收入，并结转成本150万元。2×20年12月31日，该笔货款尚未收到，华夏公司未对应收账款计提坏账准备。2×21年1月12日，由于产品质量问题，本批货物被退回。华夏公司于2×21年2月28日完成2×20年所得税汇算清缴。

要求：作出华夏公司相应账务处理。

2. 华夏公司与华美公司签订一项销售合同，约定华夏公司应在2×19年8月向华美公司交付A产品3 000件。但华夏公司未按照合同发货，并致使华美公司遭受重大经济损失。2×19年11月，华美公司将华夏公司告上法庭，要求华夏公司赔偿9 000 000元。2×19年12月31日人民法院尚未判决，华夏公司对该诉讼事项确认预计负债6 000 000元，华美公司未确认应收赔偿款。2×20年2月8日，经人民法院判决华夏公司应赔偿华美公司8 000 000元，华夏公司、华美公司双方均服从判决。判决当日，华夏公司向华美公司支付赔偿款8 000 000元。华夏、华美两公司2×19年所得税汇算清缴均在2×20年3月10日完成(假定该项预计负债产生的损失不允许在预计时税前抵扣，只有在损失实际发生时才允许税前抵扣)。

要求：作出华夏公司、华美公司相应的账务处理及报表调整。

第十三章　每 股 收 益

本章基本内容框架

- 每股收益的含义
- 每股收益的内容
  - 基本每股收益
  - 稀释每股收益
- 基本每股收益
  - 分子的确定
  - 分母的确定
- 稀释每股收益
  - 基本计算原则
  - 可转换公司债券
  - 认股权证、股份期权
  - 企业承诺将回购其股份的合同
  - 多项潜在普通股
  - 子公司、合营企业或联营企业发行的潜在普通股
- 每股收益的列报

重点、难点讲解及典型例题

一、每股收益的含义和分类

每股收益是指普通股股东每持有一股普通股所能享有的企业净利润或需承担的企业净亏损。

每股收益包括基本每股收益和稀释每股收益。

【例题 1 · 判断题】 每股收益是优先股股东每持有一股普通股所能享有的企业净利润或需承担的企业净亏损。（　）

【答案】 错

【解析】 每股收益是普通股股东每持有一股普通股所能享有的企业净利润或需承担的企业净亏损。

二、基本每股收益

基本每股收益计算公式为：

基本每股收益＝归属于普通股股东的当期净利润÷当期发行在外普通股的加权平均数

(1) 分子的确定：分子为归属于普通股股东的当期净利润，即企业当期实现的可供普通股股东分配的净利润或应由普通股股东分担的净亏损金额。

(2) 分母的确定:分母为当期发行在外普通股的算术加权平均数。

发行在外普通股加权平均数=期初发行在外普通股股数+当期新发行普通股股数×已发行时间÷报告期时间-当期回购普通股股数×已回购时间÷报告期时间。

【例题2·计算题】 期初发行在外的普通股10 000万股,3月2日新发行4 500万股,12月1日回购1 500万股以备将来奖励职工。假如当年净利润20 000万元,计算普通股加权平均数和基本每股收益。

【答案】 10 000×12÷12+4 500×10÷12-1 500×1÷12=13 625(万股)

或　　10 000×2÷12+14 500×9÷12+13 000×1÷12 =13 625(万股)

则:基本每股收益=20 000÷13 625=1.47(元)

【解析】 发行在外普通股加权平均数=期初发行在外普通股股数+当期新发行普通股股数×已发行时间÷报告期时间-当期回购普通股股数×已回购时间÷报告期时间

三、稀释每股收益

稀释每股收益是以基本每股收益为基础,假设企业所有发行的稀释性潜在普通股均已转换为普通股,从而分别调整归属于普通股股东的当期净利润以及发行在外普通股的加权平均数计算而得的每股收益。

1. 稀释性潜在普通股

企业发行的潜在普通股主要有可转换公司债券、认股权证、股份期权等。

稀释性潜在普通股是指假设当期转换为普通股会减少每股收益的潜在普通股,对于亏损企业,稀释性潜在普通股假设当期转换为普通股,将会增加每股亏损的金额。

潜在普通股是否具有稀释性的判断标准是看其对持续经营每股收益的影响。

2. 分子的调整

应当根据下列事项对归属于普通股股东的当期净利润进行调整:

(1) 当期已确认为费用的稀释性潜在普通股的利息。

(2) 稀释性潜在普通股转换时将产生的收益或费用。

上述调整应当考虑相关的所得税影响。对于包含负债和权益成分的金融工具,仅需调整属于金融负债部分的相关利息、利得或损失。

3. 分母的调整

当期发行在外普通股的加权平均数应当为计算基本每股收益时普通股的加权平均数与假定稀释性潜在普通股转换为已发行普通股而增加的普通股股数的加权平均数之和。

假定稀释性潜在普通股转换为已发行普通股而增加的普通股股数,应当根据潜在普通股的条件确定。当存在不止一种转换基础时,应当假定会采取从潜在普通股持有者角度看最有利的转换率或执行价格。

假定稀释性潜在普通股转换为已发行普通股而增加的普通股股数,应当按照其发行在外时间进行加权平均。

分母调整的主要做法如下:

(1) 以前期间发行的稀释性潜在普通股,应当假设在当期期初转换为普通股。

(2) 当期发行的稀释性潜在普通股,应当假设在发行日转换为普通股。

(3) 当期被注销或终止的稀释性潜在普通股,应当按照当期发行在外的时间加权平均计入稀释每股收益。

（4）当期被转换或行权的稀释性潜在普通股，应当从当期期初至转换日（或行权日）计入稀释每股收益中，从转换日（或行权日）起所转换的普通股则计入基本每股收益中。

思考与练习

一、单选题

1. 下列有关基本每股收益计算的表述中，不正确的是（　　）。

A. 企业应当按照归属于普通股股东的当期净利润，除以发行在外普通股的加权平均数计算基本每股收益

B. 企业应当按照归属于普通股和优先股股东的当期净利润，除以发行在外普通股的加权平均数计算基本每股收益

C. 以合并财务报表为基础计算每股收益时，分子应当是归属于母公司普通股股东的当期合并净利润，即扣减少数股东损益后的余额

D. 计算基本每股收益时，只需要考虑当期实际发行在外的普通股股份

2. 华夏公司 2×20 年年初发行在外的普通股为 10 000 万股，3 月 1 日新发行 4 500 万股；12 月 1 日回购 1 500 万股，以备将来奖励职工。华夏公司当年实现的利润总额为 3 800 万元，归属于普通股股东的净利润为 2 600 万元。则华夏公司 2×20 年基本每股收益为（　　）元/股（计算结果保留两位小数）。

A. 0.28　　B. 0.19　　C. 0.29　　D. 0.20

3. 丙公司为上市公司，2×20 年 1 月 1 日发行在外的普通股为 10 000 万股。4 月 1 日，定向增发 4 000 万股普通股作为非同一控制下企业合并对价，于当日取得对被购买方的控制权；7 月 1 日，根据股东大会决议，以 2×20 年 6 月 30 日股份为基础分派股票股利，每 10 股送 2 股。2×20 年度合并净利润为 13 000 万元，其中归属于丙公司普通股股东的部分为 12 000 万元。则丙公司 2×20 年度的基本每股收益是（　　）元。

A. 0.71　　B. 0.76　　C. 0.77　　D. 0.83

4. 华夏公司 2×20 年 1 月 1 日发行在外的普通股为 5 000 万股。7 月 1 日，根据股东大会决议，以 2×19 年 12 月 31 日股份为基础分派股票股利，每 10 股送 2 股；10 月 1 日，根据经批准的股权激励计划，授予高级管理人员 1 000 万份股票期权，每一份期权行权时可按 4 元的价格购买华夏公司的 1 股普通股。华夏公司 2×20 年度普通股平均市价为每股 8 元，2×20 年度归属于华夏公司普通股股东的净利润为 4 900 万元。则华夏公司 2×20 年的稀释每股收益是（　　）元。

A. 0.90　　B. 0.82　　C. 0.80　　D. 0.98

5. 某上市公司 2×20 年 1 月 1 日发行在外的普通股为 16 000 万股，2×20 年 5 月 1 日按市价新发行普通股 3 000 万股。2×21 年 7 月 1 日分派股票股利，以 2×20 年 12 月 31 日总股本为基数，向全体股东每 10 股送 2 股。2021 年度和 2×20 年度净利润分别为 30 800 万元和 27 000 万元。

要求：根据上述资料，不考虑其他因素，回答下列问题。

（1）下列有关每股收益列报的说法中，不正确的是（　　）。

A. 所有企业均应在利润表中列示基本每股收益和稀释每股收益
B. 不存在稀释性潜在普通股的上市公司应当在利润表中单独列示基本每股收益
C. 存在稀释性潜在普通股的上市公司应当在利润表中单独列示基本每股收益和稀释每股收益
D. 与合并报表一同提供的母公司财务报表中不要求计算和列报每股收益

(2) 该上市公司 2×21 年度利润表中本年度基本每股收益为(　　)元。

A. 1.35　　B. 1.5　　C. 1.37　　D. 1.47

(3) 该上市公司 2×21 年度比较利润表中上年度基本每股收益为(　　)元。

A. 1.35　　B. 1.5　　C. 1.25　　D. 1.47

6. A 公司 2×20 年度净利润为 480 万元(不包括子公司利润或子公司支付的股利),发行在外普通股 400 万股,持有子公司 B 公司 80%的普通股股权。

B 公司 2×20 年度净利润为 216 万元,发行在外普通股 40 万股,普通股平均市场价格每股为 8 元。年初,B 公司对外发行 6 万份可用于购买其普通股的认股权证,行权价格每份为 4 元,A 公司持有 1 200 份认股权证。假设除股利外,母子公司之间没有其他需抵销的内部交易。

要求:根据上述资料,不考虑其他因素,回答下列问题。

(1) 下列有关基本每股收益计算的表述中,不正确的是(　　)。

A. A 公司应当按照归属于普通股股东的当期净利润,除以发行在外普通股的加权平均数计算基本每股收益
B. A 公司应当按照归属于股东的当期净利润,除以发行在外普通股的加权平均数计算基本每股收益
C. 以合并财务报表为基础计算每股收益时,分子应当是归属于母公司普通股股东的当期合并净利润,即扣减少数股东损益后的余额
D. 计算基本每股收益时,只需要考虑当期实际发行在外的普通股股份

(2) B 公司 2×20 年度的基本每股收益和稀释每股收益分别为(　　)。

A. 5.4 元和 5.02 元　　B. 5.2 元和 5.02 元
C. 5.32 元和 5.2 元　　D. 5.4 元和 5.2 元

(3) A 公司 2×20 年度合并报表的基本每股收益和稀释每股收益为(　　)。

A. 1.06 元和 0.96 元　　B. 1.2 元和 0.96 元
C. 1.63 元和 1.60 元　　D. 1.23 元和 0.96 元

7. 下列有关基本每股收益的表述中,不正确的是(　　)。

A. 企业应当按照归属于普通股股东的当期净利润,除以发行在外普通股的加权平均数计算基本每股收益
B. 企业应当按照归属于普通股和优先股股东的当期净利润,除以发行在外普通股的加权平均数计算基本每股收益
C. 发行在外普通股加权平均数＝期初发行在外普通股股数＋当期新发行普通股股数×已发行时间÷报告期时间－当期回购普通股股数×已回购时间÷报告期时间
D. 已发行时间、报告期时间和已回购时间一般按照天数计算;在不影响计算结果合理性的前提下,也可以采用简化的计算方法

8. 长发股份有限公司所有的股票均为普通股，均发行在外，每股面值 1 元。长发公司 2×21 年度部分业务资料如下：

(1) 2×21 年年初股东权益金额为 24 500 万元，其中股本 10 000 万元。

(2) 2 月 18 日，公司董事会制订 2×21 年度的利润分配方案：分别按净利润的 10%计提法定盈余公积；分配现金股利 500 万元，以 10 股配送 3 股的形式分配股票股利。该利润分配方案于 4 月 1 日经股东大会审议通过。

(3) 7 月 1 日增发新股 4 500 万股。

(4) 为了奖励职工，11 月 1 日回购本公司 1 500 万股。

(5) 2×21 年度公司可供股东分配的净利润为 5 270 万元。

根据以上资料，长发公司 2×21 年的基本每股收益为(　　)元。

A. 0.53　　B. 0.22　　C. 0.35　　D. 0.34

9. 华夏公司 2×20 年年初发行在外的普通股为 600 万股，当年普通股平均市场价格每股为 8 元，2×20 年归属于普通股股东的净利润为 400 万元。当年年初对外发行 200 万份认股权证，行权价格每份 4 元；7 月 1 日新发行 200 万股普通股，则稀释每股收益为(　　)元。

A. 0.5　　B. 1.13　　C. 0.36　　D. 0.57

10. 某上市公司 2×20 年归属于普通股股东的净利润为 25 000 万元，期初发行在外普通股股数 20 000 万股。年内普通股股数未发生变化。2×20 年 1 月 1 日，公司按面值发行 30 000 万元的 3 年期可转换公司债券，债券每张面值 100 元。票面固定年利率为 2%，利息自发行之日起每年支付一次，每年 12 月 31 日为付息日。该批可转换公司债券自发行结束后 12 个月以后即可转换为公司股票，即转股期为发行 12 个月后至债券到期日止的期间。转股价格每股为 10 元，每 100 元债券可转换为 10 股面值为 1 元的普通股。债券利息不符合资本化条件，直接计入当期损益，所得税税率为 25%。则 2×20 年的稀释每股收益为(　　)元。

A. 1.12　　B. 1.11　　C. 1.10　　D. 1.25

二、多选题

1. 下列各项关于稀释每股收益的表述中，正确的有(　　)。

A. 盈利企业发行的行权价格低于当期普通股平均市场价格的认股权证具有稀释性

B. 亏损企业发行的行权价格低于当期普通股平均市场价格的股票期权具有反稀释性

C. 盈利企业签订的回购价格高于当期普通股平均市场价格的股份回购合同具有稀释性

D. 亏损企业签订的回购价格高于当期普通股平均市场价格的股份回购合同具有反稀释性

E. 因资本公积转增股份调整增加的普通股股数具有稀释性

2. 下列各项潜在普通股中，在计算稀释每股收益时，具有稀释性的有(　　)。

A. 发行的行权价格低于当期普通股平均市场价格的股份期权

B. 签订的承诺以高于当期普通股平均市场价格回购本公司股份的协议

C. 持有的增量每股收益大于当期基本每股收益的可转换公司债券

D. 持有的增量每股收益小于当期基本每股收益的可转换公司债券

E. 发行的购买价格高于当期普通股平均市场价格的认股权证

3. 下列有关每股收益列报的说法中，正确的有（　　）。

A. 所有企业均应在利润表中列示基本每股收益和稀释每股收益

B. 不存在稀释性潜在普通股的上市公司应当在利润表中单独列示基本每股收益

C. 存在稀释性潜在普通股的上市公司应当在利润表中单独列示基本每股收益和稀释每股收益

D. 与合并报表一同提供的母公司财务报表中企业可自行选择列报每股收益

E. 编制比较财务报表时，各列报期间中只要有一个期间列示了稀释每股收益，那么所有列报期间均应当列示稀释每股收益，即使其金额与基本每股收益相等

4. 下列关于集团内每股收益的表述中，正确的有（　　）。

A. 集团对外提供合并财务报表的，要求以其合并财务报表为基础计算每股收益

B. 与合并报表一同提供的母公司财务报表需要计算和列报每股收益

C. 在个别报表上，母公司应以个别财务报表为基础计算每股收益，并在个别财务报表中予以列示

D. 企业如有终止经营的情况，应当在附注中分别持续经营和终止经营披露基本每股收益和稀释每股收益

E. 以母公司个别财务报表为基础计算的基本每股收益，分子应当是归属于母公司全部普通股股东的当期净利润

5. 下列事项中，会影响每股收益计算的有（　　）。

A. 派发股票股利　　B. 资本公积转增资本

C. 发行可转换公司债券　　D. 回购企业股票

E. 发行认股权证

三、计算及账务处理题

1. 华夏公司 2×20 年度归属于普通股股东的净利润为 5 760 万元，发行在外普通股加权平均数为 6 000 万股，该普通股平均市场价格每股为 10 元。该公司 2×20 年年初对外发行 1 000 万份认股权证。行权日为 2×21 年 1 月 1 日，每份认股权证可以在行权日以 7.6 元的价格认购本公司 1 股新发的股份。

要求：计算 2×20 年度基本每股收益和稀释每股收益。

2. 华夏公司为上市公司，2×19 年至 2×21 年的有关资料如下：

(1) 2×19 年 1 月 1 日发行在外普通股股数为 82 000 万股。

(2) 2×19 年 5 月 31 日，经股东大会同意并经相关监管部门核准，华夏公司以 2×19 年 5 月 20 日为股权登记日，向全体股东每 10 股发放 1.5 份认股权证，共计发放 12 300 万份认股权证，每份认股权证可以在 2×19 年 5 月 31 日按照每股 6 元的价格认购 1 股华夏公司普通股。

2×20 年 5 月 31 日，认股权证持有人全部行权，华夏公司收到认股权证持有人缴纳的股款 73 800 万元。2×20 年 6 月 1 日，华夏公司办理完成工商变更登记，将注册资本变更为 94 300万元。

(3) 2×21 年 9 月 25 日，经股东大会批准，华夏公司以 2×21 年 6 月 30 日股份 94 300

万股为基数，向全体股东每 10 股派发 2 股股票股利。

(4) 华夏公司归属于普通股股东的净利润 2×19 年度为 36 000 万元，2×20 年度为 54 000 万元，2×21 年度为 40 000 万元。

(5) 华夏公司股票 2×19 年 6 月至 2×19 年 12 月平均市场价格每股为 10 元，20×7 年 1 月至 2×20 年 5 月平均市场价格每股为 12 元。

本题假定不存在其他股份变动因素。

要求：

(1) 计算华夏公司 2×19 年度利润表中列示的基本每股收益和稀释每股收益。

(2) 计算华夏公司 2×20 年度利润表中列示的基本每股收益和稀释每股收益。

(3) 计算华夏公司 2×21 年度利润表中列示的基本每股收益和稀释每股收益以及经重新计算的比较数据。

3. A 公司 2×20 年度归属于普通股股东的净利润为 80 000 万元(不包括其子公司 B 公司的利润或 B 公司支付的股利)，发行在外普通股加权平均数为 50 000 万股。A 公司持有 B 公司 60%的股权。

B 公司 2×20 年度归属于普通股股东的净利润为 30 000 万元，发行在外的普通股加权平均数为 20 000 万股，该普通股当年平均市场价格每股为 10 元。2×20 年 5 月 1 日，B 公司对外发行 1 000 万份可用于购买其普通股的认股权证，每份认股权证可以在行权日认购 B 公司 1 股新发行的股份，行权价格为 1 元，A 公司持有其中的 100 万份，当年无认股权证被行权。假设除认股权证外，母子公司之间没有其他需抵销的内部交易；A 公司取得对 B 公司投资时，B 公司各项可辨认资产等的公允价值与其账面价值一致。

要求：计算结果保留两位小数。

(1) 计算子公司的每股收益。

(2) 计算合并每股收益。

第十四章　分部报告和中期财务报告

本章基本内容框架

- 分部报告
  - 分部报告的意义、类别和编制基础
  - 分部的确定
    - 业务分部的确定
    - 地区分布的确定
    - 确定报告分部
  - 披露分部信息
    - 主要报告形式披露分部信息
    - 次要报告形式披露分部信息
- 中期财务报告
  - 中期财务报告的定义、构成及编制意义
  - 中期财务报告应遵循的原则
  - 中期财务报表的确认与计量
  - 中期财务报表附注的编制要求

重点、难点讲解及典型例题

一、分部报告

分部报告有两种类型：一种是按经营业务不同性质编制的分部报告，称为业务分部报告；另一种是按经营业务的地域范围编制的分部报告，称为地区分部报告。

企业一般应以其个别财务报表作为分部报告的编制基础；在披露合并财务报表的情况下，则以其合并财务报表作为分部报告的编制基础。

二、分部的确定

1. 分部的概念与类别

企业披露分部报告，首先要确定作为报告主体的分部。分部是指企业内部可区分的、承担不同于其他组成部分风险和报酬的组成部分。某一组成部分是否承担了不同于其他组成部分的风险和报酬，是确定分部的主要依据。

企业在披露分部信息时，应当区分业务分部和地区分部。

2. 业务分部的确定

1）业务分部的概念

业务分部是指企业内可区分的、能够提供单项或一组相关产品或劳务的组成部分。该组成部分承担了不同于其他组成部分的风险和报酬。

企业在确定业务分部时，主要是看作为某一分部的组成部分是否承担了不同于其他组成部分的风险和报酬。

2）确定业务分部应考虑的因素

（1）各单项产品或劳务的性质。

（2）生产过程的性质。

（3）产品或劳务的客户类型。

（4）销售产品或提供劳务的方式。

（5）生产产品或提供劳务受法律、行政法规的影响。

【例题1·单选题】 划分业务分部的一个重要依据在于各分部之间具有不同的（　　）。

A. 经营风险和报酬　　B. 财务风险和报酬

C. 资产所在地　　D. 客户所在地

【答案】 A

【解析】 企业在确定业务分部时，主要是看作为某一分部的组成部分是否承担了不同于其他组成部分的风险和报酬。

3. 地区分部的确定

1）地区分部的概念

地区分部是指企业内可区分的、能够在一个特定的经济环境内提供产品或劳务的组成部分。该组成部分承担了不同于在其他经济环境内提供产品或劳务组成部分的风险和报酬。

2）地区分部的确定基础

企业在确定地区分部时，应当考虑分部经营活动的主要风险和报酬是与其生产产品或提供劳务的地区相关，还是与其经营活动的市场及客户所在地区更相关，从而选择以资产所在地或者客户所在地为基础确定地区分部。

3）确定地区分部时应考虑的因素

（1）所处经济、政治环境的相似性。其包括境外经营所在地区经济和政治的稳定程度等。不同生产经营所在地经济、政治环境的差异，意味着其生产经营活动所面临经济、政治风险的不同，因此不能将其归并为一个地区分部；反之，对于经济、政治环境基本相似的国家或地区，在确定地区分部时应将其归并为一个地区分部。

（2）在不同地区经营之间的关系。

（3）经营的接近程度大小。

（4）与某一特定地区经营相关的特别风险。

（5）外汇管理规定。

（6）外汇风险。

三、报告分部的确定

当业务分部或地区分部的大部分收入是对外交易收入，且满足下列条件之一的，企业应当将其确定为报告分部：

（1）该分部的分部收入占所有分部收入合计的10%或者以上。

（2）该分部的分部利润（亏损）的绝对额，占所有盈利分部利润合计额或者所有亏损分部亏损合计额的绝对额两者中较大者的10%或者以上。

(3) 该分部的分部资产占所有分部资产合计额的10%或者以上。

【例题2·多选题】 下列各项中,表明相关分部应当纳入分部报告编制范围的有(　　)。

A. 分部营业收入占所有分部营业收入合计10%或以上

B. 分部资产总额占所有分部资产总额合计10%或以上

C. 分部营业亏损占所有亏损分部营业亏损总额的10%或以上

D. 分部营业利润占所有盈利分部营业利润合计的10%或以上

【答案】 AB

【解析】 见上述确定报告分部的三个条件。

四、分部会计信息的披露

1. 分部信息披露的形式及其确定

分部报告按其报告的形式分为主要报告形式和次要报告形式。

企业在确定分部信息的主要报告形式和次要报告形式时,应当以其风险和报酬的主要来源和性质为依据,同时结合企业的内部组织结构、管理结构以及董事会或类似机构的内部财务报告制度。

2. 主要报告形式下会计信息披露的内容

无论是以业务分部还是以地区分部作为主要报告形式,均应披露分部收入、分部费用、分部利润(亏损)、分部资产和分部负债等分部信息。

3. 次要报告形式下分部信息的披露

1) 采用业务分部作为主要报告形式下次要信息的披露

分部信息的主要报告形式是业务分部的,企业应当就次要报告形式披露下列信息:

(1) 对外交易收入占企业对外交易收入总额10%或者以上的地区分部,以外部客户所在地为基础披露对外交易收入。

(2) 分部资产占所有地区分部资产总额10%或者以上的地区分部,以资产所在地为基础披露分部资产总额。

2) 采用地区分部作为主要报告形式下次要信息的披露

分部信息的主要报告形式是地区分部的,企业应当就次要报告形式披露下列信息:

(1) 对外交易收入占企业对外交易收入总额10%或者以上的业务分部,应当披露对外交易收入。

(2) 分部资产占所有业务分部资产总额10%或者以上的业务分部,应当披露分部资产总额。

【例题3·单选题】 下列有关分部报告的表述中,正确的是(　　)。

A. 分部负债通常不包括递延所得税负债

B. 分部报告应当披露每个报告分部的净利润

C. 分部收入不应分别对外交易收入和对其他分部交易收入予以披露

D. 在编制合并财务报表的情况下,企业应当以个别财务报表为基础披露信息

【答案】 A

【解析】 选项B,应该披露分部利润,而非净利润,分部利润并不等于净利润;选项C,应分别对外交易收入和对其他分别交易收入予以披露;选项D,企业应当以合并财务报表为基

础披露信息。

五、中期财务报告的概念和构成

1. 中期财务报告的概念

中期财务报告是指以中期为基础编制的财务报告。中期是指短于一个完整的会计年度的报告期间。

2. 中期财务报告的基本构成

中期财务报告至少应当包括以下部分：资产负债表、利润表、现金流量表和附注。

六、中期财务报告的理论基础

关于编制中期财务报告的理论基础，目前主要有两种观点：一种是独立观；另一种是一体观。

独立观是将每一中期视为一个独立的会计期间。一体观是将每一中期视为年度会计期间不可分割的一部分而非独立的会计期间。

七、中期财务报告的编制要求

1. 中期财务报告编制应遵循的原则

(1) 与年度财务报告相一致的会计政策。

(2) 重要性原则。

(3) 及时性原则。

【例题4·多选题】 下列关于上市公司中期财务报告的表述中，正确的有(　　)。

A. 中期财务会计计量应以年初至本中期期末为基础

B. 中期财务报告中应同时提供合并财务报表和母公司报表

C. 中期财务报表仅是年度报表项目的节选，不是完整的报表

D. 对中期财务报表项目进行重要性判断应以预计的年度数据为基础

E. 中期财务报表中各会计要素的确认与计量标准应当与本年度报表相一致

【答案】 ABE

【解析】 中期财务报告的编制要求。中期重要程度的判断以中期财务数据为基础，所以选项D不正确；中期财务报表应当是完整的会计报表，其格式和内容应当与上年度会计报表相一致，所以选项C不正确。

2. 中期财务报告的确认与计量

中期财务报告的确认与计量的基本原则：

(1) 中期会计要素的确认和计量原则应当与年度财务报表相一致。

(2) 中期会计计量应当以年初至本中期期末为基础。

(3) 中期采用的会计政策应当与年度财务报告相一致，会计政策、会计估计变更应当符合规定。

【例题5·单选题】 下列有关中期财务报告的表述中，符合现行会计制度规定的是(　　)。

A. 中期财务报告的附注应当以本中期期间为基础编制

B. 中期会计计量应当以年初至本中期期末为基础进行

C. 编制中期财务报表时应当以年度数据为基础进行重要的判断

D. 对于年度中不均匀发生的费用，在中期财务报表中应当用预提或摊销的方法处理

【答案】 B

【解析】 中期财务报告的确认与计量的基本原则：①中期财务报告中各会计要素的确认和计量原则应当与年度财务报表所采用的原则相一致。②在编制中期财务报告时，中期会计计量应当以年初至本中期期末为基础。③企业在中期不得随意变更会计政策，应当采用与年度财务报表相一致的会计政策。

思考与练习

一、单选题

1. 按经营业务的地域范围编制的分部报告称为（　　）。

A. 地域分部报告　　B. 地区分部报告

C. 业务分部报告　　D. 经营分部报告

2. 企业在披露合并财务报表的情况下，以其（　　）作为分部报告的编制基础。

A. 个别财务报表　　B. 资产负债表

C. 合并财务报表　　D. 现金流量表

3. 下列因素中，在确定业务分部时不需要考虑的是（　　）。

A. 各单项产品或劳务的性质　　B. 产品或劳务的客户类型

C. 不同地区经营之间的关系　　D. 销售产品或提供劳务的方式

4. 当业务分部或地区分部的大部分收入是对外交易收入，其对企业盈亏具有重要影响且满足三个“10%”条件之一的，企业应当认为其符合重要性，将其确定为报告分部。该三个“10%”的基础不包括（　　）。

A. 营业收入　　B. 营业利润或亏损

C. 资产　　D. 负债

5. 当某一分部的大部分收入是对外交易收入，且分部资产占所有分部资产总额的（　　）时，则可以将其确定为报告分部。

A. 10%　　B. 10%以上

C. 10%或者以上　　D. 10%以下

6. 在报告分部的确定中，分部报告披露的对外营业收入合计额必须达到合计总收入或企业总收入的（　　）。

A. 70%　　B. 75%　　C. 60%　　D. 95%

7. 下列因素中，属于分部费用的是（　　）。

A. 税金及附加　　B. 利息费用

C. 营业外支出　　D. 所得税费用

8. 根据我国企业会计准则规定，不要求企业在中期财务报告中单独披露的是（　　）。

A. 利润表　　B. 资产负债表

C. 现金流量表　　D. 所有者权益变动表

9. 目前,我国中期财务报告的编制基础侧重于(　　)。

A. 及时性　　B. 重要性　　C. 独立观　　D. 一体观

10. 企业在披露中期财务报告附注时,应当以(　　)为基础披露。

A. 年初至本中期期末　　B. 本中期所发生的重要事项

C. 本中期所发生的重要交易　　D. 上年年末至本中期期末

二、多选题

1. 企业确定业务分部应考虑的因素包括(　　)。

A. 各单项产品和劳务的性质　　B. 产品或劳务的客户类型

C. 销售产品或提供劳务的方式　　D. 生产过程的性质

E. 所处经济、政治环境的相似性

2. 确定地区分部时应考虑的因素有(　　)。

A. 经营的接近程度大小　　B. 外汇管理规定

C. 外汇风险　　D. 产品或劳务的客户类型

E. 在不同地区经营之间的关系

3. 一个地区分部可以是(　　)。

A. 单一的国家或地区

B. 两个或两个以上具有相同或相似经营风险和报酬的国家或地区的组合

C. 一个国家内的一个行政区域

D. 一个国家两个或两个以上行政区域的组合

E. 两个国家两个以上行政区域的组合

4. 下列项目中,属于分部费用的有(　　)。

A. 营业成本　　B. 税金及附加

C. 销售费用　　D. 所得税费用

E. 营业外支出

5. 中期财务报告至少应当包括(　　)。

A. 资产负债表　　B. 利润表

C. 现金流量表　　D. 所有者权益变动表

E. 附注

三、判断题

1. 分部是指企业内部可区分的、承担不同于其他组成部分风险和报酬的组成部分。(　　)

2. 业务分部或地区分部必须满足三个重要性判断标准之一,才能确认为报告分部。(　　)

3. 企业在披露分部信息时,应当区分主要报告形式和次要报告形式,分别按照确定的报告分部披露相应的分部信息。(　　)

4. 我国中期财务报告的编制基础侧重于独立观。(　　)

5. 中期会计要素的确认和计量原则应当与年度财务报表相一致。(　　)

五、计算及账务处理题

1. 华夏公司为控股公司，其分部单位及相关数据见表 14-1 所示。

表 14-1　华夏公司各分部资料　　单位：万元

项　目		A 部分	B 部分	C 部分	D 部分	E 部分	合计
营业收入	对外销售	2 500	370	310	280	190	3 650
	对内销售	760	190	120	90	50	1 210
营业收入合计		3 260	560	430	370	240	4 860
营业利润		340	80	(40)	30	(50)	360
资产		3 000	650	500	350	300	4 800

要求：根据上述资料，分别从报告分部重要性判断的三个标准确定哪些分部应当确定为报告分部。

2. 华夏公司是一家上市公司，2×20 年其分部（含业务分部和地区分部）的有关数据如表 14-2 所示。

表 14-2　分 部 资 料 表　　单位：万元

项　目	A 部分	B 部分	C 部分	D 部分	E 部分
营业收入	15 000	4 300	3 600	1 980	960
对外交易收入	12 000	3 000	1 200	800	760
分部间交易收入	3 000	1 300	2 400	1 180	200
营业利润（亏损）	1 760	520	220	240	210
资产	9 300	2 200	1 300	800	300

要求：根据表中的数据，判断哪些分部属于报告分部。

第十五章 企 业 合 并

本章基本内容框架

- 企业合并概述
  - 企业合并的定义和范围
  - 企业合并方式
    - 控股合并
    - 吸收合并
    - 新设合并
  - 企业合并的类型
    - 同一控制下的企业合并
    - 非同一控制下的企业合并
- 同一控制下的企业合并
  - 同一控制下企业合并的处理原则
  - 同一控制下企业合并的会计处理
- 非同一控制下的企业合并
  - 非同一控制下企业合并的处理原则
  - 非同一控制下企业合并的会计处理

重点、难点讲解及典型例题

一、企业合并概述

1. 企业合并的定义和范围

企业合并是将两个或两个以上单独的企业合并形成一个报告主体的交易或事项。

企业合并准则中所界定的企业合并，包括但不限于以下情形：

(1) 企业A通过增发自身的普通股自企业B原股东处取得企业B的全部股权，该交易或事项发生后，企业B仍持续经营。

(2) 企业A支付对价取得企业B的净资产，该交易或事项发生后，撤销企业B的法人资格。

(3) 企业A以其资产作为出资投入企业B，取得对企业B的控制权，该交易或事项发生后，企业B仍维持其独立法人资格继续经营。

2. 企业合并的方式

企业合并从合并方式划分，包括控股合并、吸收合并和新设合并。

【例题1·单选题】 企业合并包括（　　）。

A. 吸收合并、买卖合并和控股合并　　B. 吸收合并和控股合并

C. 吸收合并和兼并　　D. 吸收合并、新设合并和控股合并

【答案】 D

【解析】 企业合并从合并方式划分，包括控股合并、吸收合并和新设合并。

3. 企业合并的类型

企业合并准则中将企业合并划分为两大基本类型——同一控制下的企业合并与非同一控制下的企业合并。

（1）同一控制下的企业合并。同一控制下的企业合并是指参与合并的企业在合并前后均受同一方或相同的多方最终控制且该控制并非暂时性的。

（2）非同一控制下的企业合并。非同一控制下的企业合并是指参与合并各方在合并前后不受同一方或相同的多方最终控制的合并交易，即同一控制下企业合并以外的其他企业合并。

二、同一控制下企业合并的处理

1. 同一控制下企业合并的处理原则

（1）合并方在合并中确认取得的被合并方的资产、负债仅限于被合并方账面上原已确认的资产和负债，合并中不产生新的资产和负债。

（2）合并方在合并中取得的被合并方各项资产、负债应维持其在被合并方的原账面价值不变。

（3）合并方在合并中取得的净资产的入账价值与为进行企业合并支付的对价账面价值之间的差额，应当调整所有者权益相关项目，不计入企业合并当期损益。

（4）对于同一控制下的控股合并，应视同合并后形成的报告主体自最终控制方开始实施控制时一直是一体化存续下来的，参与合并各方在合并以前期间实现的留存收益应体现为合并财务报表中的留存收益。

2. 同一控制下企业合并的会计处理

1）同一控制下的控股合并

（1）长期股权投资的确认和计量。按照《企业会计准则第 2 号——长期股权投资》的规定，同一控制下企业合并形成的长期股权投资，合并方应以合并日应享有被合并方账面所有者权益的份额作为形成长期股权投资的初始投资成本。

（2）长期股权投资的初始投资成本与合并对价差额的处理。合并方确认的长期股权投资的初始投资成本与其支付对价（支付现金、非现金资产）账面价值或与发行的权益性证券的面值的差额，应当调整资本公积（资本溢价或股本溢价），如果需要调减资本公积，必须以原来合并方的资本公积（资本溢价或股本溢价）为限进行冲减，不足冲减的，依次冲减盈余公积和未分配利润。

【例题 2 · 单选题】 2×20 年 3 月 20 日，A 公司以银行存款 1 000 万元及一项土地使用权取得其母公司控制的 B 公司 80%的股权，并于当日起能够对 B 公司实施控制。合并日，该土地使用权的账面价值为 3 200 万元，公允价值为 4 000 万元；B 公司净资产的账面价值为 6 000 万元，公允价值为 6 250 万元。假定 A 公司与 B 公司的会计年度和采用的会计政策相同，不考虑其他因素，A 公司的下列会计处理中，正确的是（　　）。

A. 确认长期股权投资 4 800 万元，冲减资本公积 200 万元

B. 确认长期股权投资 4 800 万元，确认资本公积 600 万元

C. 确认长期股权投资 5 000 万元，确认资本公积 800 万元

D. 确认长期股权投资 5 000 万元，不确认资本公积

【答案】 B

【解析】 长期股权投资的初始成本是6 000×80%=4 800(万元),支付对价的账面价值是3 200+1 000=4 200(万元),差额确认资本公积为4 800－4 200=600(万元)。

2) 同一控制下的吸收合并

同一控制下的吸收合并中,合并方主要涉及合并日取得被合并方资产、负债入账价值的确定,以及合并中取得有关净资产的入账价值与支付的合并对价账面价值之间差额的处理。

(1) 合并方取得的被合并方资产和负债的计量。合并方对同一控制下吸收合并中取得的资产、负债应当按照相关资产、负债在被合并方的原账面价值入账。

(2) 合并差额的处理。合并方在确认了合并中取得的被合并方的资产和负债的入账价值后,以发行权益性证券方式进行的该类合并,所确认的净资产入账价值与发行股份面值总额的差额,应计入资本公积(资本溢价或股本溢价),资本公积(资本溢价或股本溢价)的余额不足冲减的,相应冲减盈余公积和未分配利润,以支付现金、非现金资产方式进行的该类合并,所确认的净资产入账价值与支付的现金、非现金资产账面价值的差额,相应调整资本公积(资本溢价或股本溢价),资本公积(资本溢价或股本溢价)的余额不足冲减的,应冲减盈余公积和未分配利润。

3) 合并方为进行企业合并发生的有关费用的处理

合并方为进行企业合并发生的有关费用是指合并方为进行企业合并发生的各项直接相关费用,如为进行企业合并支付的审计费用、资产评估费用以及有关的法律咨询费用等增量费用。同一控制下企业合并进行过程中发生的各项直接相关费用,应于发生时费用化计入当期损益。借记“管理费用”等科目,贷记“银行存款”等科目。但以下两种情况除外:

(1) 以发行债券方式进行的企业合并,与发行债券相关的佣金、手续费等应按照《企业会计准则第22号——金融工具确认和计量》的规定进行会计处理。该部分费用,虽然与筹集用于企业合并的对价直接相关,但其会计处理应遵照金融工具准则的原则,有关的费用应计入负债的初始计量金额。

(2) 发行权益性证券作为合并对价的,与所发行权益性证券相关的佣金、手续费等应按照《企业会计准则第37号——金融工具列报》的规定处理。即与发行权益性证券相关的费用,不管其是否与企业合并直接相关,均应自所发行权益性证券的发行收入中扣减,在权益性工具发行有溢价的情况下,自溢价收入中扣除,在权益性证券发行无溢价或溢价金额不足以扣减的情况下,应当冲减盈余公积和未分配利润。

【例题3·单选题】 同一控制下企业合并进行过程中发生的各项直接相关费用,应于发生时计入(　　)。

A. 合并成本　　B. 管理费用　　C. 财务费用　　D. 资本公积

【答案】 B

【解析】 合并方为进行企业合并发生的有关费用,指合并方为进行企业合并发生的各项直接相关费用,如为进行企业合并支付的审计费用、资产评估费用以及有关的法律咨询费用等增量费用。同一控制下企业合并进行过程中发生的各项直接相关费用,应于发生时费用化计入当期损益。

三、非同一控制下的企业合并

1. 非同一控制下企业合并的处理原则

1）确定购买方

购买方是指在企业合并中取得对另一方或多方控制权的一方。

2）确定购买日

购买日是购买方获得对被购买方控制权的日期，即企业合并交易进行过程中，发生控制权转移的日期。

同时满足了以下条件时，一般可认为实现了控制权的转移，形成购买日。有关的条件包括：

（1）企业合并合同或协议已获股东大会等内部权力机构通过。

（2）按照规定，合并事项需要经过国家有关主管部门审批的，已获得相关部门的批准。

（3）参与合并各方已办理了必要的财产权交接手续。

（4）购买方已支付了购买价款的大部分（一般应超过50%），并且有能力、有计划支付剩余款项。

（5）购买方实际上已经控制了被购买方的财务和经营政策，享有相应的收益并承担相应的风险。

3）确定企业合并成本

企业合并成本为购买方为进行企业合并支付的现金或非现金资产、发生或承担的债务、发行的权益性证券等在购买日的公允价值。

4）企业合并成本在取得的可辨认资产和负债之间的分配

非同一控制下的企业合并中，购买方取得了对被购买方净资产的控制权，视合并方式的不同，应分别在合并财务报表或个别财务报表中确认合并中取得的各项可辨认资产和负债。

5）企业合并成本与合并中取得的被购买方可辨认净资产公允价值份额之间差额的处理

购买方对于企业合并成本与确认的被购买方可辨认净资产公允价值份额的差额，应视情况分别处理：

（1）企业合并成本大于合并中取得的被购买方可辨认净资产公允价值份额的差额，应确认为商誉。视企业合并方式不同，控股合并情况下，该差额是指合并财务报表中应列示的商誉；吸收合并情况下，该差额是购买方在其账簿及个别财务报表中应确认的商誉。

商誉确认以后，持有期间不要求摊销，企业应当按照《企业会计准则第8号——资产减值》的规定对其进行减值测试，对于可收回金额低于账面价值的部分，计提减值准备。

（2）企业合并成本小于合并中取得的被购买方可辨认净资产公允价值份额的差额，应计入合并当期损益。

6）企业合并成本或合并中取得的可辨认资产、负债公允价值的调整

按照购买法核算的企业合并，基本原则是确定公允价值，无论是作为合并对价付出的各项资产的公允价值，还是合并中取得被购买方各项可辨认资产、负债的公允价值，如果在购买日或合并当期期末，因各种因素影响无法合理确定的，合并当期期末，购买方应以暂时确定的价值为基础进行核算。

2. 非同一控制下企业合并的会计处理

1) 非同一控制下的控股合并

该合并方式下,购买方所涉及的会计处理问题主要有两个方面:一是购买日因进行企业合并形成的对被购买方的长期股权投资初始投资成本的确定,该成本与作为合并对价支付的有关资产账面价值之间差额的处理;二是购买日合并财务报表的编制。

非同一控制下的企业合并中,购买方取得对被购买方控制权的,在购买日应当按照确定的企业合并成本(不包括应自被投资单位收取的现金股利或利润),作为形成的对被购方长股权投资的初始投资成本。

购买方为取得对被购买方的控制权,以支付非货币性资产为对价的,有关非货币性资产在购买日的公允价值与其账面价值的差额,应作为资产的处置损益,计入合并当期的利润表。

2) 非同一控制下的吸收合并

非同一控制下的吸收合并,购买方在购买日应当将合并中取得的符合确认条件的各项可辨认资产、负债,按其公允价值确认为本企业的资产和负债;作为合并对价的有关非货币性资产在购买日的公允价值与其账面价值的差额,应作为资产处置损益计入合并当期的利润表;确定的企业合并成本与所取得的被购买方可辨认净资产公允价值之间的差额,视情况分别确认为商誉或是计入企业合并当期的损益。

思考与练习

一、单选题

1. 一家企业通过支付现金、发行证券或转让其他非货币性资产等方式取得另一家或几家企业的全部净资产,参与合并的企业在合并后,只有合并方继续保留原有的法人地位,被合并方在合并后丧失法人地位的企业合并方式是(　　)。

A. 创立合并　　B. 吸收合并　　C. 控股合并　　D. 新设合并

2. 两家或两家以上的企业联合成立一个新的企业,这种合并称为(　　)。

A. 吸收合并　　B. 新设合并　　C. 控股合并　　D. 混合合并

3. A公司+B公司=C公司,这种形式的企业合并属于(　　)。

A. 吸收合并　　B. 新设合并　　C. 控股合并　　D. 兼并

4. A公司与B公司合并成立了C公司,A、B公司的法人地位均告消失,C公司取得A、B公司的全部净资产。这种企业合并方式称为(　　)。

A. 吸收合并　　B. 新设合并　　C. 控股合并　　D. 混合合并

5. 企业合并后仍维持其独立法人资格继续经营的企业合并形式为(　　)。

A. 控股合并　　B. 吸收合并　　C. 新设合并　　D. 横向合并

6. 对于同一控制下的企业合并,其中参与合并的企业在合并前后均受同一方或相同的多方最终控制且该控制并非暂时性的,这里的暂时性一般指的是(　　)以上。

A. 1年　　B. 3个月　　C. 6个月　　D. 2年

7. 关于同一控制下的企业合并,下列表述中,错误的是(　　)。

A. 从最终控制方的角度来看,其所能实施的净资产没有发生变化

B. 有些合并不是参与合并的企业自愿进行的

C. 很难以双方议定的价格作为核算的基础

D. 交易往往是按照公允价值进行的

8. 对于非同一控制下的企业合并，其交易的基础是(　　)。

A. 可变现净值　　B. 现值　　C. 公允价值　　D. 历史成本

9. 在我国，同一控制下的企业合并和非同一控制下的企业合并分别采用的处理方法为(　　)。

A. 购买法，新实体法　　B. 权益结合法，购买法

C. 权益结合法，新实体法　　D. 新实体法，权益结合法

10. 对于同一控制下的企业合并和非同一控制下的企业合并，在合并日或购买日取得其他参与合并企业控制权的一方分别称为(　　)。

A. 购买方，合并方　　B. 被购买方，被合并方

C. 合并方，购买方　　D. 被合并方，被购买方

11. 被合并方或被购买方的净资产或生产经营决策的控制权转移给合并方或购买方的日期是(　　)。

A. 控股日　　B. 发行日　　C. 兼并日　　D. 合并日

12. 同一控制下控股合并中，取得的长期股权投资的初始投资成本确定依据是(　　)。

A. 被合并方所有者权益的账面价值的份额

B. 支付对价的账面价值

C. 支付对价的公允价值

D. 被合并方可辨认净资产公允价值的份额

13. 下列非同一控制下企业合并会计处理原则的说法中，错误的是(　　)。

A. 购买方以支付对价的公允价值为基础确定购买成本

B. 购买方应按照公允价值记录所收到的资产和承担的债务

C. 被购买方的留存收益应转入购买方

D. 合并过程中发生的相关费用，除了发行证券或承担其他债务所支付的费用外，应计入当期损益。

14. 运用购买法对非同一控制下企业合并进行核算时，购买成本的确定基础是(　　)。

A. 被合并方所有者权益的账面价值的份额

B. 支付对价的账面价值

C. 支付对价的公允价值

D. 被合并方可辨认净资产公允价值的份额

15. 华夏公司、华美公司之间没有关联。华夏公司 2×20 年 1 月 1 日以银行存款 560 000 元购买了华美公司 100%的股份。当日，华美公司的所有者权益账面价值为 540 000 元，净资产公允价值为 550 000 元，发生评估费用 10 000 元，下列说法中，正确的是(　　)。

A. 长期股权投资的初始投资成本是 570 000 元

B. 长期股权投资的初始投资成本是 560 000 元

C. 长期股权投资的初始投资成本是 540 000 元

D. 评估费用计入初始投资成本

二、多选题

1. 企业合并按照合并后合并主体法律形式是否发生变化，可以分为（　　）。

A. 吸收合并　　B. 创立合并　　C. 控股合并　　D. 横向合并

E. 纵向合并

2. 控股合并中，一家企业取得另一家企业有表决权股份的方式包括（　　）。

A. 支付现金　　B. 发行证券

C. 有偿增资　　D. 转让其他非货币性资产

E. 公开发行

3. 认为实现了控制权的转移，形成合并日的条件一般有（　　）。

A. 企业合并或购买协议已获股东大会等内部权力机构批准

B. 参与合并各方已办理了相关资产的划转手续

C. 合并方或购买方已经支付购买价款的大部分

D. 合并方或购买方实际上已经控制了被合并方或被购买方的财务和经营政策

E. 企业合并事项需要经过国家有关部门实质性审批的，已取得有关部门的批准

4. 下列关于非同一控制下企业合并会计处理的说法中，正确的有（　　）。

A. 合并中发生的各项直接费用计入合并成本

B. 合并中发生的各项直接费用计入当期损益

C. 以实际取得对被购买方控制权的日期确定购买日

D. 合并成本高于合并取得的可辨认净资产公允价值的差额作为商誉确认

E. 合并成本低于合并取得的可辨认净资产公允价值的差额作为商誉确认

5. 对于非同一控制下企业吸收合并时购买成本的确定，下列说法中，正确的有（　　）。

A. 一次交换交易实现的企业合并，合并成本为购买方在购买日为取得对被购买方的控制权而付出的资产、发生或承担的负债以及发行的权益性证券的公允价值

B. 在货币资金支付方式下，购买成本为实际支付的款项

C. 购买方为进行企业合并发生的各项直接相关费用应当计入购买成本

D. 购买方为进行企业合并发生的各项直接相关费用应当计入当期损益

E. 在合并合同或协议中对可能影响合并成本的未来事项进行约定的，购买日如果估计未来事项很可能发生并且对购买成本的影响金额能够可靠地计量的，购买方应当将其计入购买成本

6. 非同一控制下企业吸收合并中，会计处理的关键问题在于（　　）。

A. 购买成本与被购买方可辨认净资产账面价值份额之间差额的处理

B. 购买成本的确定

C. 被购买方可辨认净资产账面价值的确定

D. 被购买方可辨认净资产公允价值的确定

E. 购买成本与被购买方可辨认净资产公允价值份额之间差额的处理

7. 关于非同一控制下吸收合并中，被购买方各项可辨认资产和负债公允价值的确定，下列表述中，正确的有（　　）。

A. 房屋建筑物、机器设备、无形资产，存在活跃市场的，应以购买日的市场价格为基础确定其公允价值

B. 应付债券中的短期负债，一般按照应支付的金额确定其公允价值

C. 短期应收款项一般按照应收取的金额作为其公允价值

D. 原材料按现行重置成本确定

E. 货币资金按照购买日被购买方的账面余额确定

8. 关于在非同一控制下的控股合并中，合并对价的公允价值与账面价值差额的处理，下列表述中，正确的有（　　）。

A. 转让无形资产，差额计入主营业务收入

B. 若非货币性资产中包含存货，则应将差额计入营业利润

C. 转让无形资产，差额计入资产处置损益

D. 转让固定资产，差额计入主营业务收入

E. 转让固定资产，差额计入资产处置损益

三、判断题

1. 企业合并一般指一个企业与另一个企业实行股权联合或获得另一个企业净资产的控制权和经营权，合并前后各自独立的企业组织形式不变。　（　　）

2. 参与合并的企业在合并前是彼此独立的，而合并后，它们的经济资源和经营活动就处于单一的管理机构控制之下，所以，企业合并的实质是取得控制权。　（　　）

3. 吸收合并也称为兼并，企业进行兼并，只能采用支付现金的方式。　（　　）

4. 吸收合并完成后，原来的各企业均失去法人资格，而由新成立的企业统一从事生产经营活动。　（　　）

5. 合并后的企业取得对所有被合并企业的原资产直接控制和管理权，无需承担被合并企业的负债。　（　　）

6. 创立合并是指两个或两个以上的企业联立一个新的企业，用新企业的股份交换原来各公司的股份。创立合并也就是我国《公司法》中所称的新设合并。　（　　）

7. 控股合并取得控制股权后，原来的企业仍然以各自独立的法律实体从事生产经营活动。　（　　）

8. 当一企业取得另一企业 50%以上有表决权的股份后，必然取得另一企业的控制权。当取得 50%以下有表决权的股票时，必然不能取得另一企业的控制权。　（　　）

9. 在控股合并的情况下，控股企业被称为母公司，被控股企业被称为该母公司的子公司，以母公司为中心，连同它所控股的子公司，被称为企业集团，是具有独立法人地位的企业组织形式。　（　　）

10. 在企业合并活动中，某一合并方未取得一半以上表决权，但获得其他企业董事会或对等决策团体会议中多数席位的权力，也可判定其为取得了控制权，成为购买方。　（　　）

四、计算及财务处理题

1. 某集团内一家子公司华夏公司以固定资产和无形资产的资产组合（固定资产原价为 1 600 万元，已计提累计折旧 400 万元，公允价值为 2 000 万元；无形资产原价为 2 000 万元，已计提累计摊销 1 200 万元，公允价值为 1 200 万元）作为对价，取得同一集团内华美公司 70%有表决权的股份。合并日华美公司所有者权益账面价值为 3 000 万元（其中，股本为

1 400万元，资本公积为600万元，盈余公积为400万元，未分配利润为600万元)，公允价值为4 000万元，在合并中，华夏公司还用银行存款支付为合并而发生的审计、评估费用80万元，不考虑其他税费。假设合并前华夏公司资产负债表中的资本公积(股本溢价)项目金额为1 000万元。

要求：编制华夏公司对华美公司长期股权投资的相关会计分录。

2. 2×20年1月1日，A公司以账面价值和公允价值均为190万元的无形资产及银行存款210万元作为对价，对B公司进行吸收合并，合并前A、B公司不存在关联关系。

2×19年12月31日，B公司各项资产、负债的账面价值和公允价值如表15-1所示。

表15-1 B公司各项资产、负债的账面价值与公允价值表 单位：元

项 目	账面价值	公允价值
银行存款	600 000	600 000
应收账款	80 000	60 000
存货	600 000	900 000
固定资产	1 000 000	1 500 000
无形资产	500 000	300 000
资产合计	2 780 000	3 360 000
短期借款	600 000	500 000
应付账款	350 000	300 000
长期借款	1 000 000	800 000
负债合计	1 950 000	1 600 000

要求：

(1) 计算合并成本。

(2) 确定此项合并产生的商誉。

(3) 编制合并日A公司的相关会计分录。

3. A公司以固定资产和无形资产的资产组合(固定资产原价为1 600万元，已计提累计折旧400万元，公允价值为2 000万元；无形资产原价为2 000万元，已计提累计摊销1 200万元，公允价值为1 200万元)作为对价，取得B公司70%有表决权的股份。合并日B公司所有者权益账面价值为3 000万元(其中，股本为1 400万元，资本公积为600万元，盈余公积为400万元，未分配利润为600万元)，公允价值为4 000万元，在合并中，A公司还用银行存款支付为合并而发生的审计、评估费用80万元，不考虑其他税费。假设合并前A公司和B公司不受相同一方或多方控制。

要求：编制A公司对B公司长期股权投资的相关会计分录。

第十六章　合并财务报表

本章基本内容框架

- 合并财务报表概述
  - 合并财务报表的定义和特点
  - 合并财务报表的种类
  - 合并财务报表的合并范围
  - 合并财务报表的编制原则和方法
  - 合并财务报表的编制程序
- 控制权取得日合并财务报表的编制
  - 同一控制下企业合并股权取得日合并财务报表的编制
  - 非同一控制下企业合并股权取得日合并财务报表的编制
- 股权取得日后合并财务报表的编制
  - 合并资产负债表
    - 成本法按照权益法调整长期股权投资
    - 母公司对子公司长期股权投资与子公司所有者权益抵销
    - 内部债权债务的抵销
    - 内部存货交易的抵销
    - 内部固定资产交易的抵销
    - 内部无形资产交易的抵销
    - 相关资产减值的抵销
  - 合并利润表
    - 内部营业收入和内部营业成本的抵销
    - 购买企业内部购进商品作为固定资产、无形资产等资产使用时的抵销
    - 内部应收款项计提的坏账准备等减值准备的抵销
    - 内部投资收益(利息收入)和利息费用的抵销
  - 合并现金流量表
  - 合并所有者权益变动表
  - 合并财务报表附注

重点、难点讲解及典型例题

一、合并财务报表概述

1. 合并财务报表的定义

合并财务报表是指反映母公司和其全部子公司形成的企业集团(以下简称企业集团)整体财务状况、经营成果和现金流量的财务报表。

2. 合并财务报表的构成

合并财务报表至少包括合并资产负债表、合并利润表、合并所有者权益变动表(或合并股东权益变动表)、合并现金流量表和附注,它们分别从不同的方面反映企业集团财务状况、经营成果及其现金流量情况,构成一个完整的合并财务报表体系。

【例题1·单选题】 合并财务报表不包括(　　)。

A. 合并资产负债表　　　　B. 合并现金流量表

C. 合并所有者权益变动表　　　　D. 合并税收表

【答案】 D

【解析】 合并财务报表至少包括合并资产负债表、合并利润表、合并所有者权益变动表(或合并股东权益变动表)、合并现金流量表和附注。

3. 合并财务报表的特点

(1) 反映的对象不同。

(2) 编制主体不同。

(3) 编制基础不同。

(4) 编制方法不同。

4. 合并范围的确定

合并财务报表的合并范围应以控制为基础予以确定。控制是指投资方拥有对被投资方的权力,通过参与被投资方的相关活动而享有可变回报,并且有能力运用对被投资方的权力影响其回报金额。

二、合并财务报表编制原则及程序

1. 合并财务报表的编制原则

(1) 以个别财务报表为基础编制。

(2) 一体性原则。

(3) 重要性原则。

2. 合并财务报表的编制程序

(1) 设置合并工作底稿。

(2) 将母公司、纳入合并范围的子公司个别资产负债表、利润表及所有者权益变动表各项目的数据过入合并工作底稿,并在合并工作底稿中对母公司和子公司个别财务报表各项目的数据进行加总,计算得出个别资产负债表、个别利润表及个别所有者权益变动表各项目合计数金额。

(3) 编制调整分录与抵销分录。

(4) 计算合并财务报表各项目的合并数额。

(5) 填列合并财务报表。

三、股权取得日合并财务报表

1. 同一控制下控股合并控制权取得日合并财务报表的编制

1) 母公司持有子公司全部股权

母公司持有子公司全部股权时,被合并方可辨认净资产全部属于母公司,应将合并方的长期股权投资与被合并方所有者权益的账面价值抵销。同一控制下的企业合并,母公司个别报表上的长期股权投资是以被合并方所有者权益的账面价值进行初始计量的,因此不会产生差额。

2) 母公司持有子公司部分股权

在母公司持有子公司部分股权的情况下,控制权取得日合并资产负债表的编制原理与母公司持有子公司全部股权基本相同。所不同的是,少数股东持有的股权在合并财务报表中需以少数股东权益项目反映。

【例题 2·单选题】 合并日(或购买日)当天编制的合并财务报表是(　　)。

A. 控制权取得日的合并财务报表　　B. 控制权取得日后合并财务报表

C. 合并资产负债表　　D. 合并利润表

【答案】 A

【解析】 控制权取得日的合并财务报表是合并日(或购买日)当天编制的合并财务报表,控制权取得日后合并财务报表即是合并日(或购买日)后每一个资产负债表日编制的合并财务报表。

2. 非同一控制下控股合并控制权取得日合并财务报表的编制

1) 母公司持有子公司全部股权

(1) 母公司合并成本等于子公司净资产的公允价值。

在母公司的合并成本等于子公司净资产的情况下,在合并财务报表工作底稿中,只需将母公司的长期股权投资与子公司的全部所有者权益抵销即可。

(2) 母公司合并成本大于子公司净资产的公允价值。

在母公司确认的合并成本大于合并中取得的子公司净资产公允价值的情况下,应以确定的合并成本作为长期股权投资的初始投资成本,编制控制权取得日合并资产负债表时,将母公司的长期股权投资与子公司的净资产公允价值抵销后的差额,以"商誉"项目反映。

(3) 母公司合并成本小于子公司净资产的公允价值。如果母公司的合并成本小于合并中取得的子公司可辨认净资产公允价值份额,应以确定的合并成本作为长期股权投资的初始投资成本,将长期股权投资与子公司可辨认净资产公允价值份额的差额计入合并当期损益。由于购买日不需编制合并利润表,该差额体现在合并资产负债表中,应调整合并资产负债表的盈余公积和未分配利润项目。

四、股权取得日后合并资产负债表

1. 按权益法调整对子公司的长期股权投资

编制合并日后合并财务报表时,首先,将母公司对子公司长期股权投资由成本法核算的结果调整为权益法核算的结果,使母公司对子公司长期股权投资项目反映其在子公司所有者权益中所拥有权益的变动情况;其次,将母公司对子公司长期股权投资项目与子公司所有者权益项目等内部交易相关的项目进行抵销处理,将内部交易对合并财务报表的影响予以抵销;最后,在编制合并日合并工作底稿的基础上,编制合并财务报表。

在合并工作底稿中编制的调整分录:对于当期该子公司实现净利润,按母公司应享有的份额,借记"长期股权投资"项目,贷记"投资收益"项目;对于当期该子公司发生的净亏损,按母公司应分担的份额,借记"投资收益"项目,贷记"长期股权投资"等项目;对于当期收到的现金股利或利润，借记“投资收益”项目，贷记“长期股权投资”项目。

【例题 3·多选题】 母公司在编制非同一控制下合并财务报表时，权益法调整的调整分录中涉及的财务报表项目有（　　）。

A. 商誉　　B. 投资收益

C. 少数股东权益　　D. 长期股权投资

E. 提取盈余公积

【答案】 ACDE

【解析】 母公司对子公司拥有部分股权，意味着子公司净资产的公允价值与母公司经过权益法调整后的“长期股权投资”项目及“少数股东权益”项目之间存在着抵销关系，在合并财务报表工作底稿中编制的抵销分录为：借记“股本”“资本公积”“其他综合收益”“盈余公积”和“未分配利润”项目，贷记“长期股权投资”“少数股东权益”项目。母公司对子公司长期股权投资数额大于子公司可辨认净资产公允价值中属于母公司的份额的差额，作为“商誉”列示在合并资产负债表中。

2. 编制合并资产负债表时应进行抵销处理的项目

编制合并资产负债表时需要进行抵销处理的项目如下：

(1) 母公司对子公司长期股权投资与子公司所有者权益。

(2) 母公司与子公司、子公司相互之间产生的内部债权与债务。

(3) 存货项目，即内部购进存货成本中包含的未实现内部销售损益。

(4) 固定资产项目，即内部购进商品形成的固定资产、内部购进的固定资产成本中包含的未实现内部销售损益。

(5) 无形资产项目，即内部购进商品形成的无形资产、内部购进的无形资产成本中包含的未实现内部销售损益。

(6) 与抵销的长期股权投资、应收账款、存货、固定资产、无形资产等资产相关的减值准备的抵销。

【例题 4·单选题】 反映母公司和子公司所形成的企业集团某一特定日期财务状况的财务报表是（　　）。

A. 合并现金流量表　　B. 合并资产负债表

C. 合并利润表　　D. 合并所有者权益变动表

【答案】 B

【解析】 合并资产负债表是反映企业集团在某一特定日期财务状况的财务报表，由合并资产、负债和所有者权益各项目组成。

五、股权取得日后合并利润表

编制合并利润表时需要进行抵销处理的，主要有如下项目：

(1) 内部营业收入和内部营业成本的抵销处理。

(2) 购买企业内部购进商品作为固定资产、无形资产等资产使用时的抵销处理。

(3) 内部应收款项计提的坏账准备等减值准备的抵销处理。

(4) 内部投资收益(利息收入)和利息费用的抵销。

(5) 母公司与子公司、子公司相互之间持有对方长期股权投资的投资收益的抵销处理。

六、股权取得日后合并现金流量表

编制合并现金流量表时需要进行抵销处理的项目如下：

(1) 企业集团内部当期以现金投资或收购股权增加的投资所产生的现金流量的抵销处理。

(2) 企业集团内部当期取得投资收益收到的现金与分配股利、利润或偿付利息支付的现金的抵销处理。

(3) 企业集团内部以现金结算债权与债务所产生的现金流量的抵销处理。

(4) 企业集团内部当期销售商品所产生的现金流量的抵销处理。

(5) 企业集团内部处置固定资产等收回的现金净额与购建固定资产等支付的现金的抵销处理。

【例题 5 · 单选题】 下列各项中，不属于合并现金流量表编制中应抵销内容的是(　　)。

A. 母公司以现金向子公司投资

B. 母公司以现金向子公司的少数股东购买子公司的股票

C. 子公司以现金偿还母公司欠款

D. 子公司以现金向母公司分派现金股利

【答案】 B

【解析】 选项 ACD 分别属于合并现金流量表编制中的内部交易的抵销中的母公司与子公司以及子公司相互之间投资所产生的现金流量的抵销；母公司与子公司以及子公司相互之间取得投资收益收到的现金与分派股利或偿付利息支付的现金的抵销以及母公司与子公司及子公司相互之间以现金结算债权与债务所产生的现金流量的抵销。

七、股权取得日后合并所有者权益变动表

编制合并所有者权益动表时需要进行抵销处理的项目主要如下：

(1) 母公司对子公司的长期股权投资与母公司在子公司所有者权益中所享有的份额相互抵销。

(2) 母公司对子公司、子公司相互之间持有对方长期股权投资的投资收益应当抵销等。

思考与练习

一、单选题

1. 下列不属于合并财务报表编制的前提及准备事项的是(　　)。

A. 统一母子公司的会计政策

B. 统一母子公司的会计管理体制

C. 对子公司以外币表示的财务报表进行折算

D. 统一母子公司的资产负债表日及会计期间

2. 反映母公司和子公司所形成的企业集团在一定期间内经营成果的财务报表是(　　)。

A. 合并利润表　　B. 合并现金流量表

C. 合并资产负债表　　D. 合并财务报表附注

3. 与个别财务报表相比，合并财务报表的特点不包括(　　)。

A. 反映的对象不同　B. 编制主体不同　C. 编制基础不同　D. 编制目的不同

4. 下列各项中，属于合并财务报表编制方法的是(　　)。

A. 平行登记　B. 复式记账

C. 登记账簿　D. 编制合并工作底稿

5. 合并财务报表的合并范围应以(　　)为基础予以确定。

A. 控制　B. 共同控制　C. 重大影响　D. 一般影响

6. 要求在编制合并财务报表时，把应纳入合并财务报表范围的各公司视为一个整体来进行处理的原则是(　　)。

A. 以个别财务报表为基础　B. 一体性原则

C. 重要性原则　D. 完整性原则

7. 非同一控制下控股的企业合并中，在控制权取得日需要编制的报表是(　　)。

A. 合并利润表　B. 合并所有者权益变动表

C. 合并现金流量表　D. 合并资产负债表

8. 在编制同一控制下控股合并时，母公司调整后的长期股权投资抵销子公司的一部分所有者权益项目，另一部分应作为(　　)。

A. 商誉　B. 营业外收入　C. 少数股东权益　D. 资本公积

9. 2×20 年，华夏公司向华美公司股东定向增发 1 000 万股普通股，发行价为每股 4 元，并于发行当日取得华美公司 60%的股权，华美公司购买日可辨认净资产的公允价值为 6 000 万元，华夏公司与华美公司的合并为非同一控制下的合并，则华夏公司应确认的合并商誉为(　　)万元。

A. 0　B. 2 000　C. 800　D. 400

10. 编制非同一控制下控股合并控制权取得日后合并财务报表时，将子公司的各项资产及负债调整成公允价值时，应计入(　　)。

A. 营业外收入　B. 公允价值变动损益

C. 投资收益　D. 资本公积

11. 在同一控制下的控股合并中，合并方在合并中形成的长期股权投资应当以合并日取得的被合并方(　　)的份额作为初始投资成本。

A. 账面价值　B. 公允价值　C. 账面净资产　D. 账面资产

12. 编制同一控制下的控股合并控制权取得日后合并财务报表时，子公司的各项资产及负债的计价基础是(　　)。

A. 账面价值　B. 重置成本　C. 历史成本　D. 公允价值

13. 同一控制下控股合并控制权取得日后合并财务报表的编制基础是(　　)。

A. 母公司的个别财务报表

B. 子公司的个别财务报表

C. 母公司与子公司有关报表项目的抵销

D. 母公司或子公司的个别财务报表

14. 如果母公司与子公司的会计政策和会计期间不一致，下列调整措施中，正确的是(　　)。

A. 应按照母公司的会计政策对子公司的财务报表进行调整

B. 应按照母公司的会计期间对子公司的财务报表进行调整

C. 应按照母公司的会计政策及会计期间对子公司的财务报表进行调整，无需进行权益法调整

D. 应按照母公司的会计政策及会计期间对子公司的财务报表进行调整，调整之后再进行

15. 在编制合并财务报表时，将母公司长期股权投资从成本法调整为权益法是为了(　　)。

A. 确定子公司净利润　　B. 计算子公司未分配利润

C. 编制抵销分录并确定合并数　　D. 确定子公司向股东分派股利数额

16. 在集团内部交易或事项的抵销中，有关内部交易存货未实现对外销售的抵销所涉及的会计科目不包括(　　)。

A. "营业收入"　　B. "营业成本"　　C. "库存商品"　　D. "存货"

17. 在集团内部存货交易的抵销中，内部交易存货全部未实现对外销售的情况下，内部交易的销售方将按照销售价格在本期确认(　　)结转(　　)并将其反映在(　　)中。

A. 主营业务收入　主营业务成本　资产负债表

B. 主营业务成本　主营业务收入　个别利润表

C. 主营业务收入　主营业务成本　个别利润表

D. 主营业务成本　主营业务收入　资产负债表

18. 2×20 年 1 月，母公司将成本为 30 000 元的存货以 32 000 元的价格销售给子公司，子公司当年售出 60%，则 2×20 年年末编制合并财务报表时，应抵销存货中未实现内部销售损益是(　　)元。

A. 1 200　　B. 800　　C. 2 000　　D. 30 000

19. 华夏公司是华美公司的母公司，2×20 年 6 月，华夏公司将成本为 64 000 元的产品以 80 000 元的价格出售给华美公司，截至本年年末，该商品尚未出售，则在编制合并财务报表时，抵销分录中应冲减的存货是(　　)元。

A. 1 600　　B. 64 000　　C. 80 000　　D. 16 000

20. 2×20 年 7 月 12 日，母公司将成本为 66 000 元的甲产品以 80 000 元的价格销售给子公司，本期该产品尚未实现对外销售。期末甲产品的可变现净值是 70 000 元。编制合并财务报表时应抵销存货跌价准备(　　)元。

A. 6 000　　B. 10 000　　C. 0　　D. 14 000

二、多选题

1. 合并财务报表主要包括(　　)。

A. 合并资产负债表　　B. 合并利润表

C. 合并现金流量表　　D. 合并所有者权益变动表

E. 合并收入支出表

2. 同一控制下的企业合并，母公司在合并日编制的合并财务报表应包括(　　)。

A. 合并资产负债表　　B. 合并税收表

C. 合并所有者权益变动表
D. 合并利润表
E. 合并现金流量表

3. 合并财务报表附注包括的内容有(　　)。
A. 子公司的注册资本、持股比例
B. 本期不再纳入合并范围的原子公司的相关资料及不再成为子公司的原因
C. 母公司拥有被投资单位表决权不足半数但能对被投资单位形成控制的原因
D. 作为子公司纳入合并范围的特殊目的主体的业务性质及业务活动
E. 子公司向母公司转移资金的能力受到严格限制的情况

4. 在编制合并财务报表之前,必须做好的准备工作有(　　)。
A. 统一母子公司资产负债表日与会计期间
B. 统一母子公司的会计政策
C. 对子公司以外币表示的财务报表进行折算
D. 对母公司以外币表示的财务报表进行折算
E. 子公司提供的相关资料必须满足编制合并财务报表的需要

5. 如果母公司获得子公司部分股权,编制合并报表进行抵销处理时,可能涉及的会计科目有(　　)。
A. "少数股东权益"
B. "股本"
C. "合并差价"
D. "资本公积"
E. "盈余公积"

6. 下列关于长期股权投资的说法中,正确的有(　　)。
A. 成本法下,按被投资方宣告发放现金股利应享有的份额确认投资收益
B. 权益法下,按被投资方实现净利润时不作处理
C. 权益法下,按被投资方实现净利润应享有的份额确认投资收益
D. 权益法下,按被投资方宣告发放现金股利应享有的份额确认投资收益
E. 权益法下,按被投资方宣告发放现金股利应享有的份额冲减长期股权投资的成本

7. 当母公司拥有子公司全部股权,母公司对子公司长期股权投资项目与子公司所有者权益项目进行抵销时,借方可能涉及的会计科目是(　　)。
A. "股本"
B. "少数股东权益"
C. "资本公积"
D. "其他综合收益"
E. "盈余公积"

8. 在存在非全资子公司的情况下,在母公司投资收益进行抵销时,与贷记"提取盈余公积""应付股利""年末未分配利润"项目对应的借记项目有(　　)。
A. "营业外收入"
B. "商誉"
C. "少数股东损益"
D. "投资收益"
E. "期初未分配利润"

9. 合并现金流量表正表的内容可分为(　　)。
A. 经营活动产生的现金流量
B. 投资活动产生的现金流量
C. 筹资活动产生的现金流量
D. 现金及现金等价物增加额
E. 融资活动产生的现金流量

10. 集团内部购买企业从销售企业购进的存货用于对外销售，存在的情况有（　　）。

A. 内部购进的存货全部实现对外销售

B. 内部购进的存货全部未实现对外销售

C. 外部购进的存货全部未实现对外销售

D. 内部购进的存货部分实现对外销售

E. 外部购进的存货部分实现对外销售

三、判断题

1. 编制合并财务报表的目的在于为母公司的股东、债权人、经营管理者以及有关政府管理机关提供决策有用的信息。（　　）

2. 母公司与其他投资者共同投资某企业，母公司与其中的某些投资者签订有协议，受托管理和控制这些投资者在该被投资企业中的股份，从而在该被投资企业的股东大会上拥有该被投资企业半数以上的表决权。应当作为子公司，纳入合并财务报表的合并范围。（　　）

3. 根据章程或协议，虽有权控制该被投资企业的财务和经营政策，或有权任免董事会等类似权力机构的多数成员，但没有拥有被投资企业的半数以上权益性资本，故不能作为子公司，纳入合并财务报表的合并范围。（　　）

4. 编制合并财务报表时，一般运用编制抵销分录、编制合并工作底稿等一些特殊的方法。有关的抵销分录，应先登记账簿，然后在工作底稿中进行调整。合并资产负债表、合并利润表和合并利润分配表的工作底稿均在一张工作底稿中完成。（　　）

5. 计算合并财务报表各项目的数额时，对于资产负债表中资产类各项目，根据加总的资产类各项目的数额，加上抵销分录的贷方发生额，减去抵销分录的借方发生额，计算得出资产类各项目的合并数额。（　　）

6. 在编制合并财务报表时，应当将母公司对子公司的权益性资本投资项目与子公司的所有者权益项目全额抵销。编制的抵销分录为：借记“长期股权投资”项目，贷记“实收资本”“资本公积”“盈余公积”和“未分配利润”项目。（　　）

7. 合并商誉不仅包括母公司对子公司投资成本高于子公司净资产公允价值的差额，还包括子公司净资产的公允价值与其账面价值的差额。（　　）

8. 在编制合并财务报表时，如果母公司对子司长期股权投资数额大于子公司所有者权益总额时，差额应贷记“合并价差”项目。（　　）

9. 母公司将其生产的产品出售给其所属的子公司后，即使子公司存放在仓库尚未对集团公司以外销售仍需确认母公司的销售利润为已实现利润。这是一例涉及已实现集团公司内部损益的交易或事项。（　　）

10. 当集团公司内部销售产品全部实现对外销售时，在合并工作底稿中编制的抵销分录为：借记“营业收入（集团内购买企业的销售收入）”，贷记“营业成本（集团内销售企业的销售成本）”。（　　）

11. 当集团公司内部销售产品全部未实现对外销售时，在合并工作底稿中编制的抵销分录为借记“营业收入（集团内销售企业的销售收入）”，贷记“营业成本（集团内销售企业的销售成本）”，贷记“存货（集团内销售企业的毛利）”。（　　）

12. 将母公司与子公司、子公司相互之间的债权与债务抵销时，应根据内部债权、债务的数额，借记"应收票据""应收账款""长期债权投资""预付账款"等项目，贷记"应付账款""应付票据""应付债券""预收账款"等项目。（　）

13. 母公司与子公司、子公司相互之间应收账款、其他应收款与应付账款、其他应付款相互抵销后，其已抵销的应收账款和其他应收款所计提的坏账准备的数额也应予以抵销。编制抵销分录时，应借记"坏账准备"项目，贷记"信用减值损失"项目。（　）

14. 企业集团内部某企业将自身生产的产品销售给企业集团内的其他企业作为固定资产使用。发生这种类型的内部固定资产交易时，应编制的抵销分录为：借记"主营业务收入"项目，贷记"主营业务成本"项目，贷记"固定资产原价"项目。（　）

15.企业集团内部某企业将自身生产的产品销售给企业集团内的其他企业作为固定资产使用。每期都应编制抵销分录，借记"累计折旧"项目，贷记"管理费用"等项目。这里抵销的是就固定资产未实现内部销售利润部分计提的折旧额。（　）

四、计算及账务处理题

1. 华夏公司于2×20年1月1日采用控股合并的方式取得华美公司100%的股权，华夏公司和华美公司均为丙公司的子公司，双方协议约定价格7 000 000元，以银行存款支付。此外，华夏公司还以银行存款支付审计、评估费10 000元。发生合并当日华美公司所有者权益总额7 200 000元，其中股本5 500 000元，资本公积500 000元，盈余公积700 000元，未分配利润500 000元。假定华夏公司和华美公司采用相同的会计政策。

要求：(1) 编制华夏公司对华美公司长期股权投资的相关会计分录

(2) 编制华夏公司合并日合并财务报表的调整、抵销分录。

2. A公司于2×20年1月1日采用控股合并方式取得B公司80%的股权，A公司向B公司股东发行10万股权益性证券，每股面值为1元，公允价值为14元。合并前A、B公司不受相同一方或多方的控制。假定合并日B公司除存货、固定资产、无形资产账面价值与公允价值不同外，其他各项均相等。相关数据如表16-1所示。

表16-1　2×20年1月1日B公司资产负债表部分项目情况表　　单位：元

项　目	B公司账面价值	B公司公允价值
存货	288 000	308 000
固定资产	896 000	940 000
无形资产	160 000	200 000
股本	1 280 000	
资本公积	80 000	
盈余公积	32 000	
未分配利润	48 000	
所有者权益合计	1 440 000	1 544 000

要求：(1) 编制A公司对B公司长期股权投资的相关会计分录。

(2) 编制A公司合并日合并财务报表的调整、抵销分录。

3. A公司2×20年1月1日以银行存款500 000元购买了B公司100%的股份。当日，

B公司的所有者权益为540 000元，其中股本为400 000元，资本公积为80 000元，其他综合收益为0，盈余公积为40 000元，未分配利润为20 000元。2×20年B公司实现净利润60 000元，按净利润的10%提取法定盈余公积，按净利润的30%向股东分派现金股利。假定B公司与A公司的会计政策一致，不考虑所得税影响。该合并为同一控制下的企业合并。

要求：(1) 编制A公司2×20年1月1日的会计分录。

(2) 编制A公司2×20年按权益法调整的调整分录。

(3) 编制A公司2×20年合并财务报表中有关的抵销分录。

4. A公司2×20年1月1日以银行存款520 000元购买了B公司100%的股份(该合并为非同一控制下的企业合并)。合并日，B公司净资产公允价值为500 000元，净资产账面价值为480 000元，其中股本为400 000元，资本公积为50 000元，其他综合收益为0，盈余公积为20 000元，未分配利润为10 000元。备查簿上记录2×20年1月1日，某项固定资产账面价值为180 000元，公允价值为200 000元。B公司其他资产、负债账面价值与公允价值相同。该项固定资产使用年限为10年，预计净残值为0，采用年限平均法计提折旧。2×20年，B公司实现净利润60 000元，按净利润的10%提取法定盈余公积，按净利润的30%向股东分派现金股利。假定B公司与A公司的会计政策一致，不考虑所得税影响。

要求：(1) 编制A公司2×20年的会计分录。

(2) 计算A公司2×20年按权益法调整后的长期股权投资和投资收益的金额。

(3) 编制A公司2×20年合并财务报表中有关的抵销分录。

5. 甲母公司2×19年个别资产负债表中应收账款60 000元全部为内部应收账款，并按应收账款余额的5‰计提坏账准备，2×20年坏账准备余额为300元。乙子公司个别资产负债表中应付账款60 000元，全部为对母公司的应付账款。

甲母公司2×20年个别资产负债表中对乙子公司内部应收账款为76 000元，仍按应收账款余额的5‰计提坏账准备。

要求：(1) 编制2×19年度合并工作底稿中的抵销分录。

(2) 编制2×20年度合并工作底稿中的抵销分录。

6. 华夏公司2×18年6月1日出售一批产品给其子公司A公司，售价500 000元，产品成本400 000元，A公司购入后作为管理用固定资产使用，双方款项已经结清。该固定资产预计使用年限5年，预计净残值为0。A公司采用直线法计提折旧。假定不考虑相关税费。

要求：根据上述资料，分别编制华夏公司2×18年年末、2×19年年末及2×20年年末编制合并报表时的相关抵销分录。

7. 母公司2×19年向子公司销售商品10 000元，销售成本8 000元。子公司购进的该商品本年全部未实现对外销售而形成年末存货。子公司年末发现该存货已部分陈旧，其可变现净值降至9 200元，为此，子公司年末对该存货计提存货跌价准备800元。

2×20年，子公司又从母公司购进存货15 000元，母公司销售该商品的销售成本为12 000元。子公司2×19年从母公司购进存货本期全部售出，销售价格为13 000元；2×20年从母公司购进存货销售40%，销售价格为7 500元，另60%形成期末存货。2×20年12月31日该内部购进的存货的可变现净值为8 000元，2×20年年末计提存货跌价准备1 000元。

要求：编制母公司2×19年12月31日及2×20年12月31日的合并财务报表抵销分录。

第二部分　思考与练习参考答案

第一章　总　　论

一、单选题

1	2	3	4	5	6	7	8	9	10
C	C	B	B	D	A	A	D	B	B

二、多选题

1	2	3	4	5
ABCD	ABCD	ABC	ABC	ABC

三、判断题

1	2	3	4	5	6	7	8	9	10
×	×	√	√	×	×	√	√	√	×

第二章　或有事项

一、单选题

1	2	3	4	5	6	7	8	9	10
B	A	C	D	A	B	A	D	D	A

【解析】

第 10 题：甲公司 2×20 年年末资产负债表“预计负债”项目的金额＝3＋(1×100＋2×50)×(2%＋8%)÷2－5＝8(万元)。因此，答案选 A。

二、多选题

1	2	3	4	5
ABD	ACD	CD	BD	ABD

三、判断题

1	2	3	4	5	6	7	8	9	10
×	√	×	√	×	√	×	×	√	×

四、计算及财务处理题

1. (1) 第一季度发生产品质量保证费用:

借:预计负债——产品质量保证——农机　160 000
　贷:银行存款　80 000
　　原材料　80 000

应确认的产品质量保证负债金额=100×20×[(1%+2%)÷2]=30(万元)

借:销售费用——产品质量保证——农机　300 000
　贷:预计负债——产品质量保证——农机　300 000

第一季度末,"预计负债——产品质量保证——农机"科目余额=20+30−16=34(万元)

(2) 第二季度发生产品质量保证费用:

借:预计负债——产品质量保证——农机　440 000
　贷:银行存款　220 000
　　原材料　220 000

应确认的产品质量保证负债金额=200×20×[(1%+2%)÷2]=60(万元)

借:销售费用——产品质量保证——农机　600 000
　贷:预计负债——产品质量保证——农机　600 000

第二季度末,"预计负债——产品质量保证——农机"科目余额=34+60−44=50(万元)

(3) 第三季度发生产品质量保证费用:

借:预计负债——产品质量保证——农机　640 000
　贷:银行存款　320 000
　　原材料　320 000

应确认的产品质量保证负债金额=220×20×[(1%+2%)÷2]=66(万元)

借:销售费用——产品质量保证——农机　660 000
　贷:预计负债——产品质量保证——农机　660 000

第三季度末,"预计负债——产品质量保证——农机"科目余额=50+66−64=52(万元)

(4) 第四季度发生产品质量保证费用:

借:预计负债——产品质量保证——农机　560 000
　贷:银行存款　280 000
　　原材料　280 000

应确认的产品质量保证负债金额=300×20×[(1%+2%)÷2]=90(万元)

借:销售费用——产品质量保证——农机　900 000
　贷:预计负债——产品质量保证——农机　900 000

第四季度末,"预计负债——产品质量保证——农机"科目余额=52+90−56=86(万元)。

2. (1) 若生产A产品的单位成本为50元。

履行合同发生的损失=1 000×(50−40)=10 000(元)

不履行合同发生的损失=1 000×40×20%=8 000(元)

应选择违约方案，确认预计负债 8 000 元。

借：营业外支出　　8 000

　　贷：预计负债　　8 000

支付违约金时：

借：预计负债　　8 000

　　贷：银行存款　　8 000

（2）若生产 A 产品的单位成本为 45 元。

履行合同发生的损失＝1 000×(45－40)＝5 000(元)

不履行合同发生的损失＝1 000×40×20％＝8 000(元)

应选择执行合同的方案，确认预计负债 5 000 元。

借：营业外支出　　5 000

　　贷：预计负债　　5 000

待产品完工后：

借：预计负债　　5 000

　　贷：库存商品　　5 000

第三章　非货币性资产交换

一、单选题

1	2	3	4	5	6	7	8	9	10
A	A	B	D	A	D	B	C	D	D

【解析】

第 2 题：以账面价值为基础计量的非货币性资产交换，收到补价的条件下，以换出资产的账面价值，减去补价加上为换入资产支付的相关税费，作为换入资产的入账价值，50－8＋2＝44 万元，所以应选选项 A。

第 5 题：在交易具有商业实质且换出或者换入资产的公允价值能够可靠地计量的情况下，同时换入多项资产，按各项换入资产的公允价值占换入资产公允价值总额的比例，对换入资产的成本总额进行分配，所以选选项 A。

第 8 题：选项 C，因存货流动性强，能够在较短的时间内产生现金流量，设备作为固定资产要在较长的时间内为企业带来现金流量，两者产生现金流量的时间相差较大，即存货与固定资产产生的未来现金流量显著不同，交易具有商业实质。

第 9 题：该项交易具有商业实质。该企业的会计处理如下。

借：银行存款　　332 000

　　固定资产　　1 350 000

　　贷：主营业务收入　　1 500 000

　　　　应交税费——应交增值税(销项税额)　　182 000

借：主营业务成本　　1 200 000
　　贷：库存商品　　1 200 000

从上面的会计分录可以看出，该企业影响损益的金额＝150－120＝30(万元)，应选选项D。

第10题：《企业会计准则——非货币性资产交换》第六条规定，非货币性资产交换不具有商业实质的或者具有商业实质但换入资产或换出资产的公允价值不能够可靠地计量，应当以换出资产的账面价值和应支付的相关税费作为换入资产的成本，不确认损益，所以应选选项D。

二、多选题

1	2	3	4	5	6	7	8	9	10
ACD	ABC	ABCD	BCD	ABD	AB	AD	BC	AB	CD

【解析】

第7题：在计算公式中，分子为补价(无论是收到还是支付，金额是一样的)，分母是整个交易金额，收到补价方即为换出资产的公允价值，支付补价方可以是换入资产的公允价值。也可以是支付的补价加上换出资产的公允价值，因此，选项BC错误。

第8题：选项A，200÷750×100％＝26.67％，大于25％，不属于非货币性资产交换；选项B，140÷600×100％＝23.33％，小于25％，属于非货币性资产交换；选项C，160÷(600＋160)×100％＝21.05％，小于25％，属于非货币性资产交换；选项D，200÷600×100％＝33.33％，大于25％，不属于非货币性资产交换。

第9题：选项A，70÷(70＋260)＝21％＜25％，所以判断为非货币性交换；选项B，30÷(30＋170)＝15％＜25％，或30÷200＝15％＜25％，所以判断为非货币性交换；选项C，75÷300＝25％，所以判断为货币性交换；选项D，判断为货币性交换。

第10题：该公司存货的账面余额减少90万元，固定资产(库房)的入账价值＝100＋100×13％－13＝100(万元)。换出的原材料应按公允价值确认收入，并同时结转成本和以前计提的存货跌价准备，所以应选选项CD。

三、判断题

1	2	3	4	5	6	7	8	9	10
√	×	×	√	√	×	√	√	×	×

【解析】

第9题：应收账款作为企业的债权，有相应的发票等原始凭证作为收款的依据，虽然在收回货款过程中有可能发生坏账损失。但是，企业可以根据以往与购货方交往的经验，估计出发生坏账的可能性以及坏账金额。所以应收账款在将来为企业带来的经济利益是固定的，或可确定的，属于货币性资产。

第10题：《企业会计准则——非货币性资产交换》第六条规定，非货币性资产交换不具有商业实质的，企业可按照换出资产的账面价值和应支付的相关税费作为换入资产成本，不确认损益。

四、计算及财务处理题

1. 华夏公司有关会计处理如下：

换入固定资产的入账价值=500(万元)

借：固定资产	5 000 000	
应交税费——应交增值税(进项税额)	650 000	
贷：主营业务收入		5 000 000
应交税费——应交增值税(销项税额)		650 000
借：主营业务成本	4 000 000	
贷：库存商品		4 000 000

华丽公司有关会计处理如下：

换入商品的入账价值=500(万元)

借：固定资产清理	5 200 000	
累计折旧	2 800 000	
贷：固定资产		8 000 000
借：库存商品	5 000 000	
应交税费——应交增值税(进项税额)	650 000	
资产处置损益	200 000	
贷：固定资产清理		5 200 000
应交税费——应交增值税(销项税额)		650 000

2. (1) 收到的补价占换出资产公允价值的比例小于25%，应按照非货币性资产交换核算。计算华夏公司换入各项资产的成本：

换入资产成本总额=200+300−20=480(万元)

长期股权投资公允价值的比例=336÷(336+144)=70%

固定资产公允价值的比例=144÷(336+144)=30%

则换入长期股权投资的成本=480×70%=336(万元)

换入固定资产的成本=480×30%=144(万元)

(2) 编制华夏公司有关会计分录如下：

① 借：长期股权投资	3 360 000	
固定资产	1 440 000	
应交税费——应交增值税(进项税额)	187 200	
银行存款	272 800	
贷：主营业务收入		2 000 000
应交税费——应交增值税(销项税额)		260 000
交易性金融资产——成本		2 100 000
——公允价值变动		500 000
投资收益		400 000
② 借：公允价值变动损益	500 000	
贷：投资收益		500 000

③ 借：主营业务成本　　1 500 000
　　贷：库存商品　　1 500 000

(3) 计算华丽公司换入各项资产的成本：

换入资产成本总额＝336＋144＋20＝500(万元)
库存商品公允价值的比例＝200÷(200＋300)＝40%
交易性金融资产公允价值的比例＝300÷(200＋300)＝60%
则换入库存商品的成本＝500×40%＝200(万元)
换入交易性金融资产的成本＝500×60%＝300(万元)

(4) 编制华丽公司有关会计分录如下：

借：固定资产清理　　1 400 000
　　累计折旧　　1 000 000
　　贷：固定资产　　2 400 000
借：库存商品　　2 000 000
　　应交税费——应交增值税(进项税额)　　260 000
　　交易性金融资产——成本　　3 000 000
　　贷：长期股权投资　　3 000 000
　　　　固定资产清理　　1 440 000
　　　　应交税费——应交增值税(销项税额)　　187 200
　　　　投资收益　　360 000
　　　　银行存款　　272 800
借：固定资产清理　　40 000
　　贷：资产处置损益——处置非流动资产利得　　40 000

第四章　债 务 重 组

一、单选题

1	2	3	4	5	6	7	8	9	10
D	C	C	B	B	D	A	A	C	B

【解析】

第 1 题：债务重组涉及的债权和债务，是指《企业会计准则第 22 号——金融工具确认和计量》规范的债权和债务，不包括合同资产、合同负债、预计负债，但包括租赁应收款和租赁应付款。

第 5 题：选项 A，应按企业合并准则的规定进行会计处理；选项 C 和选项 D，应按金融工具确认和计量的规定进行会计处理。

第 6 题：乙公司应确认的其他收益的金额＝清偿债务账面价值 1 500－无形资产账面价值 980＝520(万元)

乙公司债务重组的账务处理如下：

借：应付账款　15 000 000
　累计摊销　4 000 000
　无形资产减值准备　1 200 000
　贷：无形资产　15 000 000
　　其他收益（15 000 000－9 800 000）　5 200 000

第 7 题：乙企业应计入当期损益的金额＝260－3×80＝20（万元），乙企业计入资本公积的金额＝(3－1)×80－1＝159（万元）。

第 9 题：库存商品的入账价值＝190－26＋2＝166（万元）。放弃债权公允价值与账面价值的差额＝190－(200－20)＝10（万元）。会计分录如下：

借：库存商品　1 660 000
　应交税费——应交增值税（进项税额）　260 000
　坏账准备　200 000
　贷：应收账款　2 000 000
　　银行存款　20 000
　　投资收益　100 000

第 10 题：乙公司会计分录如下：

借：固定资产清理　37 500 000
　累计折旧　30 000 000
　固定资产减值准备　7 500 000
　贷：固定资产　75 000 000
借：应付账款　80 000 000
　贷：固定资产清理　37 500 000
　　库存商品　18 000 000
　　应交税费——应交增值税（销项税额）　773 500
　　其他收益——债务重组收益　1 676 500

二、多选题

1	2	3	4	5	6	7	8	9	10
ABD	ABCD	BD	ABCD	ABC	ABC	ABCD	ABC	ABCD	ABCD

【解析】

第 1 题：甲公司会计处理如下：

借：应收票据　1 200 000
　库存商品　7 760 000
　应交税费——应交增值税（进项税额）（800×13%）　1 040 000
　坏账准备　2 400 000
　贷：应收账款　12 000 000
　　投资收益[1 000－(1 200－240)]　400 000

第 7 题：债权人初始确认受让的金融资产以外的资产时，存货成本包括放弃债权的公允价值，以及使该资产达到当前位置和状态所发生的可直接归属于该资产的税金、运输费、装卸费、保险费等其他成本。

第 8 题：债务人以单项或多项非金融资产清偿债务，或者以包括金融资产和非金融资产在内的多项资产清偿债务的，不需要区分资产处置损益和债务重组损益，也不需要区分不同资产的处置损益，而应将所清偿债务账面价值与转让资产账面价值间的差额，记入“其他收益——债务重组收益”科目。

偿债资产已计提减值准备的，应结转已计提的减值准备。

债务人以日常活动产出的商品或服务清偿债务的，应当将所清偿债务账面价值与存货等相关资产账面价值之间的差额，记入“其他收益——债务重组收益”科目。

三、判断题

1	2	3	4	5	6	7	8	9	10
√	×	×	√	×	×	×	√	×	√

【解析】

第 6 题：债权人和债务人协议以一项同时包含金融负债成分和权益工具成分的复合金融工具替换原债权与债务，这类交易不属于债务人将债务转为权益工具的债务重组方式。

第 7 题：对于终止确认的分类为以公允价值计量且其变动计入“其他综合收益”的债权，之前计入“其他综合收益”的累计利得或损失应当从“其他综合收益”中转出，记入“投资收益”科目。

第 9 题：债务人以单项或多项金融资产清偿债务的，债务的账面价值与偿债金融资产账面价值的差额，记入“投资收益”科目。

四、计算及财务处理题

1. (1) 债权人(乙公司)的会计处理：

① 6 月 30 日：

借：公允价值变动损益	150 000	
贷：交易性金融资产——公允价值变动		150 000

② 8 月 12 日：

借：公允价值变动损益	90 000	
贷：交易性金融资产——公允价值变动		90 000

③ 10 月 20 日，乙公司对甲公司长期股权投资的成本为应收款项公允价值 76 万元与相关税费 1.2 万元的合计 77.2 万元。

借：长期股权投资——甲公司	772 000	
交易性金融资产——公允价值变动	240 000	
贷：交易性金融资产——成本		1 000 000
银行存款		12 000

(2) 债务人(甲公司)的会计处理。

10 月 20 日，由于甲公司股权的公允价值不能可靠地计量，初始确认权益工具公允价值时应按照所清偿债务的公允价值 76 万元计量，并扣除因发行权益工具支出的相关税费 1.5

万元。

甲公司的账务处理如下：

借：应付账款	1 000 000	
贷：实收资本		250 000
资本公积——资本溢价(760 000－250 000)		510 000
投资收益		240 000

支付相关税费 1.5 万元(注意：依次冲减资本溢价、盈余公积、未分配利润等)

借：资本公积——资本溢价	15 000	
贷：银行存款		15 000

2. (1) 债权人(甲公司)的会计处理如下：

借：无形资产	910 000	
坏账准备	70 000	
投资收益	(倒挤)10 000	
贷：应收账款		950 000
银行存款		40 000

(2) 债务人(乙公司)的会计处理如下：

借：应付账款	950 000	
累计摊销	100 000	
无形资产减值准备	20 000	
贷：无形资产		1 000 000
其他收益——债务重组收益		(倒挤)70 000

3. (1) 债务人(甲公司)的会计处理如下：

借：固定资产清理	(账面价值)920 000	
累计折旧	400 000	
固定资产减值准备	180 000	
贷：固定资产		1 500 000
借：固定资产清理	6 500	
贷：银行存款		6 500
借：应付账款	2 340 000	
贷：固定资产清理(920 000＋6 500)		926 500
库存商品		700 000
应交税费——应交增值税(销项税额)		214 500
债权投资——成本		150 000
其他收益——债务重组收益		(倒挤)349 000

(2) 债权人(乙公司)的会计处理。

2×22 年 9 月 20 日，乙公司(债权人)的账务处理如下。

① 结转债务重组相关损益：

借：低值易耗品　　900 000
　　在建工程——在安装设备　　750 000
　　应交税费——应交增值税(进项税额)　　214 500
　　交易性金融资产　　210 000
　　坏账准备　　190 000
　　投资收益　　75 500
　　贷：应收账款——甲公司　　2 340 000

② 支付安装成本：

借：在建工程——在安装设备　　15 000
　　贷：银行存款　　15 000

③ 安装完毕达到可使用状态：

借：固定资产——××设备　　765 000
　　贷：在建工程——在安装设备　　765 000

第五章　所　得　税

一、单选题

1	2	3	4	5	6	7	8	9	10
B	C	D	C	C	A	D	C	A	A
11	12	13	14	15					
B	B	D	B	A					

二、多选题

1	2	3	4	5	6	7	8	9	10
ABD	AD	BD	ACD	BC	BCD	AB	BD	AC	BCD
11	12	13	14	15					
AB	CD	ABC	ABCD	ABC					

【解析】

第 1 题：选项 C，按照税法的有关规定，企业因产品质量保证确认的预计负债，实际发生时可以税前列支，计税基础为 0，不等于账面价值。因此选选项 ABD。

第 3 题：选项 A，按税法规定，对于交易性金融资产在持有期间公允价值的变动不计入应纳税所得额，因此计税基础与账面价值不相等；选项 B，企业为关联方提供债务担保确认的预计负债，按税法规定不允许税前扣除，所以预计负债的计税基础＝账面价值－0，即计税基础＝账面价值。选项 C，账面价值为 100 万元，计税基础＝100×200％＝200(万元)，计税基础与账面价值不相等；选项 D，税法规定的收入确认时点与会计准则一致，会计确认的预收账款，税收规定亦不计入当期应纳税所得额，因此预收账款的账面价值等于计税基础。因此选选项 BD。

第 4 题：选项 ACD，均可能使会计资产账面价值大于其计税基础，从而产生应纳税暂时性差异；选项 B，由于会计上期期末以公允价值调整交易性金融资产，税法上以初始确认的金额计量，所以会使资产账面价值小于其计税基础，从而产生可抵扣暂时性差异。因此选选项 ACD。

第 5 题：选项 B，产生的递延所得税资产计入其他综合收益；选项 C，产生的递延所得税资产计入商誉。因此选选项 BC。

第 6 题：自行开发的无形资产确认时，既不影响应纳税所得额，也不影响会计利润，故不确认相关的递延所得税。因此选选项 BCD。

第 7 题：资产账面价值大于其计税基础的差额和负债账面价值小于其计税基础的差额，应作为应纳税暂时性差异，确认为递延所得税负债。负债的账面价值大于其计税基础和资产的账面价值小于其计税基础的差额，应作为可抵扣暂时性差异，确认递延所得税资产。因此选选项 AB。

第 8 题：企业合并中产生的商誉，其账面价值与计税基础不同形成的应纳税暂时性差异，不确认相关的递延所得税负债。与联营企业、合营企业投资相关的应纳税暂时性差异，一般应确认相应的递延所得税负债，但同时满足以下两个条件时，不予确认：一是投资企业能够控制暂时性差异转回的时间；二是该暂时性差异在可预见的未来很可能不会转回。所以此题应选选项 BD。

第 9 题：企业应当以很可能取得用来抵扣可抵扣暂时性差异的应纳税所得额为限，确认由可抵扣暂时性差异产生的递延所得税资产。但同时具有以下特征的交易中因资产或负债的初始确认所产生的可抵扣暂时性差异不予确认：①该项交易不是企业合并。②交易发生时既不影响会计利润也不影响应纳税所得额。因此选选项 AC。

第 10 题：选项 B，不是所有的暂时性差异都要确认递延所得税；选项 C，影响数也有可能是计入变化当期的所有者权益；选项 D，有些特殊项目确认的递延所得税(如未弥补亏损)并不是由资产或负债的账面价值与计税基础之差引起的。因此选选项 BCD。

第 11 题：选项 C，以公允价值计量且其变动计入其他综合收益的金融资产因持有期间公允价值变动产生的递延所得税，应计入所有者权益的“其他综合收益”科目；选项 D，非同一控制下免税合并中，被合并方资产、负债公允价值与账面价值不等产生的暂时性差异，确认的递延所得税对应的调整科目是合并中产生的商誉，不影响所得税费用。因此选选项 AB。

第 12 题：选项 A，根据准则规定，如果某项交易或事项按照会计准则规定应计入所有者权益，由该交易或事项产生的递延所得税资产或递延所得税负债及其变化亦应计入所有者权益，不构成利润表中的所得税费用。期末按公允价值调增以公允价值计量且其变动计入其他综合收益的金融资产的金额，应调增其他综合收益，由此确认的递延所得税负债也应调整其他综合收益；选项 B，非同一控制下的合并中，被投资企业可辨认资产、负债公允价值与账面价值不同所产生的暂时性差异应该调整商誉，不调整所得税费用。因此选选项 CD。

三、判断题

1	2	3	4	5	6	7	8	9	10
×	×	√	√	×	×	√	×	×	×
11	12	13	14	15					
√	×	√	√	√					

四、计算及财务处理题

1.（1）① 递延所得税资产＝700 000×25％＝175 000(元)

② 递延所得税负债＝300 000×25％＝75 000(元)

③ 递延所得税＝75 000－175 000＝－100 000(元)

④ 所得税费用＝2 725 000－100 000＝2 625 000(元)

（2）借：所得税费用　　2 625 000

递延所得税资产　　175 000

贷：应交税费——应交所得税　　2 725 000

递延所得税负债　　75 000

2. 华夏公司的会计处理如下。

（1）2×20 年度当期应交所得税：

应纳税所得额＝2 400＋120＋400－400＋200＋60＝2 780(万元)

应交所得税＝2 780×25％＝695(万元)

（2）2×20 年度递延所得税：

递延所得税＝4 000 000×25％－1 800 000×25％＝550 000(元)

（3）利润表中应确认的所得税费用＝6 950 000＋550 000＝ 7 500 000(元)

借：所得税费用　　7 500 000

递延所得税资产　　450 000

贷：应交税费——应交所得税　　6 950 000

递延所得税负债　　1 000 000

第六章　外 币 业 务

一、单选题

1	2	3	4	5	6	7	8	9	10
D	C	A	A	C	B	C	A	D	B

【解析】

第 1 题：期末应调整的汇兑损益＝(10 000×8.5－81 000)＋(30 000×8.5－258 000)－(6 000×8.5－49 200)－(2 000×8.5－16 500)－(15 000×8.5－124 200)＝－4 600(元)。利润表是反映企业在一定会计期间经营成果的报表，是一个期间报表。因此选项 D。

第 2 题：按照新准则规定，企业收到的投资者以外币投入的资本，应当采用交易发生日的即期汇率折算，不得采用合同约定汇率和即期汇率的近似汇率折算，外币投入资本与相应的货币性项目的记账本位币金额之间不产生外币资本折算差额。因此选选项 C。

第 10 题：10×10 000×7.5－9×10 000×7.8＝48 000(元)，因此选选项 B。

二、多选题

1	2	3	4	5	6	7	8	9	10
BCD	ABCD	ACD	ABC	BD	BCD	ABC	ABCD	ABCD	ACD

【解析】

第1题：固定资产应该按资产负债表日即期汇率进行折算。因此选择选项BCD。

第2题：资产负债表中的资产和负债项目，采用资产负债表日的即期汇率折算。因此选择选项ABCD。

第3题：企业通常应选择人民币作为记账本位币。业务收支以人民币以外的货币为主的企业，可以按规定选定其中一种货币作为记账本位币，但编报的财务报表应折算为人民币。企业记账本位币一经确定，不得随意变更，除非企业经营所处的主要经济环境发生重大变化。确需变更记账本位币的，应采用变更当日的即期汇率将所有项目折算为变更后的记账本位币。所以选项ACD说法正确。

第7题：利润表中的收入和费用项目，采用交易发生日的即期汇率或即期汇率的近似汇率折算。投资者以外币投入的资本，应按交易发生日的即期汇率折算。因此选择选项ABC。

三、判断题

1	2	3	4	5	6	7	8	9	10
√	×	√	×	×	×	×	×	√	×

四、计算及财务处理题

1.（1）借：银行存款——美元户	320 000	
贷：实收资本——AD公司		320 000
（2）借：银行存款——美元户	87 000	
贷：短期借款		87 000
（3）借：应收账款——XY公司	860 000	
贷：主营业务收入		860 000
（4）借：银行存款——美元户	121 500	
财务费用——汇兑差额	1 500	
贷：银行存款——人民币		123 000
2.（1）借：在建工程（20 000×5%×6.2）	6 200	
贷：应付利息——美元		6 200
（2）借：长期借款——美元	5 000	
贷：在建工程[20 000×（6.45−6.2）=5 000]		5 000
（3）借：应付利息——美元	6 200	
在建工程[20 000×5%×(6.22−6.2)]	20	
贷：银行存款		6 220

第七章　租　　赁

一、单选题

1	2	3	4	5	6	7	8	9	10
B	B	D	C	C	C	A	D	D	B

二、多选题

1	2	3	4	5
BCD	ABCD	ABCD	ABC	ABCD
6	7	8	9	10
ABCD	ABC	AC	BCD	ABCD

三、判断题

1	2	3	4	5	6	7	8	9	10
×	√	×	√	√	×	√	√	×	√

四、计算及账务处理题

（1）本合同属于租赁。

理由：A 生产设备是可识别资产，华夏公司有权在租赁期内主导 A 设备的使用。

（2）计算租赁付款及其现值。

租赁付款额＝800×4＋100＝3 300（万元）

租赁付款额的现值＝800×3.4651＋100×0.7921＝2 851.29（万元）

（3）使用权资产的入账价值＝2 851.29＋0.71＝2 852（万元）

（4）租赁期开始日的会计处理如下：

借：使用权资产　28 520 000
　　租赁负债——未确认融资费用　4 487 100
　贷：租赁负债——租赁付款额　33 000 000
　　　银行存款　7 100

（5）① 2×20 年 12 月 31 日，支付租金 800 万元，并按实际利率法确认租金包含的利息费用。

确认租赁利息费用：

借：财务费用　1 710 700
　贷：租赁负债——未确认融资费用　1 710 700

支付租金：

借：租赁负债——租赁付款额　8 000 000
　贷：银行存款　8 000 000

② 2×20 年 12 月 31 日计提折旧：

2×20 年度 A 生产设备应计提的折旧金额＝2 852÷5＝570.4(万元)。

借：制造费用——折旧费　　5 704 000

　贷：使用权资产累计折旧　　5 704 000

第八章　政 府 补 助

一、单选题

1	2	3	4	5	6	7	8	9	10
D	B	D	A	A	B	B	D	A	B

【解析】

第 9 题：华夏公司因购入和使用该台实验设备对损益的影响金额＝－900÷5×6÷12＋500÷5×6÷12＝－40(万元)，因此选择选项 A。

第 10 题：华夏公司因政府补助应确认的收益金额＝600＋2 000÷50×6÷12＝620(万元)，因此选择选项 B。

二、多选题

1	2	3	4	5	6	7	8	9	10
BCD	ABCD	AC	ABCD	AB	ACD	ABCD	BCD	ABC	ABCD

【解析】

第 1 题：选项 A，收到返还的增值税款 100 万元属于政府补助，应计入营业外收入。因此选择 BCD。

第 3 题：选项 A，当期应计入损益的政府补助＝4 000×1 600÷(1 600＋2 400)＋260＝1 860(万元)；选项 B，当期取得与收益相关的政府补助＝260＋4 000＝4 260(万元)；选项 C，当期取得与资产相关的政府补助＝3 000(万元)；选项 D，当期计入资本公积的金额为 0。因此选择选项 AC。

三、判断题

1	2	3	4	5
√	×	√	√	×

四、计算及账务处理题

1.(1) 4 月 1 日取得借款：

借：银行存款　　20 000 000

　贷：短期借款　　20 000 000

(2) 4 月，实际收到财政贴息 30 万元时：

借：银行存款(20 000 000×6%÷4)　　300 000
　　贷：递延收益　　300 000

(3) 计提 4 月份利息费用：

借：财务费用(20 000 000×6%÷12)　　100 000
　　贷：应付利息　　100 000

(4) 将补偿 4 月份利息费用的补贴计入当期收益：

借：递延收益(300 000÷3)　　100 000
　　贷：其他收益　　100 000

(5) 5 月和 6 月的会计分录同上。

(6) 6 月月末：

借：应付利息　　300 000
　　贷：银行存款　　300 000

2. 华夏公司自财政部门取得的款项不属于政府补助，该款项与具有明确商业实质的交易相关，不是公司自国家无偿取得的现金流入，应作为企业正常销售价款的一部分。会计处理如下：

借：应收账款、银行存款　　50 000 000
　　贷：主营业务收入　　50 000 000
借：主营业务成本　　25 000 000
　　贷：库存商品　　25 000 000

3. (1) 编制 2×19 年 3 月 1 日实际收到财政拨款的会计分录如下：

借：银行存款　　10 000 000
　　贷：递延收益　　10 000 000

(2) 编制 2×19 年 4 月 1 日购入设备的会计分录

借：在建工程(1 600 000×6)　　9 600 000
　　贷：银行存款　　9 600 000

(3) 编制 2×19 年 4 月 3 日按合理估计的发包工程进度和合同规定向丙公司支付结算进度款 10 万元的会计分录如下：

借：在建工程　　100 000
　　贷：银行存款　　100 000

(4) 编制 2×19 年 6 月 30 日安装完毕的会计分录如下：

借：在建工程　　300 000
　　贷：银行存款　　300 000
借：固定资产　　10 000 000
　　贷：在建工程　　10 000 000

(5) 计算并编制 2×19 年计提年折旧额的会计分录如下：

2×19 年计提的年折旧额=(1 000−40)×5÷15÷2=160(万元)

借：研发支出　　1 600 000
　贷：累计折旧　　1 600 000

(6) 计算并编制 2×19 年分配递延收益的会计分录如下：

借：递延收益(1 000÷5÷2)　　1 000 000
　贷：其他收益　　1 000 000

(7) 计算 2×21 年 6 月 30 日累计折旧额和递延收益累计摊销。

累计折旧额=(1 000−40)×5÷15+(1 000−40)×4÷15=576(万元)

递延收益累计摊销=1 000÷5×2=400(万元)

(8) 编制 2×21 年 6 月 30 日出售设备的会计分录如下：

借：固定资产清理　　4 240 000
　　累计折旧　　5 760 000
　贷：固定资产　　10 000 000
借：银行存款　　7 000 000
　贷：固定资产清理　　7 000 000
借：固定资产清理　　2 760 000
　贷：资产处置损益　　2 760 000
借：递延收益(1 000−400)　　6 000 000
　贷：其他收益　　6 000 000

第九章　借 款 费 用

一、单选题

1	2	3	4	5	6	7	8	9	10
A	D	D	D	B	C	D	D	A	C

【解析】

第 5 题：所占用一般借款的资本化率=所占用一般借款当期实际发生的利息之和÷所占用一般借款本金加权平均数，一般借款本金加权平均数=Σ(所占用每笔一般借款本金×每笔一般借款在当期所占用的天数÷当期天数)

在本题中，

一般借款本金加权平均数=800+500×6÷12=1 050(万元)

一般借款当期实际发生的利息之和=800×8%+500×6%×6÷12=79(万元)

一般借款的资本化率=79÷1 050=7.52%

二、多选题

1	2	3	4	5
ABD	ABD	ABCE	ABC	ABCD

三、判断题

1	2	3	4	5	6	7	8	9	10
×	×	×	√	×	×	×	×	×	×

四、计算及账务处理题

1.(1) 开始资本化的时点为2×21年1月1日,停止资本化的时点为2×22年1月31日。

(2) 由于2×21年3月1日至6月30日连续发生3个月以上的非正常中断。根据规定,在此期间应暂停资本化,应将这一期间发生的借款费用计入财务费用。2×21年专门借款利息资本化金额的计算如下:

专门利息资本化金额=1 000×6%×8÷12-(2+2)=36(万元)

另外,因为在2×21年9月1日时累计资产支出为1 100万元,超过了专门借款1 000万元,超过的100万元部分占用的是一般借款,其应资本化的金额为:100×7%×4÷12=2.33(万元)。

所以,2×21年借款利息应予以资本化的金额=36+2.33=38.33(万元)

(3) 费用化的金额:专门借款费用化的金额=1 000×6%×4÷12-4=16(万元)

一般借款费用化的金额=200×7%-2.33=11.67(万元)

2×21年借款利息应予费用化的金额为=16+11.67=27.67(万元)

编制华夏公司2×21年年末计提利息的有关会计分录如下:

借:在建工程　383 300
　　银行存款　80 000
　　财务费用　276 700
　　贷:应付利息　740 000

2.(1) 2×21年专门借款利息资本化金额=4 000×8%-1 000×0.5%×6=290(万元)

2×22年专门借款利息资本化金额=4 000×8%×180÷360=160(万元)

(2) 一般借款的资本化率(年)=(4 000×6%+20 000×8%)÷(4 000+20 000)=7.67%

2×21年占用一般借款资产支出加权平均数=4 000×180÷360=2 000(万元)

2×21年一般借款利息资本化金额=2 000×7.67%=153.40(万元)

2×22年占用一般借款资产支出加权平均数=(4 000+3 000)×180÷360=3 500(万元)

2×22年一般借款利息资本化金额=3 500×7.67%=268.45(万元)

(3) 2×21年利息资本化金额=290+153.40=443.4(万元)

2×22年利息资本化金额=160+268.45=428.45(万元)

(4) 2×21年有关利息费用的会计分录如下:

借:在建工程　4 434 000
　　应收利息　300 000
　　财务费用　16 866 000
　　贷:应付利息　21 600 000

2×22 年有关利息费用的会计分录如下：

借：在建工程　　4 284 500
　　财务费用　　17 315 500
　　贷：应付利息　　21 600 000

第十章　股份支付

一、单选题

1	2	3	4	5	6	7	8	9	10
B	D	C	B	A	C	C	A	B	A

二、多选题

1	2	3	4	5
BC	AC	AB	CD	ABCD

三、判断题

1	2	3	4	5	6	7	8	9	10
×	×	√	×	√	√	×	×	×	×

四、计算及账务处理题

1. (1) 2×16 年。

2×16 年 1 月 1 日授予日不作处理。

2×16 年 12 月 31 日：

应确认的应付职工薪酬和当期费用＝(100－10－8)×100×12×1÷3＝32 800(元)

借：管理费用　　32 800
　　贷：应付职工薪酬　　32 800

(2) 2×17 年 12 月 31 日。

应确认的应付职工薪酬余额＝(100－10－6－6)×100×14×2÷3＝72 800(元)

应确认的当期费用＝72 800－32 800＝40 000(元)

借：管理费用　　40 000
　　贷：应付职工薪酬　　40 000

(3) 2×18 年 12 月 31 日。

应支付的现金＝40×100×16＝64 000(元)

应确认的应付职工薪酬余额＝(100－10－6－4－40)×100×15＝60 000(元)

应确认的当期费用＝60 000＋64 000－72 800＝51 200(元)

借：管理费用　　51 200
　　贷：应付职工薪酬　　51 200

借：应付职工薪酬　64 000
　　贷：银行存款　64 000

(4) 2×19 年 12 月 31 日。

应支付的现金=30×100×18=54 000(元)
应确认的应付职工薪酬余额=(100－10－6－4－40－30)×100×20=20 000(元)
应确认的当期损益=20 000+54 000－60 000=14 000(元)

借：公允价值变动损益　14 000
　　贷：应付职工薪酬　14 000
借：应付职工薪酬　54 000
　　贷：银行存款　54 000

(5) 2×20 年 12 月 31 日。

应支付的现金=10×100×22=22 000(元)
应确认的应付职工薪酬余额=0
应确认的当期损益=0+22 000－20 000=2 000(元)

借：公允价值变动损益　2 000
　　贷：应付职工薪酬　2 000
借：应付职工薪酬　22 000
　　贷：银行存款　22 000

2. (1) 回购本公司股票时的相关会计分录如下：

借：库存股　135 000 000
　　贷：银行存款　135 000 000

(2) 2×17 年应确认的当期费用=(100－3－1)×15×15×1÷3=7 200(万元)

相关会计分录如下：

借：管理费用　72 000 000
　　贷：资本公积——其他资本公积　72 000 000

2×18 年应确认的当期费用=(100－3－2)×15×15×2÷3－7 200=7 050(万元)

相关会计分录如下：

借：管理费用　70 500 000
　　贷：资本公积——其他资本公积　70 500 000

2×19 年应确认的当期费用=(100－3－2)×15×15－7 200－7 050=7 125(万元)

相关会计分录如下：

借：管理费用　71 250 000
　　贷：资本公积——其他资本公积　71 250 000

(3) 行权时的相关会计分录如下：

借：银行存款(95×5×15)　71 250 000
　　资本公积——其他资本公积(7 200+7 050+7 125)　213 750 000
　　贷：库存股(13 500×1 425÷1 500)　128 250 000
　　　　资本公积——股本溢价　156 750 000

第十一章　会计政策、会计估计变更和差错更正

一、单选题

1	2	3	4	5	6	7	8	9	10
C	B	C	A	B	B	D	B	A	A

【解析】

第1题：选项ABD，均属于会计估计变更。选项C，存货计价方法的变更属于会计政策变更，因此选择选项C。

第5题：本题考查的是前期差错更正的处理。按照错误的处理，已经摊销的金额为960万元(480×2)，按照正确的处理，应该摊销的金额为600万元(120+480)，正确的处理比错误的处理应少计摊销额360万元，因此应调增留存收益的金额为360×(1−25%)=270(万元)，调增2×20年年初未分配利润金额为270×(1−10%)=243(万元)。因此选择选项B。

第8题：按照原使用年限和净残值，2×21年应计提折旧=(1 500 000−100 000)÷10=140 000(元)，按照变更后的使用年限和净残值，2×21年应计提折旧=(1 500 000−140 000×4−60 000)÷(8−4)=220 000(元)，2×21年减少净利润=(220 000−140 000)×(1−25%)=60 000(元)。因此选择选项B。

二、多选题

1	2	3	4	5	6	7	8	9	10
BCD	AB	BC	ABD	ABC	AC	BCD	AC	ABCD	BD

【解析】

第3题：本题考核未来适用法的适用范围。选项A，保存期限内的影响数可以获得，应采用追溯调整法；选项D，应按照法律或行政法规的要求对会计政策的变更采用追溯调整法。因此选择选项BC。

第4题：选项B，企业难以对某项变更区分为会计政策变更或会计估计变更的，应当将其作为会计估计变更处理；选项D，对于会计估计变更，企业应采用未来适用法进行会计处理，不调整以前期间的报告结果，选项D正确。因此选择选项ABD。

第8题：选项B，委托代销方式销售商品的，应当在收到受托方的代销清单时确认收入；选项D，属于会计舞弊；选项B D都应作为重要差错更正处理。因此选择选项AC。

三、判断题

1	2	3	4	5
×	×	×	×	×

四、计算及账务处理题

1. 按照规定，在首次执行日对资产、负债的账面价值与计税基础不同形成的暂时性差异的所得税影响进行追溯调整，影响金额调整留存收益。

（1）存货项目产生的可抵扣暂时性差异＝460－420＝40(万元)

应确认的递延所得税资产余额＝40×25％＝10(万元)

固定资产项目产生的应纳税暂时性差异＝1 250－1 030＝220(万元)

应确认的递延所得税负债余额＝220×25％＝55(万元)

预计负债项目产生的可抵扣暂时性差异＝125－0＝125(万元)

应确认递延所得税资产余额＝125×25％＝31.25(万元)

递延所得税资产合计＝10＋31.25＝41.25(万元)

该项会计政策变更的累积影响数＝41.25－55＝－13.75(万元)

（2）编制有关会计分录如下：

借：递延所得税资产　412 500
　盈余公积　13 750
　利润分配——未分配利润　123 750
　贷：递延所得税负债　550 000

2. 企业在首次执行新准则时，应当按照《企业会计准则第 38 号——首次执行企业会计准则》对首次执行新准则当年的“年初余额”栏及相关项目进行调整；以后期间，如果企业发生了会计政策变更、前期差错更正，应当对“年初余额”栏中的有关项目进行相应调整。此外，如果企业上年度资产负债表规定的项目名称和内容与本年度不一致，应当对上年年末资产负债表相关项目的名称和数字按照本年度的规定进行调整，填入“年初余额”栏。

（1）计算累积影响数。　单位：万元

年度	按照新政策确认损益	按照原政策确认损益	税前差异	递延所得税费用	税后差异
2×18	A 股票(446－450)＋B 股票(106－110)＝－8	0	－8	－2	－6
2×19	A 股票(500－446)＋B 股票(120－106)＝68	0	68	17	51
2×20	A 股票(510－500)＋B 股票(130－120)＝20	0	20	5	15
合计	80	0	80	20	60

会计政策变更的累积影响数是指按照变更后的会计政策对以前各期追溯计算的列报(即列报期为 2×21 年年末)前期(即 2×20 年年末)最早期(2×19 年年末，也就是 2×20 年年初)初留存收益应有金额与现有金额之间的差额。所以会计政策变更的累积影响数是 45 万元(51－6)。

（2）编制有关项目的调整分录如下：

借：交易性金融资产——公允价值变动　800 000
　贷：利润分配——未分配利润　600 000
　　递延所得税负债　200 000
借：利润分配——未分配利润(60×15％)　90 000
　贷：盈余公积　90 000

（3）财务报表调整和重述。

资产负债表

2×21 年 12 月 31 日　　单位:万元

项　目	年初余额	
	调　增	调　减
交易性金融资产	80	
递延所得税负债	20	
盈余公积	9	
未分配利润	51	

利润表

2×21 年度　　单位:万元

项　目	上期金额	
	调　增	调　减
公允价值变动收益	20	
所得税费用	5	
净利润	15	
基本每股收益	0.0033 元(15÷4 500)	

所有者权益变动表

2×21 年度　　单位:万元

项　目	本年金额		上年金额	
	盈余公积	未分配利润	盈余公积	未分配利润
上年年末余额				
加:会计政策变更	2. 25(15×15%)	12.75(15−2.25)	6. 75(45×15%)	38.25(45−6.75)

3.(1) 计算至 2×21 年 3 月 31 日的累计折旧额=1 000÷10×2+1 000÷10×3/12=225(万元)

(2) 计算至 2×21 年 3 月 31 日的账面价值=1 000−225=775(万元)

(3) 计算从 2×21 年 4 月 1 日至年末计提的折旧额=775÷(6×12−2×12−3)×9=155(万元)

(4) 计算 2×21 年计提的折旧额=1 000÷10×3/12+155=180(万元)

(5) 计算 2×21 年按照税法规定计算折旧额=1 000÷10=100(万元)

(6) 确认递延所得税资产=(180−100)×25%=20(万元)

(7) 计算会计估计变更影响 2×21 年净利润=−[(180−100)−20]=−60(万元)或=−(180−100)×(1−25%)=−60(万元)

第十二章　资产负债表日后事项

一、单选题

1	2	3	4	5	6	7	8	9	10
B	B	A	A	B	C	A	C	D	A

二、多选题

1	2	3	4	5	6	7	8	9	10
BCD	AC	ABD	AB	AD	BD	BC	ABD	BD	ABD

【解析】

第1题:资产负债表日后事项是指资产负债表日至财务报告批准报出日之间发生的需要调整及说明的有利或不利事项。选项A,属于当年发生的正常购销业务,不符合资产负债表日后事项的定义和特点;选项BCD,属于日后事项中的非调整事项。因此选择选项BCD。

第2题:选项BD,为资产负债表日后非调整事项,因此选择选项AC。

第3题:选项C,属于资产负债表日后非调整事项,因此选择选项ABD。

第6题:选项B,属于资产负债表日后进一步确定了资产负债表日前售出资产的收入的情形,是调整事项;选项D,属于资产负债表日后期间发现的前期会计差错,是调整事项。因此选择选项BD。

第9题:本题考核调整事项的处理方法。在2×20年12月31日,本事项应确认一项预计负债,同时作为一项担保事项,应当进行披露,选项A,表述不正确。在2×21年2月6日应按照资产负债表日后调整事项处理,调整会计报表相关项目。因此选择选项BD。

三、判断题

1	2	3	4	5	6	7	8	9	10
√	√	×	×	×	√	×	√	×	√

四、计算及财务处理题

1.

(1) 2×21年1月12日,调整销售收入:

借:以前年度损益调整　　2 000 000
　应交税费——应交增值税(销项税额)　　260 000
　贷:应收账款　　2 260 000

(2) 调整销售成本:

借:库存商品　　1 500 000
　贷:以前年度损益调整　　1 500 000

(3) 调整应缴纳的所得税:

借:应交税费——应交所得税　　125 000
　贷:以前年度损益调整[(2 000 000－1 500 000)×25%＝125 000]　　125 000

(4) 将“以前年度损益调整”科目的余额转入利润分配:

借:利润分配——未分配利润　　375 000
　贷:以前年度损益调整　　375 000

（5）调整盈余公积

借：盈余公积——法定盈余公积（375 000×10%）　　37 500
　　贷：利润分配——未分配利润　　37 500

2.

华夏公司的账务处理如下。

（1）记录支付的赔偿款：

借：以前年度损益调整——营业外支出　　2 000 000
　　贷：其他应付款——华美公司　　2 000 000
借：预计负债——未决诉讼　　6 000 000
　　贷：其他应付款——华美公司　　6 000 000
借：其他应付款——华美公司　　8 000 000
　　贷：银行存款　　8 000 000

注：资产负债表日后事项如涉及现金收支项目，均不调整报告年度资产负债表的货币资金项目和现金流量表各项目数字。本例中，虽然已经支付了赔偿款，但在调整会计报表相关数字时，只需调整上述第一笔和第二笔分录，第三笔分录作为2×20年的会计事项处理。

（2）调整递延所得税资产：

借：以前年度损益调整——所得税费用（6 000 000×25%）　　1 500 000
　　贷：递延所得税资产　　1 500 000

2×19年年末因确认预计负债6 000 000元时已确认相应的递延所得税资产，资产负债表日后事项发生后递延所得税资产不复存在，应予转回。

（3）调整应交所得税：

借：应交税费——应交所得税（8 000 000×25%）　　2 000 000
　　贷：以前年度损益调整——所得税费用　　2 000 000

（4）将“以前年度损益调整”科目余额转入未分配利润：

借：利润分配——未分配利润　　1 500 000
　　贷：以前年度损益调整　　1 500 000

（5）因净利润减少，调减盈余公积：

借：盈余公积——法定盈余公积（1 500 000×10%）　　150 000
　　贷：利润分配——未分配利润　　150 000

（6）调整报告年度财务报表相关项目的数字（财务报表从略）：

① 资产负债表项目的调整：调减递延所得税资产500 000元；调减应交税费2 000 000元；调增其他应付款8 000 000元，调减预计负债6 000 000元；调减盈余公积150 000元，调减未分配利润1 350 000元。

② 利润表项目的调整：调增营业外支出2 000 000元，调减所得税费用500 000元，调减净利润1 500 000元。

③ 所有者权益变动表项目的调整：调减净利润 1 500 000 元；提取盈余公积项目中盈余公积一栏调减 150 000 元，未分配利润一栏调减 1 350 000 元。

(7) 调整 2×20 年 2 月份资产负债表相关项目的年初数(资产负债表从略)：

华夏公司在编制 2×20 年 1 月的资产负债表时，按照调整前 2×19 年 12 月 31 日的资产负债表的数字作为资产负债表的年初数，由于发生了资产负债表日后调整事项，华夏公司除了调整 2×19 年度资产负债表相关项目的数字外，还应当调整 2×20 年 2 月资产负债表相关项目的年初数，其年初数按照 2×19 年 12 月 31 日调整后的数字填列。

华美公司的账务处理如下。

(1) 记录收到的赔款：

借：其他应收款——华夏公司	8 000 000	
贷：以前年度损益调整——营业外收入		8 000 000
借：银行存款	8 000 000	
贷：其他应收款——华夏公司		8 000 000

注：资产负债表日后事项如涉及现金收支项目，均不调整报告年度资产负债表的货币资金项目和现金流量表各项目数字。本例中，虽然已经收到了赔偿款，但在调整会计报表相关数字时，只需调整上述第一笔分录，第二笔分录作为 2×20 年的会计事项处理。

(2) 调整应交所得税：

借：以前年度损益调整——所得税费用(8 000 000×25%)	2 000 000	
贷：应交税费——应交所得税		2 000 000

(3) 将"以前年度损益调整"科目余额转入未分配利润：

借：以前年度损益调整——本年利润	6 000 000	
贷：利润分配——未分配利润		6 000 000

(4) 因净利润增加，补提盈余公积：

借：利润分配——未分配利润	600 000	
贷：盈余公积——法定盈余公积(6 000 000×10%)		600 000

(5) 调整报告年度财务报表相关项目的数字(财务报表从略)：

① 资产负债表项目的调整：调增其他应收款 8 000 000 元；调增应交税费 2 000 000 元；调增盈余公积 600 000 元，调增未分配利润 5 400 000 元。

② 利润表项目的调整：调增营业外收入 8 000 000 元，调增所得税费用 2 000 000 元，调增净利润 6 000 000 元。

③ 所有者权益变动表项目的调整：调增净利润 6 000 000 元；提取盈余公积项目中盈余公积一栏调增 600 000 元，未分配利润一栏调增 5 400 000 元。

(6) 调整 2×20 年 2 月份资产负债表相关项目的年初数(资产负债表从略)：

华美公司在编制 2×20 年 1 月的资产负债表时，按照调整前 2×19 年 12 月 31 日的资产负债表的数字作为资产负债表的年初数，由于发生了资产负债表日后调整事项，华美公司除了调整 2×19 年度资产负债表相关项目的数字外，还应当调整 2×20 年 2 月资产负债表相关项目的年初数，其年初数按照 2×19 年 12 月 31 日调整后的数字填列。

第十三章 每股收益

一、单选题

1	2	3	4	5
B	B	C	C	A/A/C
6	7	8	9	10
B/A/C	B	C	A	B

【解析】

第 2 题:发行在外普通股加权平均数=10 000×12÷12+4 500×10÷12−1 500×1÷12=13 625(万股),基本每股收益=2 600÷13 625=0.19(元/股)。因此选择选项 B。

第 3 题:基本每股收益=12 000÷[10 000+4 000×9÷12+(10 000+4 000×9÷12)÷10×2)]=12 000÷15 600=0.77(元)。因此选择选项 C。

第 4 题:发行在外普通股的加权平均数=5 000×1.2=6 000(万股)。调整增加的普通股加权平均数=(1 000−1 000×4÷8)×3÷12=125(万股),稀释每股收益=4 900÷(6 000+125)=0.80(元)。因此选择选项 C。

第 5 题:(1) 对于普通股或潜在普通股已公开交易的企业,以及正处于公开发行普通股或潜在普通股过程中的企业才需在利润表中列示基本每股收益和稀释每股收益。因此选择选项 A。

(2) 2×21 年 7 月 1 日分配的股票数=(16 000+3 000)×2÷10=3 800(万股);2×20 年发行在外的普通股股数(这里的 3 800 万股不需要考虑时间权数)=16 000+3 000+3 800=22 800(万股);2×21 年本年度的基本每股收益=30 800÷22 800=1.35(元/股)。

(3) 本题涉及比较报表,2×21 年利润表中上年度基本每股收益应重新计算。重新计算后,2×20 年发行在外的普通股股数=16 000×1.2×12÷12+3 000×1.2×8÷12=21 600(万股);重新计算后的基本每股收益=27 000÷21 600=1.25(元/股)。

第 6 题:(1) 企业应当按照归属于普通股股东的当期净利润,除以发行在外普通股的加权平均数计算基本每股收益,所以选项 B 有误。

(2) B 公司:

基本每股收益=216÷40=5.4(元/股)

调整增加的普通股股数=6−6×4÷8=3(万股)

稀释每股收益=216÷(40+3)=5.02(元/股)

(3) A 公司:

基本每股收益=(480+5.4×40×80%)÷400=1.63(元/股)

稀释每股收益=(480+5.02×40×80%+5.02×3×0.12÷6)÷400=1.60(元/股)

第 7 题:企业应当按照归属于普通股股东的当期净利润,除以发行在外普通股的加权平均数计算基本每股收益。因此选择选项 B。

第 8 题:长发公司 2×21 年发行在外的普通股加权平均数=10 000×130%×12÷12+

4 500×6÷12－1 500×2÷12＝15 000(万股)

长发公司 2×21 年的基本每股收益＝5 270÷15 000＝0.35(元/股)

第 9 题：稀释每股收益＝400÷[600＋(200－200×4÷8)＋200×6÷12]＝0.5(元/股)

第 10 题：

基本每股收益＝25 000÷20 000＝1.25(元/股)

假设转换所增加的净利润＝30 000×2%×(1－25%)＝450(万元)

假设转换所增加的普通股股数＝30 000÷10＝3 000(万股)

增量股的每股收益＝450÷3 000＝0.15 (元/股)

增量股的每股收益小于基本每股收益，可转换公司债券具有稀释作用。

稀释每股收益＝(25 000＋450)÷(20 000＋3 000)＝1.11(元/股)

二、多选题

1	2	3	4	5
ABCD	ABD	BCDE	ACDE	ABCDE

【解析】

第 4 题：与合并报表一同提供的母公司财务报表中不要求计算和列报每股收益，企业可以自行选择列报。因此选择选项 ACDE。

三、计算及财务处理题

1. (1) 基本每股收益＝5 760÷6 000＝0.96(元/股)

(2) 稀释的每股收益＝5 760÷[6 000＋1 000－1 000×7.6÷10]＝0.92(元/股)

2. (1) 2×19 年度每股收益计算如下：

2×19 年发行在外普通股加权平均数＝82 000(万股)

基本每股收益＝36 000÷82 000＝0.44(元/股)

2×19 年调整增加的普通股股数＝(12 300－12 300×6÷10)×7÷12＝2 870(万股)

稀释每股收益＝36 000÷(82 000＋2 870)＝0.42(元/股)

(2) 2×20 年度每股收益计算如下：

2×20 年发行在外普通股加权平均数＝82 000＋12 300×7÷12＝89 175(万股)

基本每股收益＝54 000÷8 9 175＝0.61(元/股)

2×20 年调整增加的普通股股数＝(12 300－12 300×6÷12)×5÷12＝2 562.50(万股)

稀释每股收益＝54 000÷(89 175＋2 562.50)＝0.59(元/股)

(3) 2×21 年度每股收益计算如下。

2×21 年发行在外普通股加权平均数＝(82 000＋12 300)×1.2＝113 160(万股)

2×21 年基本每股收益＝40 000÷113 160＝0.35(元/股)

稀释每股收益＝基本每股收益＝0.35(元/股)

2×20 年度发行在外普通股加权平均数＝82 000×1.2＋12 300×7÷12×1.2＝107 010(万股)

2×20 年度基本每股收益＝54 000÷107 010＝0.50(元/股)

2×20 年调整增加的普通股股数＝(12 300×7÷12＋2 562.50)×1.2＝11 685(万股)

2×20 年度稀释每股收益＝54 000÷(82 000×1.2＋11 685)＝0.49(元/股)

或者：2×20 年度稀释每股收益＝54 000÷[(89 175＋2 562.50)×1.2]＝0.49(元/股)

3. (1) 子公司的每股收益。

基本每股收益＝30 000÷20 000＝1.5(元/股)

假定认股权证持有方行权，调整增加的普通股股数＝1 000－1 000×1÷10＝900(万股)

稀释每股收益＝30 000÷(20 000＋900×8÷12)＝1.46(元/股)

(2) 合并每股收益。

① 归属于母公司普通股股东的净利润＝80 000(万元)

包括在合并基本每股收益计算中的子公司净利润部分＝1.5×20 000×60%＝18 000(万元)

基本每股收益＝(80 000＋18 000)÷50 000＝1.96(元/股)

② 子公司净利润中归属于普通股且由母公司享有的部分＝1.46×20 000×60%＝17 520(万元)

子公司净利润中归属于认股权证且由母公司享有的部分＝1.46×900×8÷12×100÷1 000＝87.6(万元)

稀释每股收益＝(80 000＋17 520＋87.6)÷50 000＝1.95(元/股)

第十四章　分部报告和中期财务报告

一、单选题

1	2	3	4	5	6	7	8	9	10
B	C	C	D	C	B	A	D	C	A

二、多选题

1	2	3	4	5
ABCD	ABCE	ABCD	ABC	ABCE

【解析】

第 3 题：一个地区分部既可以是单一的国家或地区，或是两个或两个以上具有相同或相似经营风险和报酬的国家或地区的组合；也可以是一个国家内的一个行政区域，或是一个国家两个或两个以上行政区域的组合。因此选择选项 ABCD。

三、判断题

1	2	3	4	5
√	×	√	√	√

四、计算及财务处理题

1. 从表中数据分析，可得出如下结论。

(1) 营业收入重要性标准判断。

各分部的营业收入占所有分部收入合计的百分比计算如下：

A 分部：3 260÷4 860×100%＝67.08%

B 分部：560÷4 860×100%＝11.52%

C 分部：430÷4 860×100%＝8.85%

D 分部：370÷4 860×100%＝7.61%

E 分部：240÷4 860×100%＝4.94%

从上述计算结果可见，A 分部和 B 分部的营业收入均已超过合计收入数 10%，可确定为报告分部。

(2) 营业利润重要性的判断。

盈利分部的分部营业利润合计＝340＋80＋30＝450(万元)

亏损分部的分部营业亏损合计＝40＋50＝90(万元)

因此，应以盈利分部的分部营业利润合计数作为计算百分比的分母。

各分部的营业利润占所有盈利分部的分部营业利润合计数的百分比计算如下：

A 分部：340÷450×100%＝75.56%

B 分部：80÷450×100%＝17.78%

C 分部：40÷450×100%＝8.89%

D 分部：30÷450×100%＝6.67%

E 分部：50÷450×100%＝11.11%

从上述计算结果可见，A、B、E 分部应确认报告分部。

(3) 资产重要性判断

各分部的资产占所有分部资产总额合计数的百分比计算如下：

A 分部：3 000÷4 800×100%＝62.5%

B 分部：650÷4 800×100%＝13.54%

C 分部：500÷4 800×100%＝10.42%

D 分部：350÷4 800×100%＝7.29%

E 分部：300÷4 800×100%＝6.25%

从上述计算结果可见，A、B、C 分部应确认报告分部。

综上结果，A、B、C、E 分部均可作为报告分部。

2. 各分部对外交易收入占该分部收入的百分比计算如下：

A 分部＝12 000÷15 000×100%＝80%

B 分部＝3 000÷4 300×100%＝69.77%

C 分部＝1 200÷3 600×100%＝33.33%

D 分部＝800÷1 980×100%＝40.40%

E 分部＝760÷960×100%＝79.17%

计算结果显示，C、D 分部的大部分收入不是对外交易收入，因此不能确定为报告分部。A、B、E 分部的大部分收入是对外交易收入，符合大部分收入为对外交易收入的条件。其分部的营业收入占所有分部收入合计的百分比计算如下：

A 分部＝15 000÷(15 000＋4 300＋3 600＋1 980＋960)×100%＝58.5%

B 分部＝4 300÷(15 000＋4 300＋3 600＋1 980＋960)×100%＝16.64%

E 分部＝960÷(15 000＋4 300＋3 600＋1 980＋960)×100%＝3.72%

从计算结果可知,A 分部和 B 分部应确定为报告分部。同理,E 分部营业利润占所有分部利润合计的百分比、资产占所有分部资产合计的百分比分别为 7.12%、2.16%,均小于 10%,不能确定为报告分部。

第十五章　企 业 合 并

一、单选题

1	2	3	4	5	6	7	8	9	10
B	B	B	B	A	A	D	C	B	C
11	12	13	14	15					
D	A	C	C	B					

二、多选题

1	2	3	4	5	6	7	8
ABC	ABD	ABCDE	BCD	ABDE	BDE	ABCDE	BCE

三、判断题

1	2	3	4	5	6	7	8	9	10
×	√	×	×	×	√	√	×	×	√

四、计算及财务处理题

1. (1) 将固定资产转让清理时:

借:固定资产清理　　12 000 000
　　累计折旧　　4 000 000
　　贷:固定资产　　16 000 000

(2) 以资产组合(固定资产和无形资产)进行合并时:

借:长期股权投资(30 000 000×70%)　　21 000 000
　　累计摊销　　12 000 000
　　贷:固定资产清理　　12 000 000
　　　　无形资产　　20 000 000
　　　　资本公积　　1 000 000

(3) 华美公司合并前的盈余公积中属于华夏公司的份额为 2 800 000 元(4 000 000×70%),未分配利润中属于华夏公司的份额为 4 200 000 元(6 000 000×70%),通过资本公积转入华夏公司时:

借:资本公积　　7 000 000
　　贷:盈余公积　　2 800 000
　　　　未分配利润　　4 200 000

(4) 支付合并费用时：

借：管理费用　　800 000
　　贷：银行存款　　800 000

2. (1)合并成本＝1 900 000＋2 100 000＝4 000 000(元)

(2) 商誉＝4 000 000－(3 360 000－1 600 000)＝2 240 000(元)

(3) 会计分录如下：

借：银行存款　　600 000
　　应收账款　　60 000
　　存货　　900 000
　　固定资产　　1 500 000
　　无形资产　　300 000
　　商誉　　2 240 000
　　贷：短期借款　　500 000
　　　　应付账款　　300 000
　　　　长期借款　　800 000
　　　　银行存款　　2 100 000
　　　　无形资产　　1 900 000

3. (1)将固定资产转入清理时：

借：固定资产清理　　12 000 000
　　累计折旧　　4 000 000
　　贷：固定资产　　16 000 000

(2) 转让固定资产及无形资产实施合并时：

借：长期股权投资　　32 000 000
　　累计摊销　　12 000 000
　　贷：固定资产清理　　12 000 000
　　　　无形资产　　20 000 000
　　　　资产处置损益　　12 000 000

(3) 支付合并费用时：

借：管理费用　　800 000
　　贷：银行存款　　800 000

第十六章　合并财务报表

一、单选题

1	2	3	4	5	6	7	8	9	10
B	A	D	D	A	B	D	C	D	D

（续表）

11	12	13	14	15	16	17	18	19	20
C	A	C	D	C	C	C	B	D	B

【解析】

第 9 题：长期股权投资成本大于被投资单位可辨认净资产公允价值的差额，应确认为商誉。本题中，商誉＝4 000－6 000×60%＝400（万元）。因此选择选项 D。

第 18 题：未实现内部销售损益＝（32 000－30 000）×40%＝800（元），因此选择选项 B。

第 19 题：编制合并财务报表时，抵销分录如下：

借：营业收入　　80 000
　贷：营业成本　　64 000
　　存货　　16 000

因此选择选项 D。

第 20 题：从子公司角度看，成本 80 000 元大于可变现净值 70 000 元，计提 10 000 元的存货跌价准备；从母公司角度，成本 66 000 元小于可变现净值 70 000 元，不应计提存货跌价准备。所以应抵销 10 000 元的存货跌价准备。因此选择选项 B。

二、多选题

1	2	3	4	5	6	7	8	9	10
ABCD	ADE	ABCDE	ABCE	ABDE	ACE	ACDE	CDE	ABCD	ABD

三、判断题

1	2	3	4	5	6	7	8	9	10
√	√	×	×	×	×	×	×	×	×
11	12	13	14	15					
√	×	√	×	√					

四、计算及财务处理题

1.（1）借：长期股权投资　　7 200 000
　　贷：银行存款　　7 000 000
　　　资本公积——股本溢价　　200 000
　借：管理费用　　10 000
　　贷：银行存款　　10 000

（2）借：资本公积　　1 200 000
　　贷：盈余公积　　700 000
　　　未分配利润　　500 000
　借：股本　　5 500 000
　　资本公积　　500 000
　　盈余公积　　700 000
　　未分配利润　　500 000
　　贷：长期股权投资　　7 200 000

2.（1）借：长期股权投资　　1 400 000
　　贷：股本　　100 000
　　　　资本公积——股本溢价　　1 300 000

（2）① 在合并工作底稿中把B公司资产负债表中各项目的账面价值调整为公允价值，并相应调整资本公积，应在合并工作底稿中编制调整分录如下：

借：存货　　20 000
　　固定资产　　44 000
　　无形资产　　40 000
　　贷：资本公积　　104 000

② 将A公司的长期股权投资项目与B公司的所有者权益项目相抵销：

借：股本　　1 280 000
　　资本公积　　184 000
　　盈余公积　　32 000
　　未分配利润　　48 000
　　商誉　　164 800
　　贷：长期股权投资　　1 400 000
　　　　少数股东权益　　308 800

3.（1）A公司应以B公司所有者权益的份额540 000元作为初始投资成本。

借：长期股权投资　　540 000
　　贷：银行存款　　500 000
　　　　资本公积　　40 000

B公司宣告发放现金股利，成本法下A公司应作分录如下：

借：应收股利　　18 000
　　贷：投资收益　　18 000

（2）B公司实现净利润，权益法下A公司应作分录如下：

借：长期股权投资　　60 000
　　贷：投资收益　　60 000

B公司宣告发放现金股利，权益法下A公司应作分录如下：

借：投资收益　　18 000
　　贷：长期股权投资　　18 000

经调整后，"长期股权投资"的金额＝540 000＋60 000－18 000＝582 000(元)。
"投资收益"的金额＝60 000(元)。

（3）① A公司长期股权投资与B公司所有者权益的抵销。

B公司所有者权益：股本为400 000元，资本公积为80 000元，其他综合收益为0，盈余公积＝40 000＋60 000×10％＝46 000元，未分配利润＝20 000＋60 000×(1－10％－30％)＝56 000(元)。

借：股本 400 000
　　资本公积 80 000
　　盈余公积 46 000
　　年末未分配利润 56 000
　　贷：长期股权投资 582 000

② A公司投资收益和B公司期初未分配利润与B公司本期利润分配和期末未分配利润的抵销。

借：期初未分配利润 20 000
　　投资收益 60 000
　　贷：提取盈余公积 6 000
　　　　对所有者分配利润 18 000
　　　　年末未分配利润 56 000

4. (1) 借：长期期权投资 520 000
　　　　贷：银行存款 520 000
　　　借：应收股利 18 000
　　　　贷：投资收益 18 000

(2) 长期股权投资＝520 000＋(60 000－2 000)－18 000＝560 000(元)
　　投资收益＝60 000－2 000＝58 000(元)

(3) B公司所有者权益：股本为400 000元，资本公积＝50 000＋(200 000－180 000)＝70 000(元)，盈余公积＝20 000＋6 000＝26 000(元)，未分配利润＝10 000＋60 000×60%－2 000＝44 000(元)。

借：股本 400 000
　　资本公积 70 000
　　盈余公积 26 000
　　年末未分配利润 44 000
　　商誉 20 000
　　贷：长期股权投资 560 000
借：期初未分配利润 10 000
　　投资收益 58 000
　　贷：提取盈余公积 6 000
　　　　对所有者分配利润 18 000
　　　　年未分配利润末 44 000

5. (1) 2×19年度合并工作底稿中的抵销分录：

① 借：应付账款 60 000
　　　贷：应收账款 60 000

② 借：应收账款——坏账准备 300
　　　贷：资产减值损失 300

(2) 2×20年度合并工作底稿中的抵销分录：

① 借：应付账款　76 000
　　贷：应收账款　76 000

② 借：应收账款——坏账准备　300
　　贷：期初未分配利润　300

③ 借：应收账款——坏账准备[(76 000－60 000)×5‰]　80
　　贷：信用减值损失　80

6. (1) 2×18 年：

借：营业收入　500 000
　　贷：营业成本　400 000
　　　　固定资产　100 000
借：固定资产　10 000
　　贷：管理费用　10 000

(2) 2×19 年：

借：期初未分配利润　100 000
　　贷：固定资产　100 000
借：固定资产　10 000
　　贷：期初未分配利润　10 000
借：固定资产　20 000
　　贷：管理费用　20 000

(3) 2×20 年：

借：期初未分配利润　100 000
　　贷：固定资产　100 000
借：固定资产　30 000
　　贷：期初未分配利润　30 000
借：固定资产　20 000
　　贷：管理费用　20 000

7. (1) 2×19 年：

借：营业收入　10 000
　　贷：营业成本　10 000
借：营业成本　2 000
　　贷：存货　2 000
借：存货　800
　　贷：资产减值损失　800

(2) 2×20 年：

借：存货　800
　　贷：期初未分配利润　800
借：期初未分配利润　2 000
　　贷：营业成本　2 000

借：营业收入 15 000
　　贷：营业成本 13 200
　　　　存货 1 800
借：存货 1 000
　　贷：资产减值损失 1 000
借：营业成本 800
　　贷：存货 800

第三部分 模拟试题及参考答案

高级财务会计模拟试题(一)

得分	

一、单选题(本大题共15小题,每小题1分,共15分)

1	2	3	4	5	6	7	8	9	10
11	12	13	14	15					

1. 根据我国会计准则的规定,企业实际收到的外币在折算为记账本位币时,所选用的汇率是(　　)。

A. 即期汇率　　B. 远期汇率

C. 合同约定汇率　　D. 即期汇率的近似汇率

2. 可供出售外币非货币性项目形成的汇兑差额中,正确的处理方法是(　　)。

A. 不产生汇兑差额　　B. 计入财务费用

C. 计入所有者权益　　D. 计入公允价值变动损益

3. 华夏公司+华美公司=华夏公司,这种形式的企业合并属于(　　)。

A. 吸收合并　　B. 新设合并　　C. 控股合并　　D. 创立合并

4. 非同一控制下的企业合并的会计处理方法是(　　)。

A. 权益结合法　　B. 购买法　　C. 新实体法　　D. 以上都不对

5. 运用购买法对非同一控制下企业合并进行核算时,购买成本的确定基础是(　　)。

A. 被合并方所有者权益的账面价值的份额

B. 支付对价的账面价值

C. 支付对价的公允价值

D. 被合并方可辨认净资产公允价值的份额

6. 在编制同一控制下控股合并时,母公司调整后的长期股权投资抵销子公司的一部分所有者益项目,另一部分应作为(　　)。

A. 商誉　　B. 营业外收入

C. 少数股东权益　　D. 资本公积

7. 编制非同一控制下的控股合并控制权取得日后合并财务报表时,将子公司的各项资产及负债调整成公允价值时，应同时调整(　　)。

A. 营业外收入　　B. 公允价值变动损益

C. 投资收益　　D. 资本公积

8. 2×20 年，华夏公司向华美公司股东定向增发 1 000 万股普通股，发行价为每股 4 元，并于发行当日取得华美公司 60%的股权，华美公司购买日可辨认净资产的公允价值为 6 000 万元。华夏公司与华美公司的合并为非同一控制下的合并，则华夏公司应确认的合并商誉为(　　)万元。

A. 0　　B. 2 000　　C. 800　　D. 400

9. 企业在编制购买日后合并财务报表时，上期未销售的存货本期全部销售，将上期未实现内部销售利润抵销的分录是(　　)。

A. 借：营业收入
　　贷：营业成本

B. 借：期初未分配利润
　　贷：营业成本

C. 借：营业成本
　　贷：存货

D. 借：营业收入
　　贷：存货

10. 2×20 年 7 月 12 日，母公司将成本为 64 000 元的甲产品以 81 000 元的价格销售给子公司，本期该产品尚未实现对外销售。期末甲产品的可变现净值是 60 000 元。编制合并财务报表时应抵销存货跌价准备(　　)元。

A. 6 000　　B. 11 000　　C. 0　　D. 17 000

11. 承租人优惠续租租赁资产，如果租赁期届满时没有续租，根据租赁合同规定须向出租人支付违约金时，应计入(　　)。

A. 营业外支出　　B. 管理费用

C. 长期应付款　　D. 销售费用

12. 华夏公司 2×20 年 12 月 16 日取得一项固定资产，原价 1 000 万元，预计使用年限 5 年，预计净残值为 0。会计上采用年限平均法，税法规定应采用双倍余额递减法。2×21 年年末，该项固定资产的计税基础是(　　)万元。

A. 800　　B. 600　　C. 1 000　　D. 0

13. 华夏企业 2×20 年利润总额为 600 万元，适用的所得税税率为 25%，当年销售收入 1 000 万元，广告费 180 万元；年末计提无形资产减值准备 10 万元。则该企业 2×20 年应交所得税为(　　)万元。

A. 145　　B. 150　　C. 160　　D. 155

14. 下列支出中，在计算应纳税所得额时不得在税前扣除的是(　　)。

A. 税收滞纳金

B. 合理的劳动保护支出

C. 企业按照规定计算的固定资产折旧费

D. 合理的工资薪金

15. 在非同一控制下企业合并中运用购买法对被购买企业的资产、负债项目进行反映时，要求采用其(　　)。

A. 购买成本　　B. 公允价值

C. 协议价格　　D. 账面价值

得分	

二、多选题(本大题共5小题,每小题2分,共10分,将答案填到下面的表格中)

1	2	3	4	5

1. 如果母公司获得子公司部分股权,编制合并报表进行抵销处理时,可能涉及的会计科目有(　　)。

A. “少数股东权益”　B. “股本”　C. “合并差价”　D. “资本公积”

2. 下列项目中,不属于货币性资产的有(　　)。

A. 银行存款　B. 原材料　C. 应收账款　D. 应付账款

3. 下列事项中,属于或有事项的有(　　)。

A. 对债务单位提起诉讼　B. 对售出商品提供售后担保

C. 固定资产计提折旧　D. 为子公司的贷款提供担保

4. 以下属于非货币性资产交换以公允价值计量的条件有(　　)。

A. 该交换存在补价

B. 该交换具有商业实质

C. 该交换不涉及补价

D. 换入资产或换出资产的公允价值能够可靠地计量

5. 债务重组的方式包括(　　)。

A. 以资产清偿债务　B. 债务转为权益工具

C. 修改其他债务条件　D. 以上三种方式的组合

得分	

三、判断题(本大题共10小题,每小题1分,共10分,将答案填到下面的表格中)

1	2	3	4	5	6	7	8	9	10

1. 权益结合法认为合并的两个企业之间是一种购买关系。(　　)

2. 企业在境内的子公司不可能构成企业的境外经营。(　　)

3. 股份支付中的等待期指授予日至可行权日的时段。(　　)

4. 非货币性资产交换是指交换中不涉及货币性资产的交易。(　　)

5. 对于债务重组,不强调债权人是否作出让步。(　　)

6. 资产的公允价值减去处置费用后的净额与资产预计未来现金流量的现值,均大于资产的账面价值时,才表明资产没有发生减值,不需要计提减值准备。(　　)

7. 与资产和收益均相关的政府补助,如果难以区分哪些与资产相关,哪些与收益相关,则应该将整项政府补助归类为与收益相关的政府补助。(　　)

8. 资本化期间内,闲置专门借款资金取得的固定收益债券利息收入应直接计入当期投资收益。(　　)

9. 如果会计政策变更的累积影响数能够合理确定,无论属于什么情况,均采用追溯调整法进行会计处理。(　　)

10. 初次发生的交易或事项采用新的会计政策属于会计政策变更，应采用追溯调整法进行处理。 ( )

得分	

四、简答题(本大题共 2 小题，每小题 10 分，共 20 分)

1. 简述非同一控制下企业合并的会计处理原则。
2. 简述所得税会计的一般程序。

得分	

五、业务题(本大题共 5 小题，第 1 小题 8 分，第 2、3 小题各 10 分，第 4 小题 9 分，第 5 小题 8 分，共 45 分)

1. 华夏公司 2×20 年年末相关资产情况如下：

(1) 存货成本为 600 万元，计提存货跌价准备 150 万元。

(2) 交易性金融资产成本为 1 000 万元，公允价值增加为 200 万元。

(3) 固定资产原值为 1 500 万元，计提折旧为 200 万元(与税法一致)，计提减值准备为 300 万元。

(4) 无形资产成本 800 万元，属于使用寿命不确定的无形资产，计提减值准备 100 万元，税法应计提摊销 200 万元。

要求：(1) 计算各项资产的账面价值与计税基础。

(2) 分析哪些属于应纳税暂时性差异，哪些属于可抵扣暂时性差异。

2. 华夏公司 2×20 年 1 月 1 日以银行存款 420 000 元购买了华美公司 80%的股份(该合并为非同一控制下的企业合并)。合并日，华美公司净资产公允价值为 500 000 元，净资产账面价值为 480 000 元，其中股本为 400 000 元，资本公积为 50 000 元，其他综合收益为 0，盈余公积为 20 000 元，未分配利润为 10 000 元。备查簿上记录 2×20 年 1 月 1 日，某项管理用的固定资产账面价值为 180 000 元，公允价值为 200 000 元。华美公司其他资产、负债账面价值与公允价值相同。该项固定资产使用年限为 10 年，预计净残值为 0，采用年限平均法计提折旧。2×20 年，华美公司实现净利润 62 000 元，按净利润的 10%提取法定盈余公积，按净利润的 30%向股东分派现金股利。假定华美公司与华夏公司的会计政策一致，不考虑所得税影响。

要求：(1) 编制华夏公司 2×20 年 1 月 1 日的会计分录。

(2) 编制华夏公司 2×20 年按权益法调整的会计分录。

3. 华夏公司为华美公司的母公司，华夏公司以 50 000 元的价格将其生产的产品销售给华美公司，该产品的成本为 30 000 元。华美公司购入后作为固定资产使用，预计使用年限为 5 年，无残值，采用年限平均法计提折旧。

要求：(1) 将固定资产中所包含的未实现利润抵销。

(2) 将未实现利润计提的折旧抵销。

(3) 编制第 2 年相关的抵销会计分录。

4. 2×20 年 12 月 12 日，华夏公司租入一台生产设备，租赁合同规定租赁期满该设备的所有权归华夏公司。租赁开始日该设备的原账面价值为 470 万元，公允价值为 480 万元，最低租赁付款额为 500 万元，最低租赁付款额的现值为 460 万元，另发生运杂费 16 万元，安装调试费 24 万元，以银行存款支付。该设备租赁期为 8 年，同类设备的折旧年限为 10 年，预计净残值为 20 万元。若华夏公司对该设备采用年限平均法计提折旧。

要求：(1) 计算该设备的入账价值。

(2) 编制租入设备及安装完成的会计分录。

(3) 计算应计提的折旧并编制相关分录。

5. 华夏公司 2×20 年利润表中利润总额为 800 万元，销售收入为 2 000 万元，适用的所得税税率为 25%，期初递延所得税资产及递延所得税负债不存在期初余额。

当年发生的有关交易或事项中，会计处理与税务处理存在差异的有：

(1) 发生业务招待费支出 20 万元。

(2) 取得国债利息收入 10 万元。

(3) 2×20 年年末计提了 40 万元的固定资产减值准备。

(4) 2×20 年取得的某项交易性金融资产成本为 300 万元，年末的公允价值为 350 万元，按照税法规定，持有该项交易性金融资产期间公允价值的变动不计入应纳税所得额。

(5) 2×20 年年末预提了因销售商品承诺提供 1 年的保修费 30 万元。按照税法规定，与产品售后服务相关的费用在实际发生时允许扣除。

(6) 发生公益性捐赠支出 80 万元。

要求：根据上述资料，计算华夏公司 2×20 年应交所得税、递延所得税和所得税费用，并编制相关的会计分录。

高级财务会计模拟试题(二)

得分	

一、单选题(本大题共15题,每题1分,共15分)

1	2	3	4	5	6	7	8	9	10

1. 下列项目中,属于与收益相关的政府补助的是(　　)。

A. 政府拨付的用于企业购买无形资产的财政拨款

B. 政府向企业无偿划拨长期非货币性资产

C. 政府对企业用于建造固定资产的相关贷款给予的政府补贴

D. 企业收到的先征后返的增值税

2. 资本化期间内在确定借款费用资本化金额时,与专门借款有关的利息收入应(　　)。

A. 计入营业外收入　　B. 计入资本公积

C. 计入当期财务费用　　D. 冲减借款费用资本化的金额

3. 关于会计政策变更的累积影响数,下列说法中,不正确的有(　　)。

A. 计算会计政策变更累积影响数时,不需要考虑利润或股利的分配

B. 累积影响数的计算不需要考虑所得税影响

C. 如果提供可比财务报表,则对于比较财务报表期间的会计政策变更,应调整各该期间净损益各项目和财务报表其他相关项目

D. 如果提供可比财务报表,则对于比较财务报表可比期间以前的会计政策变更累积影响数,应调整比较财务报表最早期间的期初留存收益

4. 在采用追溯调整法时,下列不应考虑的因素是(　　)。

A. 会计政策变更后留存收益的变动

B. 会计政策变更后的资产、负债的变化

C. 会计政策变更导致损益变化而带来的所得税变动

D. 会计政策变更导致损益变化而应补分的利润

5. 华夏企业2×20年12月31日固定资产账户余额为2 000万元,累计折旧账户余额为800万元,固定资产减值准备账户余额为100万元,在建工程账户余额为200万元。该企业2×20年12月31日资产负债表中固定资产项目的金额为(　　)万元。

A. 1 200　　B. 90　　C. 1 100　　D. 2 200

6. 下列不影响营业利润的是(　　)。

A. 财务费用　　B. 投资收益

C. 资产减值损失　　D. 营业外支出

7. 某企业"应付账款"科目月末贷方余额40 000元,其中:"应付华夏公司账款"明细科

目贷方余额 35 000 元，“应付华美公司账款”明细科目贷方余额 5 000 元；“预付账款”科目月末贷方余额 30 000 元，其中：“预付 A 工厂账款”明细科目贷方余额 50 000 元，“预付 B 工厂账款”明细科目借方余额 20 000 元。该企业月末资产负债表中“应付账款”项目的金额为(　　)元。

A. 90 000　　B. 30 000　　C. 40 000　　D. 70 000

8. 华夏公司 2×20 年购买商品支付 500 万元(含增值税)，支付 2×19 年接受劳务的未付款项 50 万元，2×20 年发生的购货退回 15 万元，假设不考虑其他条件，华夏公司 2×20 年现金流量表“购买商品、接受劳务支付的现金”项目中应填列(　　)万元。

A. 535　　B. 465　　C. 435　　D. 500

9. 所得税采用资产负债表债务法核算，其暂时性差异是指(　　)。

A. 资产、负债的账面价值与其公允价值之间的差额

B. 资产、负债的账面价值与其计税基础之间的差额

C. 会计利润与税法应纳税所得额之间的差额

D. 仅仅是资产的账面价值与计税基础之间的差额

10. 对于接受的外币投资，企业应以(　　)作为折算汇率。

A. 合同约定汇率　　B. 同期银行贷款利率

C. 投资到达即期汇率　　D. 合同签订日即期汇率

11. 华夏公司为一上市公司，2×19 年 12 月 1 日，华夏公司向其 50 名管理人员每个授予 200 份股票期权，这些职员自 2×20 年 1 月 1 日起在该公司连续服务 3 年，即可以 10 元每股购买 200 股股票，从而获益，华夏公司估计每份期权在授予日的公允价值为 15 元，第 1 年有 10 名职工离开公司，预计离职总人数会达到 30%，2×20 年 12 月 31 日期权的公允价值为 16 元，则 2×20 年年末公司应当按照取得的服务贷记“资本公积——其他资本公积”(　　)元。

A. 45 000　　B. 35 000　　C. 50 000　　D. 65 000

12. 承租人期末进行列报时，租赁负债利息，费用可以列示在利润表中的项目是(　　)。

A. 管理费用

B. 财务费用

C. 制造费用

D. 销售费用

13. 华夏公司 2×20 年年末存货账面余额 100 万元，已计提存货跌价准备 10 万元，则存货的账面价值为 90 万元，存货的账面价值 90 万元与其计税基础 100 万元的差额 10 万元为(　　)。

A. 应纳税暂时性差异　　B. 可抵扣暂时性差异

C. 递延所得税负债　　D. 递延所得税资产

14. 华夏公司 2×18 年 12 月 31 日取得的某项机器设备，原价为 900 万元，预计使用年限为 10 年。会计上按照直线法计提折旧，税法上采用双倍余额递减法计提折旧，预计净残值为 0。2×19 年 12 月 31 日，华夏公司对该项固定资产计提了 75 万元的固定资产减值准备。2×20 年 12 月 31 日，该设备的计税基础为(　　)万元。

A. 501　　B. 645　　C. 720　　D. 576

15. 下列项目中，属于货币性资产的是（　　）。

A. 固定资产　　B. 应收账款
C. 交易性金融负债　　D. 交易性金融资产

得分	

二、多选题（本大题共5小题，每小题2分，共10分，将答案填到下面的表格中）

1	2	3	4	5

1. 下列可以作为资产的公允价值减去处置费用后的净额的有（　　）。

A. 根据公平交易中资产的销售协议价格减去可直接归属于该资产处置费用后的金额
B. 在资产不存在销售协议但存在活跃市场的情况下，以资产的市场价格减去处置费用后的金额
C. 如果不存在资产销售协议和资产活跃市场的，根据在资产负债表日假定处置资产，熟悉情况的交易双方自愿进行公平交易，愿意提供的交易价格减去处置费用后的金额
D. 该资产的预计未来现金流量现值减去资产负债表日处置资产的处置费用后的金额

2. 下列项目中，属于政府补助的主要形式的有（　　）。

A. 财政拨款　　B. 财政贴息　　C. 政府投入的资本　　D. 税收返还

3. 下列各项中，属于会计政策变更的有（　　）。

A. 所得税核算方法由应付税款法改为资产负债表债务法
B. 固定资产的折旧方法由年限平均法变更为年数总和法
C. 发出存货的计价方法由先进先出法变更为加权平均法
D. 应收账款计提坏账准备由余额百分比法变更为账龄分析法

4. 下列各项中，属于华夏公司资产负债表日后调整事项的有（　　）。

A. 发生的商品销售退回　　B. 银行同意借款展期2年
C. 法院判决赔偿专利侵权损失　　D. 董事会通过利润分配预案

5. 某企业以人民币为记账本位币，下列各个公司中，对该公司来说属于境外经营的有（　　）。

A. 企业在境外的子公司，以外币为记账本位币
B. 企业在境外的联营企业，以外币为记账本位币
C. 企业在境外的合营企业，以外币为记账本位币
D. 企业在境内的分支机构，以人民币为记账本位币

得分	

三、判断题（本大题共10小题，每小题1分，共10分，将答案填到下面的表格中）

1	2	3	4	5	6	7	8	9	10

1. 可抵扣暂时性差异都能确认为递延所得税资产。（　　）

2. 华夏公司拥有C公司50%的股份，则C公司应当纳入华夏公司的合并报表范围。（　　）

3. 对于经营租赁资产中的固定资产，出租人无需对其计提折旧。（　　）

4. 以权益结算的股份支付换取职工服务的，应当以授予职工权益工具的公允价值计量。（　　）

5. 股份支付中的等待期指授予日至可行权日的时段。（　　）

6. 固定资产折旧方法变更应作为会计政策变更进行会计处理。（　　）

7. 会计政策变更一律采用追溯调整法进行会计处理，会计估计变更一律采用未来适用法进行会计处理。（　　）

8. 企业在资产负债表日至财务报告批准报出日之间发生的对外巨额投资应在财务报表附注中披露，但不需要对报告期的财务报表进行调整。（　　）

9. 资产负债表日至财务报告批准报出日之间发生的报告年度售出的商品因质量问题被退回，该事项属于资产负债表日后非调整事项。（　　）

10. 资产的公允价值减去处置费用后的净额与资产预计未来现金流量的现值，均大于资产的账面价值时，才表明资产没有发生减值，不需要计提减值准备。（　　）

得分	

四、简答题（本大题共2小题，每小题10分，共20分）

1. 简述同一控制下企业合并的原则。

2. 简述融资租赁的判断条件。

得分	

五、业务题（本大题共5小题，第1小题8分，第2、3小题各10分，第4小题9分，第5小题8分，共45分）

1. (1) 华夏企业从国外某公司购入不需要安装的设备一台，设备价款为100 000美元。当日的即期汇率为1美元＝6.32元人民币，款项尚未支付。该企业采用业务发生时的即期汇率折算，相关税费忽略不计。

(2) 华夏企业从中国银行借入150 000美元，借入时的即期汇率为1美元＝6.35元人民币，该企业采用业务发生时的即期汇率折算，并设有外汇现汇账户。

(3) 华夏企业收到外币投资500 000美元，当日的即期汇率为1美元＝6.38元人民币，投资合同约定汇率1美元＝6.40元人民币，假定企业设有外汇现汇账户。

(4) 华夏公司的记账本位币为人民币，2×20年10月15日以人民币向中国银行买入20 000美元，当日即期汇率为1美元＝6.40元人民币，中国银行当日美元买入价为1美元＝6.38元人民币，卖出价为1美元＝6.41元人民币。

要求：根据以上业务编制会计分录。

2. 华夏公司为上市公司，2×20年发生的长期股权投资业务的有关资料如下：2×20年1月1日，华夏公司从华美公司手中取得了其持有的华丽公司1 200万股股票，该股票面值为1元/股，公允价值为5元/股，占华丽公司有表决权资本的80%。华夏公司以一幢房屋作为对价。相关手续已于1月1日完成，华夏公司作为对价的房屋账面余额为3 500万元，累计折旧为800万元，公允价值为6 000万元。另外，华夏公司还以银行存款支付了股权交换过程中发生的直接相关费用(律师费、审计费等)100 万元。2×20 年 1 月 1 日,华丽公司净资产账面价值为 5 000 万元(其中,股本为 2 000 万元,资本公积为 1 000 万元,盈余公积为 200 万元,未分配利润为 1 800 万元),净资产的公允价值为 7 000 万元。华丽公司净资产账面价值与公允价值产生差异的原因是,华夏公司拥有的一幢办公楼账面价值为 1 000 万元,公允价值为 3 000 万元,尚可折旧年限为 20 年。购买华丽公司股权时,华夏公司与华美公司不存在关联方关系。

要求:(1) 判断华夏公司企业合并的类型,并说明理由。

(2) 编制华夏公司对华夏公司长期股权投资的相关会计分录。

(3) 编制华夏公司购买日(或合并日)合并财务报表的抵销分录。

3. 华夏公司于 2×19 年 12 月 1 日与乙公司签订了一份合同租入设备,设备于 2×19 年 12 月 31 日达到可使用状态并投入使用,合同主要条款和其他有关条件如下。

(1) 租赁标的物:A 生产设备。

(2) 租赁期开始日:2×19 年 12 月 31 日。

(3) 租赁期:2×19 年 12 月 31 日至 2×23 年 12 月 31 日。

(4) 租金支付:2×20 年至 2×23 年每年年末支付租金 800 万元。

(5) A 生产设备在 2×19 年 12 月 31 日的公允价值为 3 100 万元,已使用 3 年,预计还可使用 5 年。

(6) 租赁合同规定的年利率为 6%。

(7) 租赁期届满时,华夏公司享有优惠购买该设备的选择权,购买价款为 100 万元,估计该日租赁资产的公允价值为 800 万元。租赁期届满时,华夏公司预计将购买该资产。

(8) 华夏公司在租赁谈判和签订租赁合同过程中发生可归属于租赁项目的佣金为 7 100 元。

其他资料:华夏公司对该设备采用年限平均法计提折旧,预计设备寿命期满后预计净残值为 0。

已知:乙公司租赁内含利率为 6%,期数为 4 的普通年金现值系数为 3.4651;利率为 6%,期数为 4 的复利现值系数为 0.7921。

要求:(1) 判断合同是否为租赁,并说明理由。

(2) 计算租赁付款额及其现值。

(3) 计算使用权资产的入账价值。

(4) 编制华夏公司在租赁期开始日的有关会计分录。

(5) 编制华夏公司 2×20 年与该项租赁业务相关的会计分录。

(答案中的金额单位用万元表示,计算结果保留两位小数)

4. 华夏公司适用的所得税税率为 25%,2×20 年度按照税法规定计算的应交所得税为 1 000 万元。期末,通过比较资产、负债的账面价值与其计税基础,确定应纳税暂时性差异为 600 万元,可抵扣暂时性差异 400 万元,上述暂时性差异均与直接计入所有者权益的交易或事项无关。华夏公司不存在可抵扣亏损和税款抵减,预计在未来期间能够产生足够的应纳税所得额用来抵扣可抵扣暂时性差异。

要求:根据上述资料,在下列不同情况下,作出华夏公司有关所得税的会计处理。

(1) 假定递延所得税资产和递延所得税负债均无期初余额。

（2）假定递延所得税资产期初账面余额为 50 万元，递延所得税负债期初账面余额为 100 万元。

5. 华夏公司 2×20 年的年报于 2×17 年 4 月 25 日批准报出，所得税的汇算清缴日为 2×21 年 3 月 10 日。华夏公司按净利润的 10%提取法定盈余公积。华夏公司采用资产负债表债务法进行所得税核算，所得税税率为 25%。华夏公司于 2×20 年 10 月 1 日销售给华美公司的一批商品于 2×21 年 3 月 1 日发生了退货，该商品的售价为 100 万元，商品成本为 80 万元，增值税税率为 13%，消费税税率为 5%。款项一直未收。华夏公司于 2×20 年年末针对此应收账款提取了 5%的坏账准备。

要求：根据上述资料，华夏公司应作如何调整？

高级财务会计模拟试题(一)参考答案

一、单选题(本大题共 15 小题,每小题 1 分,共 15 分)

1	2	3	4	5	6	7	8	9	10
A	C	A	B	C	C	D	D	B	D
11	12	13	14	15					
A	B	C	A	B					

二、多选题(本大题共 5 小题,每小题 2 分,共 10 分)

1	2	3	4	5
ABD	BD	ABD	BD	ABCD

三、判断题(本大题共 10 小题,每小题 1 分,共 10 分)

1	2	3	4	5	6	7	8	9	10
×	×	√	×	√	×	√	×	×	×

四、简答题(本大题共 2 小题,每小题 10 分,共 20 分)

1. (1) 购买法的实质是将企业合并视为企业之间发生的一种取得资产或筹集资本的交易。

(2) 购买方应以支付对价(现金、非现金资产及发行的权益性证券等)的公允价值为基础确定购买成本,作为支付对价的非现金资产公允价值与其账面价值的差额作为资产处置损益处理。发行的权益性证券的面值与公允价值的差额作为资本公积处理。

(3) 购买方应按照公允价值记录所收到的资产和承担的债务。

(4) 购买成本大于所取得的被购买方可辨认净资产公允价值份额时,将差额确认为商誉,并根据合并方式的不同分别在个别财务报表或合并财务报表中列示;若购买成本小于所取得的被购买方可辨认净资产公允价值份额时,计入当期损益。

(5) 购买方的损益既包括当年自身实现的损益,还包括购买日后被购买方所实现的损益。

(6) 被购买方的留存收益不能转入购买方。

(7) 企业合并过程中所发生的所有相关费用,遵循同一控制下企业合并中合并费用的处理原则,即除发行证券或承担其他债务所支付的费用外,其余均计入当期损益。

2. (1) 按照相关会计准则规定确定资产负债表中除递延所得税资产和递延所得税负债以外的其他资产和负债项目的账面价值。

(2) 按照会计准则中对于资产和负债计税基础的确定方法,以适用的税收法规为基础,确定资产负债表中有关资产、负债项目的计税基础。

(3)比较资产、负债的账面价值与其计税基础，确定递延所得税。

(4) 确定当期应纳税所得额，将应纳税所得额与适用的所得税税率计算的结果确认为当期应交所得税。

(5) 确定利润表中的所得税费用。

五、业务题(本大题共 5 小题，第 1 小题 8 分，第 2、3 小题各 10 分，第 4 小题 9 分，第 5 小题 8 分，共 45 分)

1. (1) ① 存货的账面价值＝600－150＝450(万元)

计税基础＝600(万元)

② 交易性金融资产账面价值＝1 200(万元)

计税基础＝1 000(万元)

③ 固定资产账面价值＝1 500－200－300＝1 000(万元)

计税基础＝1 500－200＝1 300(万元)

④ 无形资产账面价值＝800－100＝700(万元)

计税基础＝800－200＝600(万元)

(2) 交易性金融资产、无形资产账面价值大于计税基础属于应纳税暂时性差异；存货、固定资产账面价值小于计税基础属于可抵扣暂时性差异。

2. (1) 借：长期股权投资　　420 000

　　贷：银行存款　　420 000

(2) 借：固定资产　　20 000

　　贷：资本公积　　20 000

借：管理费用　　2 000

　　贷：固定资产——累计折旧　　2 000

借：长期股权投资　　48 000

　　贷：投资收益　　48 000

借：投资收益　　14 880

　　贷：长期股权投资　　14 880

3. (1) 借：营业收入　　50 000

　　贷：营业成本　　30 000

　　　　固定资产——原价　　20 000

(2) 借：固定资产——累计折旧　　4 000

　　贷：管理费用　　4 000

(3) 第二年编制合并财务报表时，首先将固定资产原价中包含的未实现内部销售利润予以抵销。

借：期初未分配利润　　20 000

　　贷：固定资产——原价　　20 000

将第1年就未实现内部销售利润计提的折旧予以抵销。

借：固定资产——累计折旧　4 000
　贷：期初未分配利润　4 000

将第二年就未实现内部销售利润计提的折旧予以抵销

借：固定资产——累计折旧　4 000
　贷：管理费用　4 000

4. (1) 入账价值＝460＋16＋24＝500(万元)

(2)借：在建工程　4 760 000
　　租赁负债——未确认融资费用　400 000
　　贷：租赁负债——租赁付款额　5 000 000
　　　银行存款　160 000
　借：在建工程　240 000
　　贷：银行存款　240 000
　借：使用权资产　5 000 000
　　贷：在建工程　5 000 000

(3) 折旧额＝(500－20)÷8＝60(万元)

借：制造费用　600 000
　贷：累计折旧　600 000

5. 业务招待费支出按照发生额的60%扣除，但最高不得超过当年销售(营业)收入的0.5%，20×60%＝12(万元)＞2 000×0.5%＝10(万元)，故应扣除10万元。国债利息收入是免税收入。固定资产减值准备不能税前扣除。公允价值的变动不计入应纳税所得额。产品售后服务相关的费用在实际发生时允许扣除，所以预提时不扣除。公益性捐赠支出，不得超过年度利润总额的12%，800×12%＝96(万元)＞80(万元)可以全部扣除。

应纳税所得额＝800＋(20－10)－10＋40－50＋30＝820(万元)
应交所得税＝820×25%＝205(万元)

借：所得税费用　2 050 000
　贷：应交税费——应交所得税　2 050 000

固定资产的账面价值小于计税基础，形成可抵扣暂时性差异40万元。交易性金融资产账面价值大于计税基础，形成应纳税暂时性差异50万元。预计负债账面价值大于计税基础，形成可抵扣暂时性差异30万元。

递延所得税＝50×25%－70×25%＝－5(万元)

借：递延所得税资产　175 000
　贷：递延所得税负债　125 000
　　所得税费用　50 000

所得税费用＝205－5＝200(万元)

高级财务会计模拟试题(二)参考答案

一、单选题(本大题共 15 小题,每小题 1 分,共 15 分)

1	2	3	4	5	6	7	8	9	10
D	D	B	D	C	D	A	A	B	C
11	12	13	14	15					
B	D	B	D	B					

二、多选题(本大题共 5 小题,每小题 2 分,共 10 分)

1	2	3	4	5
ABC	ABD	AC	AC	ABC

三、判断题(本大题共 10 小题,每小题 1 分,共 10 分)

1	2	3	4	5	6	7	8	9	10
×	×	×	√	√	×	×	√	×	×

四、简答题(本大题共 2 小题,每小题 10 分,共 20 分)

1. 对同一控制下企业合并进行核算时,应遵循以下原则:

(1) 将合并视为股权联合行为,而不是资产交易。

(2) 没有新的计价基础,参与合并的资产、负债均按其原来的账面价值计价。

(3) 不是购买行为,没有购买价格,也就不存在合并成本超过净资产公允价值的差额,即商誉。

(4) 不论合并发生在会计期间的哪个时点,参与合并企业自期初至合并日的损益都要包括在合并后企业的利润表中。

(5) 参与合并企业的留存收益(包括未弥补亏损)应转入合并后的企业。

(6) 企业合并过程中所发生的所有相关费用,除发行证券或承担其他债务所支付的费用外,其余均计入当期损益。

2. 满足下列条件之一的,应认定为融资租赁:

(1) 在租赁期届满时,租赁资产的所有权转移给承租人。

(2) 在租赁期届满时,承租人有廉价购买租赁资产的选择权。

(3) 租赁期占租赁资产使用寿命的大部分。

(4) 在租赁开始日的最低租赁付款额和最低租赁收款额的现值几乎相当于租赁开始日租赁资产的公允价值。

(5) 租赁资产性质特殊,如果不作较大调整,只有承租人才能使用。

五、业务题(本大题共 5 小题,第 1 小题 8 分,第 2、3 小题各 10 分,第 4 小题 9 分,第 5 小题 8 分,共 45 分)

1. (1) 借:固定资产 632 000

贷:应付账款——某公司(美元)(100 000×6.32) 632 000

(2) 借：银行存款——美元(150 000×6.35)	952 500	
贷：短期借款——美元		952 500
(3) 借：银行存款——美元(500 000×6.38)	3 190 000	
贷：实收资本		3 190 000
(4) 借：银行存款——美元(20 000×6.40)	128 000	
财务费用——汇兑差额	200	
贷：银行存款——人民币(20 000×6.41)		128 200

2. (1) 由于购买华夏公司股权时，华夏公司与华美公司无任何关联性，因此该合并为非同一控制下的企业合并。

(2) ①2×20 年 1 月 1 日：

借：固定资产清理	27 000 000	
累计折旧	8 000 000	
贷：固定资产		35 000 000
② 借：长期股权投资：	60 000 000	
管理费用	1 000 000	
贷：固定资产清理		27 000 000
资产处置损益		33 000 000
银行存款		1 000 000

(3) 2×20 年 1 月 1 日合并日合并报表的抵销分录如下：

借：固定资产	20 000 000	
贷：资本公积		20 000 000
借：股本	20 000 000	
资本公积	30 000 000	
盈余公积	2 000 000	
未分配利润	18 000 000	
商誉	4 000 000	
贷：长期股权投资		60 000 000
少数股东权益		14 000 000

3. (1) 本合同属于租赁。

理由：A 生产设备是可识别资产，华夏公司有权在租赁期内主导 A 设备的使用。

(2) 计算租赁付款及其现值。

租赁付款额＝800×4＋100＝3 300(万元)

租赁付款额的现值＝800×3.465 1＋100×0.792 1＝2 851.29(万元)

(3) 使用权资产的入账价值＝2 851.29＋0.71＝2 852(万元)

(4) 租赁期开始日的会计处理如下。

借：使用权资产	28 520 000	
租赁负债——未确认融资费用	4 487 100	
贷：租赁负债——租赁付款额		33 000 000
银行存款		7 100

（5）① 2×20 年 12 月 31 日，支付租金 800 万元，并按实际利率法确认租金包含的利息费用。

确认租赁利息费用：

借：财务费用　　1 710 700
　贷：租赁负债——未确认融资费用　　1 710 700

支付租金：

借：租赁负债——租赁付款额　　8 000 000
　贷：银行存款　　8 000 000

② 2×20 年 12 月 31 日计提折旧：

2×20 年度 A 生产设备应计提的折旧金额＝2 852÷5＝570.4（万元）

借：制造费用——折旧费　　5 704 000
　贷：使用权资产累计折旧　　5 704 000

4.（1）当期递延所得税资产变动额＝400×25%＝100（万元）
　　当期递延所得税负债变动额＝600×25%＝150（万元）
　　当期递延所得税＝150－100＝50（万元）
　　当期所得税费用＝1 000＋50＝1 050（万元）

借：所得税费用　　10 500 000
　递延所得税资产　　1 000 000
　贷：应交税费——应交所得税　　10 000 000
　　递延所得税负债　　1 500 000

（2）当期递延所得税资产变动额＝400×25%－50＝50（万元）
　当期递延所得税负债变动额＝600×25%－100＝50（万元）
　当期递延所得税＝50－50＝0
　当期所得税费用＝1 000＋0＝1 000（万元）

借：所得税费用　　10 000 000
　递延所得税资产　　500 000
　贷：应交税费——应交所得税　　10 000 000
　　递延所得税负债　　500 000

5. 发生在所得税汇算清缴前的退货处理：

（1）借：以前年度损益调整　　1 000 000
　　应交税费一应交增值税（销项税额）　　130 000
　　贷：应收账款　　1 130 000

（2）借：库存商品　　800 000
　　贷：以前年度损益调整　　800 000

（3）借：坏账准备（1 130 000×5%）　　56 500
　　贷：以前年度损益调整　　56 500

（4）借：应交税费——应交消费税（1 000 000×5%）	50 000	
贷：以前年度损益调整		50 000
（5）借：以前年度损益调整[（1 130 000×5%）×25%]	14 125	
贷：递延所得税资产		14 125
（6）借：应交税费[（1 000 000－800 000－1 000 000×5%）×25%]	37 500	
贷：以前年度损益调整		37 500
（7）借：利润分配——未分配利润	70 125	
贷：以前年度损益调整		70 125
（8）借：盈余公积——法定盈余公积	7 012.5	
贷：利润分配——未分配利润		7 012.5